Staat und Kirche in
der neueren deutschen Geschichte

Schriften zum
STAATSKIRCHENRECHT
Herausgegeben von
Axel Frhr. von Campenhausen
und Christoph Link

Band 1

PETER LANG
Frankfurt am Main · Berlin · Bern · Bruxelles · New York · Oxford · Wien

Christoph Link

Staat und Kirche in der neueren deutschen Geschichte

Fünf Abhandlungen

PETER LANG
Europäischer Verlag der Wissenschaften

Die Deutsche Bibliothek - CIP-Einheitsaufnahme

Link, Christoph:

Staat und Kirche in der neueren deutschen Geschichte : fünf
Abhandlungen / Christoph Link. - Frankfurt am Main ; Berlin ;
Bern ; Bruxelles ; New York ; Oxford ; Wien : Lang, 2000
(Schriften zum Staatskirchenrecht ; Bd. 1)
ISBN 3-631-36681-7

Gedruckt mit Unterstützung der VELKD -
Vereinigte Evangelisch-Lutherische Kirche
Deutschlands.

Gedruckt auf alterungsbeständigem,
säurefreiem Papier.

ISSN 1437-3149
ISBN 3-631-36681-7

© Peter Lang GmbH
Europäischer Verlag der Wissenschaften
Frankfurt am Main 2000
Alle Rechte vorbehalten.

Printed in Germany 1 2 4 5 6 7

Vorwort

Das Verhältnis von Staat und Kirche ist in den letzten Jahren wieder in die Diskussion geraten. Nicht mehr nur das Fachgespräch der Juristen bestimmt die Debatte, das Thema hat in der Medienöffentlichkeit Konjunktur. Die Ursachen dafür sind vielfältig: Die mit den rabiaten Mitteln einer Diktatur erzwungene Entkirchlichung im östlichen Teil Deutschlands hat dort auch das kulturelle Bewußtsein drastisch verändert. Weniger faßbar, aber im Rückblick doch deutlich erkennbar, ist die schleichende Säkularisierung des öffentlichen Lebens in den alten Bundesländern. Gewachsene Verbindungen zwischen Staat und Kirche – Religionsunterricht, Kirchensteuer, Militär- und Anstaltsseelsorge, Theologische Fakultäten – stehen daher unter einem erhöhten Legitimationszwang. Hinzu kommt, daß die zunehmende Präsenz anderer Religionen die bedrängende Frage stellt, ob die ursprünglich auf die Beziehungen zu den großen christlichen Kirchen zugeschnittenen Institutionen des deutschen Staatskirchenrechts elastisch genug sind, um sich auch nichtchristlichen Religions- und Weltanschauungsgemeinschaften zu öffnen.

In der öffentlichen Debatte wird immer wieder übersehen, daß sich die Grundlagen des Staatskirchenrechts in der Tiefe gewandelt haben. Es dient nicht mehr – wie bis in das 19. Jahrhundert hinein – der Sicherung eines sich als christlich verstehenden Staates, ebensowenig aber ist es – wie vielfach in der Vergangenheit – ein "geistiges Kampfrecht" (Martin Heckel) gegen eine als Bedrohung der staatlichen Souveränität empfundene Kirchengewalt. Vielmehr steht es im freiheitlichen, religiös und weltanschaulich neutralen Verfassungsstaat im Dienst der Grundrechtsverwirklichung seiner Bürger. Es schlägt diese nicht mehr in die Fesseln einer Staatskirche oder Staatsreligion (aber auch nicht in die ungleich einschneidenderen einer Staatsideologie), sondern gewährt individuelle wie religionsgemeinschaftliche Freiheit als grundrechtlich gesicherte, aber auch rechtlich gebundene und damit rechtlich begrenzte Freiheit. Dabei hat die deutsche Verfassungstradition seit 1919 nicht ein striktes Trennungssystem von Staat und Kirche nach französischem oder US-amerikanischem Vorbild begründet. Vielmehr soll sich nach dem Willen der Verfassungsgeber von 1919 und 1949 Religionsfreiheit *in* den staatlichen Institutionen entfalten können. Neutralität ist hier gerade nicht als Gebot staatlicher Abstinenz in allen Bereichen von Religion und Weltanschauung verstanden, sie verlangt nicht deren Ausgrenzung oder gar Verdrängung aus dem staatlichen Bereich, sondern sie verwirklicht sich in der gleichmäßigen Sicherung und Förderung der Freiheit für alle Religions- oder Weltanschauungsgemeinschaften, die bestimmte Mindestanforderungen erfüllen. Dieses freiheitliche Verfassungskonzept begründet damit nicht kirchliche Privilegien, sondern hat das, was früher als Vorrecht der großen Kirchen galt, nunmehr prinzipiell auf alle derartige Gemeinschaften erstreckt.

Dieser Prozeß hat eine lange Vorgeschichte. Er beginnt im Zeitalter der Glaubensspaltung, setzt sich in der Aufklärung und in der zunehmenden Ablösung staatskirchenrechtlicher Formen während des 19. Jahrhunderts fort und mündet – unterbrochen von den Weltanschauungsdiktaturen des 20. Jahrhunderts – in die freiheitliche Ordnung des Grundgesetzes. Ihn zu skizzieren ist das Anliegen dieses Bandes. Er vereint verschiedene Arbeiten des Verfassers in Sammelwerken, die den an diesen Problemen Interessierten nicht immer ohne Schwierigkeiten zugänglich sind. Ein erster Überblickartikel über das Verhältnis von Staat und Kirche von der Reformation bis zur Gegenwart ist unter dem Titel "Kirchenrecht (= Staatskirchenrecht)" 1978 im 2. Band des von Adalbert Erler und Ekkehard Kaufmann herausgegebenen "Handwörterbuchs zur Deutschen Rechtsgeschichte" erschienen. Die folgenden Kapitel sind Beiträge zu der von Kurt A.G. Jeserich, Hans Pohl und Georg-Christoph v. Unruh im Auftrag der Freiherr-vom-Stein-Gesellschaft herausgegebenen "Deutschen Verwaltungsgeschichte" (Band 3, 1984 bis Band 5, 1987). Soweit nicht redaktionelle Gründe – namentlich in den Kapitelüberschriften – eine Vereinheitlichung erforderlich machten, erfolgt der Abdruck unverändert. Auch auf einen Nachtrag zwischenzeitlich erschienener Literatur wurde verzichtet. Lediglich Handbücher und einige Standardwerke sind nach späteren Neuauflagen zitiert.

Ich danke dem Erich Schmidt Verlag Berlin und der Deutschen Verlags-Anstalt Stuttgart für die bereitwillig erteilte Zustimmung zu diesem Neuabdruck, ebenso habe ich dem Kirchenamt der EKD, dem Lutherischen Kirchenamt und einer Reihe von Landeskirchen für die Förderung der Drucklegung zu danken, meinem Assistenten, Herrn Assessor Andreas Grube, der sachkundig die Mühen der redaktionellen Überarbeitung wie des Korrekturlesens auf sich genommen hat, nicht zuletzt aber dem Mitherausgeber dieser Reihe, Herrn Professor Dr. Axel Frhr. v. Campenhausen, dessen immer wiederholte Anregungen mir den entscheidenden Anstoß zu einer solchen Publikation gegeben haben.

Erlangen, den 12. Januar 2000   Christoph Link

Inhaltsverzeichnis

Vorwort 5

1. Kapitel
Staat und Kirchen von der Reformation bis zur Gegenwart – ein Überblick 11

A. Das Konfessionelle Zeitalter 11
  1. Lutherische Zwei-Reiche-Lehre und Landesherrliches Kirchenregiment 12
  2. Reich und Reformation 13
  3. Die evangelischen Territorien 16
  4. Die katholischen Territorien 17
B. Das Reich zwischen 1555 und 1648 19
  1. Die Interpretationskämpfe um den Augsburger Religionsfrieden.. 19
  2. Der Dreißigjährige Krieg 20
  3. Westfälischer Frieden 21
C. Absolutismus und Aufklärung 22
  1. Theorie und Praxis der Staatskirchenhoheit im Protestantismus.... 22
  2. Die katholische Reichskirche 28
  3. Die katholischen Territorien 29
D. Kirche und Staat im 19. Jh. 30
  1. Ende des ancien régime und Neubeginn 30
  2. Die katholische Kirche 32
  3. Die evangelische Kirche 36
E. Das 20. Jahrhundert 38
  1. Das Staatskirchenrecht von Weimar 38
  2. Konkordate und Kirchenverträge 39
  3. Staat und Kirche im "Dritten Reich" 39
  4. Die Neuordnung der Nachkriegszeit 41

2. Kapitel
Staat und Kirchen im 19. und beginnenden 20. Jahrhundert 49

I. Die Ausgangslage 49

II.   Staat und Kirche in den deutschen Bundesstaaten 54
    1. Preußen 54
       a) Die Kirchenartikel der Verfassungsurkunde von 1850 54
       b) Staat und evangelische Kirche in Preußen 58
       c) Die katholische Kirche in Preußen von 1850 bis zum Aus-
          bruch des Kulturkampfs 65
    2. Bayern 69
       a) Die Rechtsverhältnisse der katholischen Kirche 69
       b) Staat und evangelische Kirchen in Bayern 70
    3. Südwestdeutschland 72
       a) Staat und katholische Kirche in der oberrheinischen Kirchen-
          provinz 72
       b) Die evangelische Kirche in den südwestdeutschen Staaten 76
    4. Sachsen 78
       a) Die Rechtsstellung der evangelischen Kirche 78
       b) Die katholische Kirche 79
    5. Staatskirchenrechtliche Sonderentwicklungen 80
       a) Oldenburg 80
       b) Beide Mecklenburg 81
       c) Die Hansestädte 81
    6. Die evangelischen Einigungsbemühungen 82
III. Der Kulturkampf im Reich und in den deutschen Einzelstaaten 83
    1. Das Reich und Preußen 83
    2. Der Kulturkampf in den anderen deutschen Staaten 89
       a) Baden 89
       b) Bayern 90
       c) Hessen-Darmstadt 91
    3. Die Altkatholikenfrage 91
IV. Die Reform des katholischen Kirchenrechts 92
V.   Die Einführung eines Kirchensteuersystems 93

3. Kapitel
Das Staatskirchenrecht im Geltungszeitraum der Weimarer Verfassung 99

I.   Staat und Kirche im revolutionären Umbruch 99
    1. Die Überleitung des landesherrlichen Summepiskopats 99
    2. Die Kirchen und die Republik 101
II.   Das Staatskirchenrecht der Weimarer Verfassung 104
    1. Die Aufhebung der "Staatskirche" 105
    2. Das kirchliche Selbstbestimmungsrecht und seine Schranken 106

3. Fortbestand der Staatsaufsicht? 107
4. Die Verfassungsentscheidung für den kirchlichen Korporations-
   status 109
5. Kirchliches Besteuerungsrecht und kirchenvermögensrechtliche
   Garantien der Reichsverfassung 110
6. Staat und Kirche im Bildungswesen 113
7. Militär- und Anstaltsseelsorge 114
8. Das staatskirchenrechtliche System von Weimar als Ausgleichs-
   ordnung 115
III. Die Neuordnung der evangelischen Kirchenverfassung 116
1. Theologische und kirchenpolitische Reformprobleme 116
2. Die Strukturprinzipien der neuen Kirchenverfassungen 117
3. Kirchlicher Dienst an Volk und Staat? 119
4. Der Evangelische Kirchenbund 120
IV. Die Konkordate und Kirchenverträge (1924-1933) 121
1. Die Ausgangslage 121
2. Die bayerischen Kirchenverträge (1924) 123
3. Preußisches Konkordat und Preußischer Evangelischer Kirchen-
   vertrag 125
4. Die badischen Kirchenverträge (1932) 129
5. Die Bemühungen um ein Reichskonkordat 131

4. Kapitel
Staat und Kirche im Nationalsozialismus 135

I. Die nationalsozialistische Kirchenpolitik 135
II. Die Kirchen im Jahr 1933 138
1. Die Evangelischen Kirchen 138
2. Katholische Kirche und Reichskonkordat 140
III. Der evangelische Kirchenkampf 143
IV. Verfolgung, Anpassung und Widerstand 146
1. Die beiden Großkirchen 147
2. Die kleinen Religionsgesellschaften, die israelitischen Kultusgemeinden, die Sekten und Weltanschauungsgemeinschaften 150
3. Staat und Kirche in Österreich nach dem "Anschluß" 151
4. Das Modell Warthegau 153

5. Kapitel
Die Neuordnung des Verhältnisses von Staat und Kirche nach 1945 157

I. Neubeginn und alte Frontstellungen 157
II. Das Staatskirchenrecht der Landesverfassungen 159
III. Die Entstehung der staatskirchenrechtlichen Bestimmungen des Grundgesetzes 160
IV. Kirchenvertragsrechtliche Grundlagen 161
   1. Evangelische Kirchenverträge 161
   2. Konkordate und Vereinbarungen mit der katholischen Kirche 164
V. Neue und alte Wege in der staatskirchenrechtlichen Literatur 164
   1. Partnerschaft und Koordination 164
   2. Rückkehr zur "Juristischen Methode"? 166
   3. Trennung von Staat und Kirche als Systemgrundlage? 167
   4. Staatskirchenrecht als Ordnung grundrechtsgesicherter Freiheit ... 167
VI. Die aktuelle Bedeutung der staatskirchenrechtlichen Gewährleistungen des GG 169
   1. Die Religionsfreiheit 169
   2. Das Verbot der Staatskirche 170
   3. Das kirchliche Selbstbestimmungsrecht 171
   4. Die Kirchen als Körperschaften des öffentlichen Rechts 173
   5. Die Kirchengutsgarantie 175
   6. Die gemeinsamen Angelegenheiten 176
VII. Staat und Kirchen in der DDR 179

Abkürzungsverzeichnis 185

Namensregister 189

Sachregister 193

1. Kapitel
Staat und Kirchen von der Reformation bis zur Gegenwart
– ein Überblick*

Die Verhältnisbestimmung "Staat und Kirche" setzt begrifflich eine Sonderung, ein Gegenüber beider Gemeinwesen voraus. Sie ist in dieser Form in Mittel- und Westeuropa ein Ergebnis der Neuzeit. Der seit dem Frühmittelalter immer wieder aufbrechende Streit zwischen geistlicher und weltlicher Gewalt (*Sacerdotium* und *Imperium*) hat die Ordnungskompetenz innerhalb des einheitlich konzipierten geistlich-weltlichen Sozialverbands, des *corpus christianum*, zum Gegenstand. Der vor allem im letzten Drittel des 19. Jh. häufig unternommene Versuch der staatskirchenrechtlichen Literatur – (E. Friedberg, F. Thudichum u.a.), dieses mittelalterliche Ringen mit den Kategorien des Kulturkampfs erfassen zu wollen, konnte deshalb der Problematik nicht gerecht werden.

Das Auseinandertreten von Staat und Kirche beruht auf zwei, vielfältig ineinander verwobenen Ursachen: Dem Zerbrechen der religiösen Einheit in die Mehrzahl einander in ihrer Legitimität prinzipiell bestreitenden "Religionsparteien" und der Entstehung des modernen Staates als einer – von den sich bekämpfenden Konfessionen distanzierten – säkularen Friedens- und Herrschaftsordnung aus eigenem, unabgeleitetem Recht. Diese Diastase ist gleichwohl wegen der komplizierten politischen Gemengelage (vor allem von ständischer und Zentralgewalt) nicht ein historisch zu lokalisierendes Ereignis, sondern ein langdauernder Prozeß, der sich in den verschiedenen Schichten politischer Ordnung in sehr verschiedener Weise und Geschwindigkeit vollzieht. Seine unterschiedlichen Verwirklichungsstufen umschreiben die historischen Probleme des Staatskirchenrechts.

A. Das Konfessionelle Zeitalter

Auslösendes Moment für jene Diastase ist im Reich ebenso wie in weiten Teilen West- und Nordeuropas die Reformation.

---

* Art. Kirchenrecht (= Staatskirchenrecht), aus: Erler, Adalbert/Kaufmann, Ekkehard (Hrsg.), Handwörterbuch zur deutschen Rechtsgeschichte, Bd. 2, Berlin 1978, Spalten 783-824.

11

1. Lutherische Zwei-Reiche-Lehre und Landesherrliches Kirchenregiment

Von besonderer, freilich erst historische Fernwirkungen erzeugender Bedeutung ist hier die *Sozialtheologie Luthers und Melanchthons* geworden. Während das Rechtsdenken der Schweizer Reformatoren (vor allem Zwinglis und Calvins) stärker von einem neubestimmten Sozialmodell der *Respublica Christiana* geprägt wird, entwickelt Luther in Aufnahme und charakteristischer Umbildung des Augustinischen Bildes von den zwei *civitates* seine Zwei-Reiche-Lehre, in deren Konsequenz eine Scheidung in der Wurzel von geistlicher Gemeinschaft unter der Hauptschaft Christi (*ecclesia spiritualis – regnum Christi*) und säkularer Herrschaftsordnung in der gefallenen Welt lag – eine Scheidung, die sich ebensosehr auf die Wirkweise göttlicher Herrschaft (Zwei-Regimente-Lehre) wie auf den Kreis der jeweils erfaßten Personen bezog (Zwei-Reiche-Lehre i.e.S.). Damit war nicht allein der kanonische Gehorsam als Legitimationsgrundlage eines allgemeinen innerkirchlichen Gewaltverhältnisses entfallen, sondern zugleich auch die politische Herrschaft als eigenständige Ordnungsmacht bestätigt – eine Ordnungsmacht, die in ihrer säkularen Gemeinwohlverantwortung freilich zugleich eine legaliter unübersteigbare Kompetenzschranke fand. Diese theologische Staatsauffassung verweist aber das weltliche Gemeinwesen keineswegs in den Bereich menschlich-autonomer Gestaltungsfreiheit. Als "Gottes Amtmann" hat die Obrigkeit die Aufgabe, den naturrechtlich auch dem Nichtgläubigen faßbaren Rechtswillen Gottes in der gefallenen Welt zur Geltung zu bringen. Das konfessionelle Zeitalter, in dem die Verbindung von Glaube und Recht noch nicht in Frage gestellt ist, umgrenzt deshalb auch den religiösen Aufgabenkatalog noch recht weit: Dem *Magistratus Christianus* obliegt qua Rechtstitel als weltliche Obrigkeit auch die *cura religionis* in Gestalt der *custodia primae tabulae* (des Dekalogs), d.h. die Sorge für die Ausbreitung des wahren Glaubens und seine Bewahrung vor Irrlehre und Blasphemie, zugleich mit dem Schutz der Kirche und ihres materiellen Substrats, des Kirchenguts. Diese Schutzpflicht berechtigt sie jedoch nicht, weltliche Herrschaft in die Kirche hineinzutragen, die allein unter der Herrschaft Christi steht und darum nach einer Ordnung brüderlicher Liebe lebt. – Davon ist begrifflich scharf zu scheiden jenes *innerkirchliche* Amt, das den (evangelischen) Fürsten als Christ und *praecipuum membrum ecclesiae* zum "brüderlichen Hilfs- und Notdienst" (Joh. *Heckel*) verpflichtet, bei Versagen der eigentlich berufenen geistlichen Instanzen kirchliche Verfassungsstörungen oder Gefahren für die rechte Lehre zu beseitigen. Dies kann aber nur geschehen, indem der Fürst sein Amt in den Dienst der *charitas fraterna* stellt. Dieser Rechtstitel berechtigt auch den evangelischen Landesherrn keineswegs, der Partikularkirche seines Territoriums unter Berufung auf staatsrechtliche Hoheitsgewalt die Vollmacht zu eigener Organisation und Rechtsbildung zu rauben und kraft seiner Herrschersouveränität ein der innerkirchlichen Ordnung (als *ius charitatis*) wesensfremdes Zwangsrecht zu setzen. Entgegen verbreiteter Auffassung beruht daher das landesherrliche Kirchenregiment späterer Prägung nicht auf der Intention der lutherischen Reformatoren.

Diese sozialtheologischen Gestaltungsprinzipien der Reformation vermochten jedoch die Verfassungs- und Verwaltungspraxis des deutschen Ständestaates nur andeutungsweise und in vielfältig gebrochener Form zu bestimmen. Zu tief ist die Glaubensbewegung in das Spannungsfeld politischer, ja tagespolitischer Interessen und Gegensätze einbezogen. Die Reformation überkreuzt sich auf Reichs- und auf Landesebene mit ständischem Aufbegehren, ihre Förderung oder Unterdrückung ist vielfach das Ergebnis machtpolitischen Raisonnements. Sie lädt sich andererseits mit sozialem Zündstoff auf (Bauernkriege). In beiden Fällen teilt sie häufig das Schicksal der mit ihr verbundenen politischen Bewegungen (besonders ausgeprägt in Frankreich und in den Habsburgischen Erblanden).

2. *Reich und Reformation*

Die Reformation stürzte das Reich nicht allein in eine Glaubens-, sondern zugleich auch in eine schwere *Verfassungskrise*. Indem sie die konfessionelle Homogenität des *corpus christianum* sprengt, verlieren die Institutionen des Reiches in weiten Bereichen ihre bisher im Prinzip unangefochtene Legitimität. Der Kampf um die Unterdrückung der Reformation ist deshalb ebenso durch religiöse wie durch staatsrechtliche Einheitsvorstellungen motiviert. In der widersprüchlichen Abfolge von Repression, Kompromiß und Duldung dokumentiert sich das wechselvolle Ringen um die Durchsetzung auch der rechtlichen Positionen der Religionsparteien im Gesamtgefüge des *sacrum Imperium*. Indem der *Speyerer Reichsabschied* (1526) die Durchführung der im Wormser Edikt gegen Luther verhängten Sanktionen in das Belieben der Landesobrigkeit stellte, fand die reformatorische Bewegung ihren ersten, wenn auch schwankenden Rechtsboden. Weder im Augsburger Interim (1548) mit seinem Unionsversuch, noch in der vorläufigen Friedensordnung des Passauer Vertrages (1552) ist die Linie einer Bewahrung des status quo im Sinne der "katholischen" Verfassungsstruktur prinzipiell verlassen. Schon in der auf die Aufhebung des Speyerer Reichsabschieds folgenden Protestation der evangelischen Reichsstände (1529) kündigt sich indes deren grundsätzliche Gegenposition an, die auf ein Widerstandsrecht gegen eine glaubenswidrige, Säkulares und Geistliches gleichermaßen umspannende Rechtsordnung gegründet ist. Dieser Gegensatz beherrscht den Augsburger Reichstag (1530), auf dem die Evangelischen ihr Bekenntnis in Gestalt der "*Augsburger Konfession (AC)*" als Staatsschrift" (M. Heckel) vorlegen und die katholischen Stände mit der "Konfutation" erwidern. Der Konflikt wird nach dem Auszug der Protestanten durch die verbleibende Partei im Sinne einer Restitution in Lehre, Verfassung und Kirchengut – und darum erfolglos – zu lösen unternommen. Unter dem Druck drohender Verfolgung formiert sich der evangelische Widerstand im Schmalkaldischen Bund (1530).

Außenpolitische Rücksichten zwingen den Kaiser zu befristeten Waffenstillstandsabkommen im Inneren, in denen die wirksamsten Ingerenzinstrumente zugunsten der alten Religionsverfassung gegenüber den Protestanten suspendiert werden: Ketzerrecht, Kammergerichtsexekution und Jurisdikation der katholischen Hierarchie. Der sich darin abzeichnende Dissens in der Interpretation – zeitlich begrenzte Ausnahmeregel in *casu necessitatis* auf der einen und ansatzweise Öffnung der Reichsinstitutionen für eine evangelisch geprägte Verfassungskonzeption auf der anderen Seite – prägt von nun an das deutsche Reichskirchenrecht. Auch die folgenden Jahre sind von Versuchen gekennzeichnet, die mit der Ausbreitung der Reformation immer deutlicher ins Bewußtsein tretende Glaubensspaltung staatsrechtlich zumindest auf der Ebene des Landfriedens auszugleichen (Reichsabschied v. Regensburg 1541 und Speyer 1544). Dies war angesichts der politischen Kräfteverteilung nur durch einen Verzicht auf unmittelbare Änderung des status quo durch die katholische Religionspartei zu erreichen. Wenn schon die Vertagung des Konflikts bis zu einer konziliaren Verhandlungslösung die faktische Position der Protestanten stärkte, so war mit der (geheimen) Deklaration Karls V. (Juli 1541) die diffuse Grenze zwischen nur temporärer Tolerierung und rechtlicher Anerkennung durch die Ausdehnung des vermögensrechtlichen Schutzes der Kleriker auf die evangelischen Geistlichen überschritten. Erst die Niederlage des Schmalkaldischen Bundes (1546/47) verschlechterte das Klima. Nachdem der Versuch des Kaisers, im Interim eine synkretistische Religionsformel reichsrechtlich durchzusetzen, nicht zuletzt auch an katholischen Widerständen scheiterte, kam es im *Passauer Vertrag* (1552) und im Augsburger Religionsfrieden (1555) zu einem politischen und auf Dauer angelegten Ausgleich.

Die staatskirchenrechtliche Bedeutung des *Augsburger Religionsfriedens* (*AR*) liegt auf mehreren Ebenen:

(1) Indem der Reichslandfriede endgültig auf den religiösen Bereich erstreckt wird, beendet er für ein Jahrhundert den konfessionellen Bürgerkrieg.

(2) Darüberhinaus sichert er den streitenden Parteien die Legitimität des status quo, indem er die bisher in Anspruch genommene Ordnungskompetenz der Reichsstände im Hinblick auf das Kirchenwesen ihres Territoriums nicht nur gegen jede rechtliche und faktische Bestreitung garantiert, sondern auch für die Zukunft ihr Recht verbrieft, den Bekenntnisstand des Landes mit verbindlicher Wirkung nach innen und außen festzulegen. Damit wurden zugleich die Säkula-

14

risationen in evangelischen Territorien legalisiert, gegenüber den AC-Verwandten die Jurisdiktion der katholischen Hierarchie auf unbestimmte Zeit suspendiert und das Ketzerrecht des Reiches aufgehoben. Dieser Freiheit der Reichsstände entsprach freilich kein entsprechender Status auf seiten der Untertanen. Der Religionsbann des Landesherrn schloß das Recht zur Ausweisung Andersgläubiger ein. Ansätze zu einer individuellen Religionsfreiheit finden sich lediglich im *beneficium emigrandi,* d.h. der Befugnis, das Land ohne schwerwiegende wirtschaftliche oder persönliche Nachteile zu verlassen.

(3) Die fortdauernde katholische Prägung des Reiches findet ihren Ausdruck im umstrittenen *reservatum ecclesiasticum,* wonach der Übertritt reichsunmittelbarer geistlicher Herrschaftsträger den Verlust von Kirchenamt, Reichslehen und Territorialherrschaft nach sich zog und so das Reichsgut der katholischen Kirche gesichert blieb. (Allerdings sollte gemäß der Declaratio Ferdinandea diesem Grundsatz keine Rückwirkung gegenüber geistlichen Territorien, Ritterschaften, Städten und Gemeinden beigelegt werden, die schon längere Zeit der AC anhingen).

(4) Mit dieser bedeutsamen Ausnahme beginnt sich aber eine paritätische Ordnung abzuzeichnen. Die Reichsgerichtsbarkeit soll – abgesichert durch evangelische Beisitzer im Reichskammergericht – als neutrale Institution garantiert werden. Den konfessionell gemischten Reichsstädten wird einerseits der status quo in Kirchengut und Religionsausübung gesichert, andererseits aber ein Minderheitenschutz zugunsten der katholischen Bevölkerung auferlegt.

(5) Ausgeklammert aus dieser Schutz- und Friedensordnung bleiben zunächst die Reformierten, denen reichsrechtliche Anerkennung und damit Einbeziehung in Paritätsregelungen endgültig erst im Westfälischen Frieden zuteil wird.

(6) Indem der AR eine politisch-säkulare Friedensordnung über den streitenden Religionsparteien aufrichtet, neutralisiert er auf Reichsebene konfessionelle Absolutheitsansprüche. Er signalisiert deshalb das Auseinandertreten von politischer Verfassung und theologischem Rechtsverständnis. Wichtige verfassungsrechtliche Begriffe wie Kirchengut, "Kirchengebräuche", Kirchenordnung, Geistliche, Konzil, ja selbst Kaiser und Reich werden mit divergierenden Vorstellungen der Parteien gefüllt und erfordern gerade deshalb eine von konfessionellem Vorverständnis losgelöste Interpretation. Dieser Ausgleich auf den kleinsten gemeinsamen Nenner bereitet die Säkularisierung des Rechtsdenkens und ein entkonfessionalisiertes Staatskirchenrecht vor. Dem auch rechtlich konfessionell geschlossenen Territorium steht so eine auf Parität angelegte Ordnung des Reiches gegenüber, in der sich freilich der der Zeit noch selbstverständliche theologisch geprägte Rechtsbegriff auf beiden Seiten in zahllosen Interpretationskämpfen aktualisiert. Die Parität und Neutralität des Reiches ruht daher für lange Zeit auf dem politischen Fundament einer *balance of powers* der Parteien.

Trotz dieser seiner Labilität ist aber im AR das deutsche Staatskirchenrecht der Folgezeit vorgezeichnet. In der deutschen Verfassungsgeschichte markiert er die Grenze zwischen Mittelalter und Neuzeit.

3. Die evangelischen Territorien

In den evangelischen *Territorien* wird die Beziehung zwischen Staat und Kirche bald durch eine enge Verbindung bis hin zur Koinzidenz gekennzeichnet. Die Landesherrn und Städte ersetzen das kanonische Recht durch *Kirchenordnungen*, die die Grundlage für den Aufbau des evangelischen Kirchenwesens bilden. Insofern knüpfen sie an die Tradition älterer Landesordnungen des 15. Jh. an, die in weitem Umfang auch kirchliche Rechtsverhältnisse gestalteten. Sie gehen inhaltlich meist auf bedeutende Theologen zurück (Bucer, Melanchthon, Bugenhagen, Laski), ergehen jedoch formell als landesherrliches (bzw. städtisches) Gesetz (Hzt. Preußen vor 1526, Hessen, Schwäbisch-Hall 1526, Sachsen: Visitationsbuch 1528, KO 1580, Braunschweig 1528, Brandenburg-Ansbach-Nürnberg 1533, Württemberg 1559 u.v.a.). In ihnen mischen sich in unterschiedlicher Weise reformatorische Prinzipien mit kanonistischem und legistischem Traditionsgut. Sieht man von regiminalen Sonderbildungen ab (Superintendenten in Hessen, bischöfliche Verfassungsorganisation in Brandenburg und Preußen), die freilich durchweg das 16. Jh. nicht überdauern, so bildet sich – beginnend mit Wittenberg 1539 – sehr rasch ein verhältnismäßig einheitlicher Typus landesherrlicher Kirchenverwaltung heraus, an deren Spitze die *Konsistorien* als landesherrliche, meist paritätisch mit Juristen und Theologen besetzte fürstliche Behörden stehen. Ihre Entstehung verdanken sie zunächst dem Bedürfnis, das durch den Wegfall der bischöflichen Ehegerichtsbarkeit entstandene Vakuum zu füllen, aber auch der Institutionalisierung des von sog. Visitationskommissionen im Auftrage der evangelischen Fürsten wahrgenommenen Visitationsrechts (vgl. den berühmten "Unterricht der Visitatoren", für Kursachsen v. 1528 von Melanchthon). Sehr rasch wachsen ihnen aber allgemeine kirchenregiminale Aufgaben zu. Nicht zuletzt unter dem Einfluß der sog. Dreiständelehre, die den Landesherrn in Kirchensachen an den Beirat des theologischen Lehrstandes band, haben sie freilich z.T. bis ins 17. Jh. hinein eine größere Selbständigkeit gegenüber der monarchischen Staatsspitze zu behaupten vermocht, als es ihrem formalen Charakter als landesherrlicher Behörden entsprochen hätte. Auch fand das fürstliche Gesetzgebungsrecht – lange theoretisch unangefochten – am *ius divinum* der Kirche und ihren Bekenntnissen eine Schranke. Demgegenüber war der württembergische Kirchenrat von vornherein als Zentralverwaltungsbehörde konzipiert. Den Konsistorien werden regelmäßig die leitenden Geistlichen (Spezial- und Generalsuperintendenten) unterstellt. Sie berufen die aus den Geistlichen des Sprengels bestehenden Synoden ein. Auf der Parochialebene liegt die Gemeindeleitung eindeutig beim Pfarrer, nur in reformierten Gebieten treten presbyteriale Gemeindeorgane an seine Seite. Die so entstandene Konsistorialverfassung ist in der Folgezeit zum Schicksal der reformatorischen Landes- und Volkskirchen geworden.

Zugleich werden in den Kirchen- und sog. Kastenordnungen Ansätze für ein kircheneigenes *Finanzierungs-* und *Abgabenwesen* sichtbar, das jedoch bald durch kanonisches, insbes. Zehntrecht überlagert wird. Lediglich in den niederrheinischen Gemeinden erhält sich unter dem Druck der staatskirchenrechtlichen Verhältnisse ein im reformatorischen Kirchenrecht wurzelndes Beitragssystem. Die rheinisch-westfälische Kirchenordnung von 1835 (s.u. D 3b) konnte hier an ältere Traditionen anknüpfen. Später legte dann das Preuß. ALR erste Grundlagen für ein modernes Kirchensteuersystem. Die heutige Form der Kirchensteuer verdankt ihre Entstehung freilich erst den wirtschaftlichen und sozialen Umschichtungen des 19. Jh. und dem Substanzverlust des Kirchenvermögens durch die Säkularisation (s.u. D 1). In fast allen deutschen Bundesstaaten ergingen zwischen 1875 und 1905 Kirchensteuergesetze. Bei aller staatskirchlichen Nähe, die sich in der Verknüpfung von kirchlichem Abgabenrecht mit staatlicher Steuerhoheit dokumentiert, setzt dieser Finanzierungsmodus doch zugleich auch eine Distanzierung des weltanschaulich neutralen Staates von den Religionsgemeinschaften voraus, indem die wirtschaftliche Unterhaltung der Kirchen aus dem Kreis der unmittelbaren Staatsaufgaben ausscheidet. Dem konfessionellen Zeitalter bleibt eine solche Absonderung auch dann noch fremd, als die staatliche Finanzwirtschaft durch Reformen an Effizienz gewinnt. Noch die Territorialisten (s.u. C 1b) statuieren die Pflicht des Fürsten zur Unterhaltung der Kirchendiener dort, wo die primären Finanzquellen des Ortskirchenvermögens nicht ausreichen.

4. Die katholischen Territorien

In den katholischen *Territorien* verstärkten sich gleichfalls die Tendenzen zur Ausbildung des Landeskirchentums, die hier unmittelbar an vorreformatorische Entwicklungen anknüpften. Sie wurden durch die bereits in der zweiten Hälfte des 16. Jh. einsetzende "*Gegenreformation*" begünstigt, die zugleich durch das Tridentinum (1545-63) und die Tätigkeit des Jesuitenordens (seit 1534) starke geistige Impulse erhielt. Die Unterdrückung des Protestantismus in den Territorien der katholischen Reichsstände (Bayern, Steiermark, Kärnten, Krain, den geistl. [Kur-]Fürstentümern Köln, Trier, Würzburg, Salzburg) stützte sich vornehmlich auf die landesfürstliche Gewalt und fand im *Jus reformandi*, wie es der Augsburger Religionsfrieden bestätigt hatte (der Ausdruck entstammt ebenso wie das Schlagwort *cuius regio eius religio* der späteren Reichspublizistik), seine formelle Rechtsgrundlage. Da (mit Ausnahme der Landstände geistlicher Fürsten – Declaratio Ferdinandea 1555) die Bekenntnisgarantie sich nur auf die reichsunmittelbaren Stände bezog, fand die Reformation unter katholischer Herrschaft auch im Adel nur einen prekären Schutz. Dies umso mehr, als sie – ebenso wie in Frankreich – in den politischen Machtkampf zwischen Landesherrn und Landständen hineingezogen wurde und ihre Unterdrückung oft ebensosehr von gegenreformatorischen wie von frühabsolutistischen Motiven getragen war. In *Österreich*, wo die Reformation besondere Fortschritte gemacht hatte, setzte nach zahlreichen Einzelaktionen, aber auch Zugeständnissen – unterbrochen durch die schwankende Politik Maximilians II. und durch die Türkenkriege – die massive Rekatholisierung in der zweiten Hälfte des 16. Jh. ein und führte schließlich zugleich mit ihrem Erfolg zu einer Brechung ständischer (und städtischer) Macht in Böhmen (Verneuerte Landesordnung 1627) und Österreich. Dazu trug bei, daß der Adel gegenüber den auch sozial-revolutionär inspirierten evangelischen Bauernaufständen eine schwankende Stellung einnahm. Die Verfolgung bewirkte eine erste große Auswanderungswelle.

Zugleich geriet aber das im Gefolge des aufstrebenden Absolutismus aufblühende Staatskirchentum in einen Gegensatz zu der durch das Tridentinum gefestigten päpstlichen Universalgewalt und den straff zentralistisch organisierten Ordensleitungen. Er kündigte sich durch den Protest Pauls IV. gegen den Augsburger Religionsfrieden an und fand seinen ersten Höhepunkt in der Bulle "Cum ex apostolatu officio" (1559): nicht nur kirchliche Würdenträger sondern auch in Häresie verfallene weltliche Herrscher werden ihrer Ämter und Besitzungen für verlustig erklärt (Pius V. konkretisierte diesen Grundsatz in Richtung auf Elisabeth I. von England, die in der Bulle "Regnans in Excelsis" – 1570 – als notorische Ketzerin für abgesetzt erklärt und deren Untertanen vom Treueid entbunden, ja zur Gehorsamsverweigerung in Pflicht genommen werden). Wenn diese Ansprüche auch angesichts der realen Machtverhältnisse wirkungslos blieben, so ebneten doch gerade diese Mißerfolge kirchlicherseits einer modifizierten Auffassung von der Direktionsbefugnis der geistlichen Gewalt die Bahn, die – folgenreich für die Zukunft – Konflikte vor allem mit katholischen Territorialgewalten in sich barg. *Bellarmins* Lehre von der *potestas indirecta in temporalibus* (Disputationes de controversiis christianae fidei, 1581 ff.) schwächt die päpstliche *plenitudo potestatis* zwar zu einem unmittelbaren Leitungsrecht nur im Bereich der Spiritualien ab. Die geistliche Verantwortung für das *bonum spirituale* auch in der politischen Ordnung aktualisiert sich aber dann, wenn ein weltlicher Herrscher – sei es auch aus Gründen der Staatsraison – Postulaten der kirchlichen Lehre zuwiderhandelt, die als objektive Gewissensnorm auch den Christen im obrigkeitlichen Amt binden. *Ratione peccati* erwächst dem obersten Lehramt daraus der Rechtstitel zu unmittelbar politisch wirksamer Einflußnahme, die sich im äußersten Konfliktsfall sogar zu einer Absetzung des Herrschers verdichten kann.

Dieses, gegenüber älteren Manifestationen einer postulierten *potestas directa* theologisch verfeinerte Instrumentarium fand seinen Ausdruck in der jährlich am Gründonnerstag erfolgenden Neuverkündung der *Bulle In coena Domini*, die – mittelalterlichen Ursprungs – von den Päpsten Pius V. (1568) bis Urban VIII. (1627) jeweils neu gefaßt und erweitert wurde. Ihr Charakter als dauerndes kirchliches Strafgesetz und ihre gegen jede Beschränkung hierarischer Vollgewalt gerichtete Tendenz provozierte gerade in katholischen Ländern (Spanien, Venedig), im 18. Jh. dann allgemein auch in den deutschen Territorien, vor allem in den habsburgischen Erblanden energische Reaktionen.

Auch die späteren unmittelbaren päpstlichen Eingriffsversuche blieben ohne Wirkung, so die Nichtigerklärung des IPO durch Innozenz X. (Bulle *Zelo Domus Dei* 1648/50, Publikationsverbot durch Ferdinand III.), der Protest Clemens' XI. gegen die Errichtung der neunten Kur zugunsten des Hauses Hannover (1707, gestützt auf die päpstliche Einsetzung des Kurkollegs) und gegen den preußischen Königstitel (1701 – Behaupteter Rechtstitel: Staatsrechtliche Sonderstellung Preußens als Ordensland und päpstliches Lehen). Die teils kirchenpolitisch, teils aus den Interesen des Kirchenstaats motivierte Einmischung in die dynastischen Konflikte, am deutlichsten im spanischen Erbfolgekrieg, führte das Papsttum in vielfältige politische Abhängigkeiten, die sein Ansehen schädigten und einerseits zu weitgehenden Ingerenzmöglichkeiten der katholischen Mächte führten (Eingriffe in das Konklave durch sog. Papstwahl-Exklusive, d.h. rechtswirksamen Ausschluß mißliebiger Kandidaten von der Wahl), andererseits aber zu einem verstärkten Ausbau des Landeskirchentums. Seinen Höhepunkt fand diese Entwicklung dann im absolutistischen Staatskirchenrecht des 18. Jh. (s.u. C 3).

B. Das Reich zwischen 1555 und 1648

1. Die Interpretationskämpfe um den Augsburger Religionsfrieden

Der Augsburger Religionsfriede vermochte das labile Gleichgewicht der konfessionellen Blöcke und des ständisch-kaiserlichen Dualismus nur kurzfristig zu stabilisieren. In den *Interpretationskämpfen* der Reichspublizistik kündigten sich bald die Wetterzeichen künftiger Konflikte an.

Die evangelische *Staatsrechtslehre* hebt mit Nachdruck die durch den Frieden als Fundamentalvertrag eingetretene Neukonzeption der Reichsverfassung in

Richtung auf eine bikonfessionell-paritätische Friedensordnung hervor. Nur die Lösung der Reichsverfassung von der theologischen Wahrheitsfrage, die konfessionelle Neutralisierung der Reichsinstitutionen bot eine Garantie gegen eine auf Reichsebene vorgetragene Gegenreformation. Die Gültigkeit des geistlichen Vorbehalts wird prinzipiell in Frage gestellt; andererseits erscheint hier der interpretatorische Verfassungsbegriff des *ius reformandi* zugunsten der Reichsstände und -ritter. Zugleich ist man bestrebt, das *beneficium emigrandi* in ein allgemeines Recht der Untertanen auf Freistellung (d.h. auf Glaubensfreiheit im Rahmen der in den AR eingeschlossenen Konfessionen) umzudeuten, um so auch in den katholischen Territorien den Fortgang der Reformation zu ermöglichen, später um die Religionsausübung der bedrängten Protestanten auf einen Rechtstitel zu gründen, der sie der prekären Instabilität landesherrlicher Toleranzmandate entzog.

Demgegenüber bestand die katholische *Publizistik* auf dem interimistischen Charakter der neuen reichskirchenrechtlichen Ordnung als einer zeitweiligen Suspension der mittelalterlichen Reichs- und Kirchenverfassung. Gemäß der daraus abgeleiteten restriktiven Interpretationen sollten im Zweifel die allgemeinen Regeln des kanonischen Rechts Anwendung finden. Die prinzipielle Schwierigkeit lag in der Unvereinbarkeit mit dem *ius divinum*, das gemäß der klassischen Rechtstheorie den Maßstab für die Gültigkeit säkularer Rechtssätze bilden mußte. Wo nicht daraus überhaupt eine Ungültigkeit des AR gefolgert wurde, war man lediglich bereit, zur Verhütung größeren Unheils einen temporären Verzicht auf die Anwendung an sich zwingender kanonischer Normen zu konzedieren. Von hier aus erschien die "Freistellung" der Untertanen ebenso unerträglich, wie etwa eine mehr als partielle Exemtion der AC-Verwandten von der bischöflichen Jurisdiktion.

2. Der Dreißigjährige Krieg

Dieser prinzipielle Dissens, verbunden mit der seit dem Regierungsantritt Rudolfs II. (1576) einsetzenden Verhärtung der Gegensätze führte 1608 bzw. 1609 zur erneuten Formierung der Fronten in (evangelische) Union und (katholische) Liga. Die Zusicherung der böhmischen Nachfolge an seinen streng katholischen Vetter Ferdinand (II.) durch Matthias gegen den Widerstand der Stände, die nicht zu Unrecht ihre im Majestätsbrief Rudolfs II. (1609) gewährten Privilegien und religiösen Freiheiten in Gefahr sahen, wirkte als Zündfunken für die seit 1555 nur vertagte Auseinandersetzung. Der *Dreißigjährige Krieg*, dessen Ursachen freilich nur z.T. in den religiösen Gegensätzen zu suchen sind, brachte bei entsprechenden Machtkonstellationen Versuche, die paritätische Ordnung des Reiches einzuschränken (kaiserliches Restitutionsedikt 1629 mit dem Ziel einer

Wiederherstellung der säkularisierten Klöster und Bistümer). Ihre Verwirklichung scheiterte jedoch am Wechsel des Kriegsglücks.

3. Westfälischer Frieden

Die Pattstellung der streitenden Parteien am Ende des Krieges spiegelte sich im Kompromißcharakter des *Westfälischen Friedens*, der als Reichsgrundgesetz auch die konfessionelle Gestalt des Reiches für Jahrhunderte bestimmte. Zwar wurde das *ius reformandi* des Landesherrn anerkannt (und zwar nunmehr im Zeichen des heraufziehenden Absolutismus als Teil der Landeshoheit – *jus territorii et superioritatis* – Art. V § 30 IPO), aber die Besitzstandsgarantie durch Normaljahr (1624 – Art. V §§ 14 f., 25 f.) für den Besitz des Kirchengutes schränkte dieses Reformationsrecht doch zugleich erheblich ein, da ein Zurückdrängen der Bekenntnisausübung über das 1624 innegehabte *exercitium religionis publicum* oder *privatum* untersagt war. Hierdurch nicht geschützte Untertanen erhielten das Abzugsrecht bestätigt. Die Reformierten fanden als Teil der evangelischen Religionspartei reichsrechtliche Anerkennung.

Das IPO, das sich als Bestätigung des Augsburger Religionsfriedens betrachtet, baut die dort angelegte reichsrechtliche *Parität* der Bekenntnisse zum System aus. Die *aequalitas exacta mutuaque* (Art. V § 1) prägt von nun an die Verfassungsinstitutionen. Die Reichsämter und Reichsgerichte werden – teilweise bis in die unteren Chargen – paritätisch besetzt, das Verfahren des Reichstages schließt in Religionsfragen das Majoritätsprinzip aus. Treten die im *Corpus Catholicorum* und *Evangelicorum* formierten Reichsstände in Religionssachen auseinander (*itio in partes*), so soll nur gütliche Übereinkunft (*amicabilis compositio* – Art. V § 52) einen Beschluß ermöglichen. Die Streitfrage, ob dieses Verfahren nur in Religionssachen gelte und – wenn ja – ob die Erklärung eines Tractandums zur Religionsfrage durch die andere Religionspartei hingenommen werden müsse, blieb freilich ungelöst. Der geistliche Vorbehalt (*reservatum ecclesiasticum*) wurde auch auf die evangelische Religionspartei erstreckt. Den erwarteten päpstlichen Einspruch wies die Antiprotestklausel im vorhinein zurück (Art. XVII § 3).

Das Reich hatte damit die konfessionelle Spaltung endgültig in einem kunstvollen System paritätischen Ausgleichs legalisiert, wenngleich die Idee der einen, durch die endliche Wiedervereinigung der streitenden Parteien wiederherzustellenden Reichskirche das Leitbild auch dieser Verfassungsordnung blieb. Ihm standen die Territorien in relativer konfessioneller Geschlossenheit gegenüber. Nur für die gemischten Reichsstädte wurde eine Paritätsregelung vor allem für die Ämterbesetzung getroffen. Im Bistum Osnabrück legte das IPO sogar eine alternierende Besetzung des Bischofsstuhles fest. Wo sonst Minderheiten zu tolerieren waren, schloß das allgemeine Paritätsprinzip auch eine beschränkte staatsbürgerliche Gleichheit ein (Art. V § 35); diejenigen Untertanen, die ohne Normaljahrsschutz blieben, sollten nachsichtig geduldet und ihnen *conscientia libera* die häusliche Religionsausübung (*devotio domestica*) gestattet werden. Allen andersgläubigen Untertanen schärfte das IPO ihre Pflicht zu staatsbürgerlicher Loyalität ein (Art. V § 34).

Folgenreich wurde die Tatsache, daß der Kaiser die Beschränkung des *ius reformandi* für den Bereich der habsburgischen Erblande abgelehnt hatte (Ausnahmen galten nur für Teile Schlesiens und für den niederösterreichischen Adel). Damit war der Fortgang der Gegenreformation in Österreich auf einen unanfechtbaren Rechtstitel gegründet.

Das IPO als Ordnung der "Koexistenz zweier sich in ihrer Legitimität prinzipiell bestreitenden 'Ideologien'" (Schlaich) hat die deutsche Verfassungsgeschichte auch und gerade in staatskirchenrechtlicher Hinsicht bis zum Jahre 1806 geprägt und das Zeitalter der Religionskriege auf deutschem Boden beendet.

C. Absolutismus und Aufklärung

Die Fortentwicklung des Staatskirchenrechts vollzog sich nun in den Territorien.

1. Theorie und Praxis der Staatskirchenhoheit im Protestantismus

In den *evangelischen Gebieten* erlangte der Verzicht der protestantischen Stände auf ein innerevangelisches *ius reformandi* vor allem in Preußen durch die Konversion Johann Sigismunds zum Calvinismus (1613) Bedeutung. In bekenntnishomogenen Territorien festigt und vertieft sich aber nun der Typus des Teutschen Fürstenstaates, dessen patriarchalisch christliche Sozialethik den Beitrag vornehmlich des Luthertums zur Geschichte des Sozialstaatsgedankens darstellt.

a) Freilich verschiebt sich mit dem Vordringen naturrechtlicher Ideen die Grundlage der staatlichen Religionsverfassung. Schon die *episkopalistische* Theorie hatte bald mit der Vorstellung, daß die bischöflichen Rechte den Landesherren "restituiert" seien, naturrechtlich-absolutistisches Gedankengut aufgenommen. Das in Art. VIII IPO (§ 62 ss. IPM) bestätigte *droit de souveraineté* der Reichsstände stärkt auch innenpolitisch ihre Rechtsstellung und bewirkt durch die Zurückdrängung der intermediären Gewalten eine Machtkonzentration in der Staatsspitze. Die Umwandlung der alten ständisch-politischen Ordnung in ein modernes, funktionales und zweckrationales Herrschaftssystem führt zu einer Neukonzeption des landesherrlichen Kirchenregiments. Nicht mehr kraft reichsrechtlicher Devolution, auch nicht kraft innerkirchlichen Notrechts, sondern kraft Landeshoheit und der aus ihr fließenden Gemeinwohlverantwortung kommt der *summa potestas* die Direktionsbefugnis im religiösen Bereich zu.

b) Dieser Strukturwandel der politischen Ordnung findet seinen staatskirchenrechtlichen Ausdruck in der Theorie des *Territorialismus*. An die Stelle der *propagatio Evangelii* als vornehmster Staatsaufgabe (Melanchthon) tritt nun die *sufficientia et beatitudo civilis* (Thomasius) und hier insbesondere die Sicherung des Rechtsfriedens als *finis reipublicae*. Die gleichwohl als Staatsaufgabe festgehaltene Fürsorge für Bestand, Unterhalt und Gedeihen des Kirchenwesens und der kirchlichen Lehre steht nun unter dem Vorbehalt des säkularen Staatszwecks. Daraus folgt ein doppeltes: Einmal führt die Gewaltenkonzentration in der Herrschersouveränität zur Abweisung jeder Vorstellung von der Kirche als einer aus dem allgemeinen staatsbürgerlichen Verband ausgrenzbaren Rechtsgemeinschaft sui juris. Die Kirche als Korporation unterliegt in vollem Umfang der Leitungsgewalt des Landesherrn kraft dessen (staatlicher) Herrschersouveränität. Als Gesellschaft, "die sonst nichts zu gebiethen hat" (Thomasius) ermangelt sie jeder eigenständigen Gesetzgebungs-, Leitungs-, Jurisdiktions- oder Selbstverwaltungsbefugnis. Jede regiminale Gewalt ist – und auch dies nur in den Grenzen der Staatsraison – auf spirituale Mittel begrenzt. Die Rechtfertigung hierfür wird paradoxerweise im theologischen Kirchenbegriff der Reformation gesucht. Daher sind dem Landesherrn die *jura in sacra*, soweit sie überhaupt rechtliche Relevanz entfalten, und *circa sacra* nur verschiedene Facetten der einen unteilbaren Staatsgewalt. Eine konkurrierende kirchliche Mitgestaltungsbefugnis, wie sie in der älteren Dreiständelehre behauptet worden war, wird strikt abgelehnt. – Zum anderen aber schließt die Säkularität des Staatszwecks jede staatlich-regiminale Fürsorge für das Seelenheil der Untertanen aus. Ziel des auf Gesellschafts- und Herrschaftsvertrag begründeten Staatswesens und der in ihm angelegten politischen Gewalt ist allein die Hintanhaltung von Übeln, "quae homini ab homine imminent" (Thomasius), nicht die zwangsweise Verchristlichung des Bürgers. Daraus folgt, daß das Kirchenregiment als "vornehmstes Regal" nicht zu einer Beschwerung des religiösen Gewissens führen darf. Toleranz und Gewissensfreiheit in den Grenzen der (weitgespannten) polizeilichen Gemeinwohlverträglichkeit limitieren daher als immanente Prinzipien der Staatsgewalt alle *iura ecclesiastica* des Landesherrn.

c) Die zentrale Inkonsequenz dieses Systems bildete die Konstruktion der Kirche als *societas* unter Abweisung aller körperschaftlichen Autonomie, wie sie die ältere Korporationslehre allgemein herausgearbeitet hatte. Die sich im Verlauf des 18. Jh. auch in Deutschland formierende Opposition setzte darum auch gerade bei diesem Punkt ein. Die Gesellschaftsnatur des kirchlichen Verbandes wird nicht bestritten, aber von hier aus ein genuin kirchliches Selbstverwaltungsrecht entwickelt. Diese Theorie des *Kollegialismus* hat das deutsche Staatskirchenrecht der Folgezeit entscheidend geprägt. Die frühen Kollegialisten (Pfaff, Mosheim) argumentieren auf zwei verschiedenen Ebenen der Rechtstheorie. Auf der einen Seite lebt die Kirche als Stiftung Christi nach ihren eigenen Rechtsprinzipien, die teils – als *ius divinum* – unveräußerlich, teils als *ius humanum* historisch variabel sind, aber doch auch dort ein *ius proprium* der Kirche bleiben, deren Ordnungsgewalt sich nicht auf technische Rationalität gründet sondern auf die Gebote Christi und den Gehorsam gegen seinen Auftrag. Die andere Ebene ist die strikter naturrechtlicher Rationalität. Dem Staat wird nicht zugemutet, ein theologisches Selbstverständnis der Kirchen als undiskutierbare juristische Vorfindlichkeit in seine Sozialordnung einzubauen. Vielmehr legen sie Wert auf den Nachweis, daß eine sachgerechte Ausgestaltung des Verhältnisses von Staat und Kirche auch auf dem Boden einer religiös depotenzierten Rechtsordnung möglich ist. Die Selbstordnung der Kirche in Vollzug ihres geistlichen Auftrags erscheint hier als körperschaftliche Autonomie.

Wie alle in den Sozialverband integrierten "Gesellschaften" unterliegt auch die Kirche einer umfassenden Staatsaufsicht. Die Kirchenhoheit begründet mithin keine weitergehenden Eingriffsrechte als die allgemeine Korporationshoheit. Die davon abgesetzten *iura in sacra* liegen demgegenüber prinzipiell bei der Kirche selbst. Damit wurde das landesherrliche Kirchenregiment auf einen neuen Rechtsboden gestellt, es ist als kirchliches Institut bestimmt und dem Landesherrn nur treuhänderisch und prinzipiell widerrufbar in der Reformationszeit übertragen worden. Die konstitutionelle Unterscheidung von Innehabung und Ausübung der Monarchenrechte ist hier vorgebildet. Damit war aber vor allem auch die Ausübung durch einen Landesherrn anderer Konfession grundsätzlich in Frage gestellt. Dieses Problem bestand nicht nur in den habsburgischen Erblanden sondern hatte durch eine Reihe fürstlicher Konversionen, beginnend mit Markgraf Jakob von Baden-Hachberg (1590) bis hin zu Herzog Anton Ulrich von Braunschweig-Lüneburg (1710) vornehmlich jedoch mit dem Anfall der Kurpfalz an das (katholische) Haus Pfalz-Neuburg (1685) an bedrängender Aktualität gewonnen. – Der Summepiskopat rechtfertigt darüberhinaus keinen Eingriff in die Gewissenssphäre der Kirchengenossen. Auch das *ius reformandi* tritt damit in einen staatsrechtlichen und einen kirchlichen Bestandteil auseinander. Der erste wird formalisiert in der Bestimmung, gemeinschädliche Aktivitäten der Kirche zu unterbinden, der letztere aber ist mit der reformatorischen Verantwortung für die Beseitigung innerkirchlicher Unordnung identisch, freilich ohne obrigkeitliches Zwangsrecht als "ius dirigendi inter aequales" (Pfaff).

d) Dieser tiefere Ansatz des älteren Kollegialismus – der erst im 19. Jh. Fernwirkungen zeitigt – verflachte bald in den Niederungen einer bloß vereinsrechtlichen Betrachtungsweise der Kirche. Seine antiabsolutistische Tendenz vermochte sich in der Hochblüte des aufgeklärten Absolutismus nicht durchzu-

24

setzen. Die bedeutendste legislative Ordnung des Staatskirchenrechts im 18. Jh., das *preußische* Allgemeine Landrecht (ALR) zeigt daher nur vereinzelt Züge eines Vulgärkollegialismus. Die Lehre, die – wenn auch modifiziert – die territorialistische Tradition der naturrechtlichen Staatslehre fortführte (J.H. Boehmer), erwies sich gerade wegen ihres Einklangs mit der zeitgenössischen politischen Theorie als die einflußreichere.

Das ALR überschreitet in seiner staatskirchenrechtlichen Ordnung (Th. II Tit. 11) denn auch deutlich die Grenzen bloßer Kirchenhoheit (*iura circa sacra*) und regelt eine Vielzahl innerkirchlicher Rechtsverhältnisse, wobei durch das "allgemeine" d.h. für alle "Kirchengesellschaften" gültige Kirchenrecht deutlich die von der protestantischen Publizistik aufgestellten Theoreme hindurchschimmern. So steht im Mittelpunkt die Parochialverfassung: Kirchengesellschaft ist die Kirchengemeinde, nicht aber die Bekennergemeinschaft ("Religionspartei") oder ihre Organistion auf Landesebene. "Mehrere Kirchengesellschaften, wenn sie gleich zu einerley Religionspartei geworden, stehen dennoch unter sich in keiner notwendigen Verbindung" (§ 36). In Übereinstimmung mit dem allgemeinen Korporationsrecht (Th. II Tit. 6) unterliegt ihre Ordnung einem allgemeinen Gesetzesvorbehalt (§ 27) und einer weitgehenden polizeistaatlichen Kontrolle: Vorlage der Gottesdienstordnungen, Änderungen nur mit staatlicher Genehmigung (§§ 46 ff), Beschränkung der Kirchenzucht (§§ 51 ff), staatliche Entscheidung bei Streit über Exkommunikation (§ 56), Zurückdrängung der Jurisdiktion auswärtiger Oberer (§§ 117 f, 135 ff, 142), Mitwirkung bei der Stellenbesetzung (§ 151), Oberaufsicht über das Kirchenvermögen (§§ 161 ff), Amortisationsbestimmungen (§ 197) und die staatliche Befugnis zur Parochialerrichtung und -zirkumskription (§ 238). Dafür erhalten die Gemeinden im wesentlichen den Status privilegierter Korporationen, ihre Diener und Beamten sind den Staatsbeamten gleichgestellt (§§ 17, 19), und von den bürgerlichen Lasten befreit (§ 96), das Kirchengut genießt als öffentliches Gut einen qualifizierten Schutz (§ 18).

Das ALR kodifiziert damit die kirchenpolitischen Grundsätze, die die preußischen Herrscher vor allem seit der Regierung des Großen Kurfürsten praktisch befolgt hatten. Durch sie wird das alte Landeskirchentum nicht eigentlich aufgegeben, sondern in seiner Basis auf alle reichsrechtlich anerkannten Bekenntnisse erweitert. Schon der Große Kurfürst hatte mit Nachdruck seine summepiskopalen Rechte auch gegenüber den Katholiken betont, und Friedrich d. Gr. nahm diesen Rechtstitel, gerade auch für die Eingriffe in die katholische Kirchenverfassung in Anspruch (Einsetzung des Berliner Obertribunals als Appellationsinstanz für die bischöfliche Ehejurisdiktion, Ämterbesetzung u.a.), freilich unter Ausklammerung von Dogma, Lehre und Gewissen, da – wie es in einem Reskript des Königs v. 30.12.1761 heißt – "ihr (d.h. der Kirche) Reich ... nicht sozusagen von dieser Welt ist, sondern sich bloß auf die geistlichen Fonctions erstrecket ...". Die status-quo-Garantie, die den schlesischen Katholiken im Berliner Frieden gegeben worden war, führte trotz dieser einschränkenden Ausdeutung auf die *interna religionis* durch die preußische Regierung indes zu keiner stärkeren Ingerenz in das Kirchenwesen, als sie durch das theresianische Staatskirchentum vorgebildet waren, sodaß sich die Integration der neugewonnenen katholischen Bevölkerungsteile ohne nennenswerte Reibungen vollzog.

Eine größere Nähe der evangelischen Kirche zum Staat zeigt sich nur darin, daß die Leitungsfunktionen von den Konsistorien wahrgenommen werden, die wieder "unter der Oberdirection des dazu verordneten Departements und Staatsministerii" stehen (ALR a.a.O. § 145 f.).

Mit dem ALR ist die Bahn für den paritätischen Staat in Preußen endgültig frei. Nach wachsender praktischer Toleranz hatte zuerst das Wöllnersche Religionsedikt v. 9.7.1788 das lutherische, reformierte und römisch-katholische Bekenntnis als die "drei Haupt-Konfessionen der christlichen Religion" gleichgestellt und in Verfassung und Bestand ausdrücklich geschützt. An die Stelle der einen Landeskirche treten nun derer drei. Daneben wird auch den "übrigen Sekten und Religionsparteien" Gewissensfreiheit und Religionsausübung garantiert. Sie erscheinen als "geduldete Gesellschaften" neben den "privilegierten" der Landeskirchen. Diese positive Bedeutung des Edikts tritt in der historischen Würdigung meist hinter der Kritik an der Beschränkung aufklärerisch-antireligiöser Lehrfreiheit zurück.

e) Auch in den übrigen evangelischen Territorien wird der Charakter der evangelischen Landeskirche als einer Kirche der herrschenden Religion im Zuge des Aufklärungszeitalters allmählich zugunsten staatskirchenrechtlicher Toleranz und staatsbürgerlicher Parität abgebaut. Zum Teil beruhte dies auf ausdrücklichen landesherrlichen Reversen bei Gebietsveränderungen (Belehnung des Kurfürsten von Sachsen mit der Ober- und Niederlausitz im Traditionsrezeß von 1635), teils geschieht es im Wege praktischer Toleranzgewährung (vor allem Herzog Eberhard Ludwig v. Württemberg 1693-1733).

Zugleich verlieren die Konsistorien mehr und mehr ihre Sonderstellung und werden in die allgemeine Staatsverwaltung integriert. Zum Teil werden sie auch zugunsten anderer Behörden aufgehoben. Die Zentralisierung und Ressortgliederung wie überhaupt die büromäßige Organisation der Verwaltung begünstigen diese territorialistischen Tendenzen. So trat in *Preußen* neben die Provinzialkonsistorien 1750 das lutherische Oberkonsistorium. Für die französischen Reformierten war schon 1701 ein solches, für die Deutschreformierten 1713 ein Kirchendirektorium errichtet worden, die beide unmittelbar den Staatsbehörden unterstanden. Auf Provinzialebene waren die Konsistorien z.T. sogar den Regierungskollegien eingegliedert. Die Verwaltungsreform von 1808 brachte die Ressortierung der Kultusangelegenheiten beim Department (Ministerium) des Inneren, dem eine Kultus- und Unterrichtssektion angegliedert wurde. In *Kursachsen* bestand nach der Aufhebung des 1580 eingerichteten Oberkonsistoriums (1588) seit 1602/1606 der mit dem Meißnischen Konsistorium vereinigte Geistliche Rat, der später die Bezeichnung Oberkonsistorium erhielt. Nach der Konversion Augusts des Starken ging das Kirchenregiment auf das Geheime Consilium als oberste Staatsbehörde über, dem das Oberkonsistorium – nunmehr als reine Staatsbehörde – nachgeordnet blieb.

In *Württemberg* wurde die Oberaufsicht über den durch die Große Kirchenordnung 1559 errichteten Kirchenrat von Landeshofmeister und Propst auf den Geheimen Rat übertragen. Aus dem Kirchenrat – dem nur die Verwaltung des Kirchengutes verblieb – wurde 1698 das Konsistorium als oberste kirchliche Leitungsbehörde ausgegliedert, beide dem Geheimen Rat unterstellt. Diese Oberhoheit ging dann 1806 an den Chef des Geistlichen Departements über.

f) Die alte Konsistorialverfassung mit ihrer relativen kirchlichen Eigenstruktur hatte sich gegenüber dem territorialistischen Zentralismus nicht behaupten können. Auch dort, wo *Evangelische unter einer katholischen Landeshoheit* lebten, verlief die Entwicklung ähnlicher Richtung. Soweit in einem überwiegend evangelischen Territorium ein katholischer Landesherr zur Regierung kam, wurden die *iura ecclesiastica* regelmäßig lediglich durch eine evangelische Oberbehörde ausgeübt. Anders in den eigentlich katholischen Reichsteilen. Die Toleranz setzt hier meist erst am Ende des 18. Jh. ein (in *Bayern* mit dem Regierungsantritt Max Josefs IV. 1799). In *Österreich* beendet das Toleranzpatent Josephs II. 1781 das Zeitalter der Verfolgung des Protestantismus. Es gewährt den Evangelischen das *exercitium religionis privatum* (Kirchen ohne Glocken, Türme und Eingang von der Straße) und schafft eine wenn auch noch vielfach beschränkte staatsbürgerliche Parität. Kontroversen knüpften sich auch an die Frage, ob die Geistliche Jurisdiktion über die Evangelischen in katholischen Territorien (vor allem in Ehesachen) fortbestehe und – wenn ja – ob sie nach den Normen des kanonischen Rechts – oder (wie die evangelische Publizistik behauptete) nach den Grundsätzen des evangelischen Kirchenrechts zu üben sei (dazu im einzelnen J.C. *Majer*, Teutsches geistliches Staatsrecht 1773, II, 342 ff.)

Auch um die Ausweisungsbefugnis nichtgeschützter evangelischer Bevölkerungsgruppen durch katholische Landesherrn (Religionsbann) entzündete sich erbitterter Streit. In Salzburg waren unter Verletzung des Trienniums und der reichsverfassungsrechtlichen Schutznormen (Art. V § 36 IPO) die sog. Exulanten unter furchtbaren Opfern (Zurücklassung der Kinder und des Vermögens) zur Auswanderung veranlaßt worden. Doch dokumentierten die vergeblichen Proteste des *Corpus Evangelicorum* (Schauroth, Conclusa Corporis Evangelicorum, 3 Bde. 1751/52, III, 407 ff., 691 f.) nur die Insuffizienz der Reichsgerichtsbarkeit und die dadurch ausgelöste Labilität der Religionsverfassung des Reiches.

Auch der Anfall der Kurpfalz an das katholische Haus Pfalz-Neuburg (1685) und die im *Rijswijker Frieden* (1697) enthaltene Festschreibung der seit dem IPO in den nunmehr dem Reich restituierten Gebieten geschehenen Begünstigungen der katholischen Kirche zu Lasten der Evangelischen führten trotz des Einspruchs der protestantischen Reichsstände und trotz der dadurch eingetretenen Reichskrise zu einer faktischen Dominanz der katholischen Religion, die erst durch bayerische Gesetzgebung der Jahre 1801 und 1803 abgebaut wurde.

2. Die katholische Reichskirche

a) Trotz der paritätischen Grundlage des Reiches behielt die katholische Reichskirche ihre verfassungsrechtliche Bedeutung in Gestalt der nach Abschluß der Säkularisationen des 16. Jh. bestehengebliebenen reichsunmittelbaren Erzbistümer, Bistümer, Stifter und Abteien. Diese geistlichen Reichsstände, die neben den geistlichen auch die weltlichen Rechte der Territorialhoheit ausübten, bildeten das sog. stiftische Deutschland. Erzbischöfe, Bischöfe sowie gefürstete Prälaten und Äbte führten auf dem Reichstag Virilstimmen, die übrigen (gemeinen) reichsunmittelbaren Äbte und Prälaten hatten Kuriatstimmen auf den Prälatenbänken (dies galt auch von den evangelisch gewordenen nicht landsässigen norddeutschen Stiftern, dem evangelischen Hochstift Lübeck u.a., die zwar zu den geistlichen Reichsständen, nicht aber zur Reichskirche gezählt wurden (Nachweise i.e. bei J.J. *Moser,* Von der Teutschen Religions-Verfassung ..., 1774, 584 ff.). Sie standen unter der politischen Führung des Kurerzkanzlers von Mainz als dem Leiter des *Corpus Catholicorum.* Vornehmlich die Reichsbistümer wurden regelmäßig durch katholische Fürstenhäuser besetzt (vor allem Wittelsbach, Habsburg und das reichsunmittelbare Haus Schönborn). So war etwa das Kölner Erzstift von 1583-1761 zu einer Sekundogenitur des Hauses Wittelsbach geworden. Die an sich kanonisch verbotene Bistumskumulation (d.h. die Vereinigung mehrerer Bistümer in einer Hand), die Verstrickung in die Territorialpolitik der regierenden Häuser, aber auch die Versorgung nachgeborener Söhne mit geistlichen Führungspositionen führten zu Mißständen, die vielfach den Widerstand der Domkapitel herausforderten. – Die Schirmherrschaft des Kaisers beruhte einerseits auf seiner Lehensherrlichkeit, andererseits auf dem Rechtstitel der *advocatia ecclesiae* (vgl. Art. XIV ständ. Wahlkap.). Er beanspruchte hieraus das *ius exclusivae* (*veto civile,* d.h. der rechtswirksame Ausschluß eines Kandidaten als *persona minus grata* von der Wahl) bei Papstwahlen und bei der Besetzung kirchlicher Pfründen. Das *ius primarium precum* (Erste Bitten) berechtigte ihn, einmal während seiner Regierungszeit die Anwartschaft auf die nächstfreiwerdende Pfründe eines reichsunmittelbaren Stiftes zu verleihen. Wo dieses Recht 1624 geübt worden war, bestand es auch gegenüber evangelischen Stiften. Auch das *placetum regium* gegenüber päpstlichen Bullen wurde ihm von Teilen der Publizistik zugeschrieben.

b) Der durch die Fürstenkonkordate und das Wiener Konkordat (1447/48) zunächst unterdrückte *Episkopalismus* gewann in der 2. Hälfte des 18. Jh. noch einmal eine kurzfristige politische Brisanz. Den theoretischen Grund legte die Schrift des Trierer Weihbischofs Nikolaus v. *Hontheim* (Pseudonym: *Febronius*), De statu ecclesiae et legitima potestate Romani Pontificis (1763). Auslösender Faktor war die die Diözesanrechte beschränkende Jurisdiktion der päpstlichen Nuntien, die anläßlich der Errichtung der Münchner Nuntiatur (1785) zum offenen Konflikt führte. Schon 1769 verlangten die drei rheinischen Erzbischöfe in den Koblenzer Artikeln die "Wiederherstellung" der Freiheit der deutschen Nationalkirche. Am 25.8.1786 wurde dann von diesen und dem Erzbischof von Salzburg die *Emser Punktation* unterzeichnet, in der sie die Eigenständigkeit der bischöflichen von der päpstlichen Jurisdiktionsgewalt behaupteten und die Abschaffung der Nuntiaturjurisdiktion, ein bischöfliches Plazet und die Einberufung eines Nationalkonzils forderten. Die Erzbischöfe sahen sich jedoch einer doppelten Opposition gegenüber, einmal der ihrer Suffragane und des Diözesanklerus, zum anderen der des Kaisers und der weltlichen katholischen Reichsstände, die – aus jeweils unterschiedlichen Motivationen – an einer Machtvermehrung der Metropoliten nicht interessiert waren. Die Ereignisse in Frankreich und der Zusammenbruch der alten Reichskirche entzogen dann allen nationalkirchlichen Plänen den politischen Boden.

3. Die katholischen Territorien

Länger als in den evangelischen Gebieten erhielt sich hier das Streben nach konfessioneller Geschlossenheit. Deutlich mischen sich aber seit dem 17. Jh. in die Begründung indes Motive der Staatsraison ("un roi, une loi, une foi"). Die Prärogativen der katholischen Kirche hindern die Landesherrn jedoch nicht an der Aufrichtung eines straff gelenkten Staatskirchentums, das dem der evangelischen Territorien in nichts nachsteht. Die territorialistischen Theoreme werden von der katholischen Publizistik ausdrücklich aufgenommen und an die Spezifika der Religionsverfassung katholischer Territorien adaptiert. Hier geht es vornehmlich um die Zurückdrängung konkurrierender kirchlicher Souveränitätsansprüche, die die Impermeabilität des neuzeitlichen Staates in Frage stellten. Indem der aufgeklärte Absolutismus unter dem Feldzeichen der Herrschersouveränität einen umfassenden Angriff auf den überkommenen Privilegienbestand der Kirche führte, mußte er in Konflikt mit jeder geistlichen *potestas in tempo-*

ralibus geraten. Der Streit um die Immunität der Kleriker, Amortisationsgesetze, um präventive oder repressive Kirchenaufsicht (*appel comme d'abus, placetum regium*), Eingriffe in das Kirchengut und Klosteraufhebungen, die Zurückdrängung der geistlichen Gerichtsbarkeit auf einen eng umgrenzten Spiritualienbereich, alles das rührte an die Grundlagen kanonischen Rechts. Rechtstitel hierfür ist die Verantwortung des Souveräns für die *sphaera huius vitae*. Diese Sorge ist dem Herrscher naturrechtlich und durch göttliches *mandatum* anvertraut. Zwar bezeichnet das *ius divinum* zugleich auch die absolute Schranke staatlicher Ordnungskompetenz, aber die Kognition darüber, was das *ius divinum in temporalibus* fordert, wird von der josephinischen Publizistik dem weltlichen Souverän zugesprochen. So kommt es schon unter Maria Theresia, vor allem aber unter Joseph II., in Bayern unter dem Regiment Montgelas' zu einer folgenreichen Zurückdrängung der kirchlichen Autonomie und zu einer gewaltsamen Unterordnung der geistlichen Belange unter die Gebote der Staatsraison aus dem Geiste des aufgeklärten Staates. Der direkte Verkehr der Bischöfe mit Rom wurde unterbunden, die Orden den Diözesanbischöfen unterstellt, die Klöster kontemplativer Orden aufgehoben, (allein in Österreich und Böhmen 788), von staatswegen eine Diözesan- und Pfarrregulierung durchgeführt, die Ausbildung des Klerus reglementiert, die Geistlichen als "Offiziere der Moral" und Volkserzieher in Dienst genommen u.v.a. Die Ingerenz in den innersten Lebensbereich der Kirche reichte bis hin zu Vorschriften über die Zahl der bei der Messe anzuzündenden Kerzen. Insgesamt war so die Kirche als Polizei- und Erziehungsanstalt dem Staatszweck dienstbar gemacht. Widerstände wurden teilweise mit Waffengewalt gebrochen, der Ausgleichsversuch Pius' VI., der 1782 persönlich nach Wien reiste, zeigte in seinem Scheitern die Ohnmacht der alten Ordnung gegenüber der neuen Staatsidee.

D. Kirche und Staat im 19. Jh.

1. Ende des ancien régime und Neubeginn

a) Der *Reichsdeputationshauptschluß* (RDH) vom 25.2. (ReichsG vom 27.4.) 1803 besiegelte das Schicksal der Reichskirche. Die aufgrund des Friedens von Lunéville erfolgte Abtretung des linken Rheinufers an Frankreich führte auf Initiative Österreichs zu einer "Entschädigung" der betroffenen weltlichen Reichsstände, die nach Sachlage nur durch Mediatisierung bzw. Säkularisierung der geistlichen Territorien erfolgen konnte. An kirchlichem Gut waren 4 Erzbistümer, 18 Bistümer und ca. 300 Abteien und Stifter mit ca. 70 000 qkm betroffen. Die bedeutsamste Folge für die Reichsverfassung war der Wegfall der geistlichen Territorialhoheit (Ausnahme: rechtsrheinischer Teil des Bistums Mainz und Bistum Regensburg für den Bischof von Mainz als Primas und Reichserzkanzler – § 25 RDH – und die Besitzungen des deutschen Ritter- und Malteserordens – § 26 RDH). Damit gingen auch vermögensrechtlich die Territorien samt der Ausstattung der Bischofsstühle auf die neuen Landesherrn über (§ 34 RDH). Zugleich wurde aber auch die Säkularisation der landsässigen Klöster und Stifter zur "freien und vollen Disposition der respectiven Landesherrn" gestellt, und zwar "sowohl zum Behuf des Aufwandes für Gottesdienst, Unterrichts- und andere gemeinnützige Anstalten, als auch zur Erleichterung ihrer Finanzen" (§ 35). Diese Ermächtigung, von der in weitem Umfang Gebrauch gemacht wurde, stand jedoch unter dem "bestimmten Vorbehalte der festen und bleibenden Ausstattung der Domkirchen ... und der Pensionen für die aufgehobene Geistlichkeit" (a.a.O.). Diese Bestimmung bildet seither den – freilich nicht unbestrittenen – Rechtstitel für Staatsleistungen an die Kirchen. Das nunmehr im wesentlichen auf das Ortskirchenvermögen reduzierte Kirchengut erhielt aber einen verfassungsrechtlichen Schutz, der seither zum eisernen Bestand deutscher Konstitutionen gehört. Auch wurde noch einmal das Religionsexercitium gemäß den Bestimmungen des IPO garantiert, zugleich aber auch landesherrliche Rechte auf Toleranz und Herstellung voller staatsbürgerlicher Parität bekräftigt. Allein schon 12 Jahre später dekretierte Art. XVI der Deutschen Bundesakte endgültig, daß "die Verschiedenheit der christlichen Religions-Partheyen ... in den Ländern und Gebiethen des Deutschen Bundes keinen Unterschied in dem Genusse der bürgerlichen und politischen Rechte begründen" könne.

b) RDH und territoriale Neuordnung nach dem Wiener Kongreß schufen damit die Voraussetzungen für die drei Entwicklungstendenzen, die das Staatskirchenrecht des 19. Jh. prägen. Einmal ist dies die bereits in Theorie und Praxis des aufgeklärten Fürstenstaates angelegte, nun aber konsequent betriebene *Säkularisierung des staatlichen Lebens* und die Übernahme wichtiger öffentlicher Aufgaben in die Hand des Staates (Erziehung, Eherecht, Armenfürsorge, Krankenpflege u.a.). Damit spaltet sich zweitens die eine Ordnung der Res publica, die auch die Verantwortung für den geistlichen Lebensraum des Bürgers einschließt, in zwei sich mehr und mehr verselbständigende Teilbereiche, den politisch-sozialen und den kirchlichen. Beide Bereiche treten im Verlaufe des Jahrhunderts deutlich auseinander und diese Diastase führt zu einem immer klarer artikulierten Bestreben der Kirchen, *ihre Angelegenheiten nach eigenen Strukturprinzipien* und frei von staatlicher Einmischung *zu gestalten*. Auf der anderen Seite aber bewirkt drittens diese Verselbständigung des Staatlich-Politischen, verbunden mit der nun nahezu in allen deutschen Ländern eingetretenen konfessionellen Inhomogenität der Bevölkerung, die immer stärkere Akzentuierung der

Bekenntnis- und Gewissensfreiheit und die Ausbildung einer *Paritätsordnung* auch auf *Landesebene*.

2. Die katholische Kirche

a) Der Verlust der weltlichen Territorialhoheit und wesentlicher Teile ihres Vermögens führt in der katholischen Kirche zu einer, von Erweckungsbewegung und Romantik verstärkten geistlichen Erneuerung. Damit verbindet sich zugleich eine stärkere Ausrichtung auf Rom, die allen national- und staatskirchlichen Bestrebungen, wie sie noch von dem Konstanzer Generalvikar *H.J. v. Wessenberg* einflußreich vertreten wurden, den geistigen Nährboden entzog. Diese Entwicklung wird zudem durch die einsetzende politische Restauration begünstigt, die vor allem in den großen überwiegend katholischen Staaten Bayern und Österreich die Josephinisch-Montgelas'sche Aera ablöst.

Nach dem mißlungenen Versuch, auf dem Wiener Kongreß ein Nationalkonkordat abzuschließen, kam es zu Vereinbarungen zwischen der Kurie und einer Reihe von deutschen Einzelstaaten (Konkordat). Damit beginnt das "*Zeitalter der Konkordate*", das freilich nicht ohne Geburtswehen eingeleitet wird. Vorbild war weithin das zwischen Pius VII. und Napoleon geschlossene französische Konkordat von 1801. Ebenso wie dieses (es galt in den linksrheinischen Gebieten weiter) von Napoleon durch die "Organischen Artikel" (d.h. eine Hinzufügung staatskirchlicher Grundsätze, wie Plazet und *recursus ab abusu*) einseitig ergänzt worden war, stand auch das *bayerische* Religionsedikt (Beilage II zur Verf. 1818) in offenkundigem Widerspruch zu dem 1817 geschlossenen Konkordat. Die "Tegernseer Erklärung" des Königs verschleierte diese Diskrepanz mehr als daß sie sie auflöste. Trotz der zugesicherten "Prärogativen" der katholischen Kirche blieben wichtige staatskirchliche Institute und die Paritätsbestimmungen der Verfassungsbeilage in Kraft. Das *österreichische* Konkordat von 1885, das deutlich die Züge einer katholischen Restauration trug, wurde 1870 wegen des Unfehlbarkeitsdogmas gekündigt. Die Konkordate mit *Baden* (1857) und *Württemberg* (1859) scheiterten am Widerstand der Landtage. Immerhin erreichten die südwestdeutschen Staaten 1821 in gemeinsamem Vorgehen eine Zirkumskriptionsbulle (*Provida sollersque*) mit der Errichtung der oberrheinischen Kirchenprovinz und damit eine Adaption der Diözesangrenzen an die neuen Staatsgrenzen. Eine entsprechende Einigung mit *Preußen* kam im gleichen Jahr zustande (*De salute animarum*), mit *Hannover* 1824. Die theoretischen Grundlagen der Konkordatsära lieferte die von der Kanonistik und katholischen Publizistik entwickelte These von der Koordination von Staat und Kirche als *societates perfectae;* die herrschende Staatsrechtslehre zog indes die Zulässigkeit von Konkordaten bis zum Ende des Jahrhunderts prinzipiell in Zweifel ("Der Staat paktiert nicht mit seinen Untertanen").

b) Die unausgetragene Spannung zwischen kirchlichem Autonomiestreben und staatskirchlicher Praxis führte bald in eine Reihe von exemplarischen Konflikten. Ging es zunächst vornehmlich um die Nomination der Bischöfe in Südwestdeutschland, so bildete den Anlaß für den Zusammenstoß in Preußen die Mischehenfrage (*"Kölner Wirren"*). Entgegen der kirchlichen Praxis in den östlichen Provinzen wurden in den 1815 zu Preußen gekommen westlichen Landesteilen die kanonischen Mischehenregelungen strenger geübt. Damit geriet die kirchliche Praxis sowohl in Gegensatz zu den Bestimmungen des ALR wie zu denen des (linksrheinisch geltenden) Code Civil, die die Erziehung der Söhne in der Konfession des Vaters vorsahen. Dieser Rechtszustand wurde staatlicherseits 1825 dahingehend verschärft, daß alle Kinder der Konfession des Vaters zu folgen hatten. Die rheinischen Bischöfe taktierten zunächst ausweichend, ein Breve Pius' VIII. von 1830 suchte eine Kompromißlösung, ihm wurde jedoch das königliche Plazet verweigert. Der Kölner Erzbischof Graf Spiegel schloß daraufhin 1834 ohne Wissen der Kurie eine Konvention, die das Breve angeblich erklärte, in Wahrheit jedoch umdeutete. Sein Nachfolger Droste-Vischering hatte sich zur Beachtung der Konvention verpflichtet, ohne diese zu kennen. Als er nach seinem Amtsantritt den Vollzug verweigerte, kam es zum offenen Konflikt, der durch die parallelen Auseinandersetzungen um den Hermesianismus noch an zusätzlicher Schärfe gewann. Die der Aufklärung verpflichteten Lehren des Bonner Theologen *Hermes* waren nach dessen Tod in Rom verdammt worden, trotz fehlenden Plazets vollzog Droste-Vischerung das päpstliche Verbannungsdekret von 1835 und verhängte über die theologische Fakultät der Universität Bonn eine Vorlesungssperre. Droste wurde daraufhin 1837 von seinem Amt suspendiert und nach Minden verbracht. Die von *J. Görres* ("Athanasius") angeführte öffentliche Meinung verurteilte überwiegend das rechtlich nicht gedeckte Vorgehen der Regierung. Obwohl Friedrich Wilhelm IV. nach seiner Thronbesteigung 1840 einlenkte, war doch die katholische Kirche mit deutlicher Stärkung ihrer geistigen Position aus dem Konflikt hervorgegangen.

c) Der Antagonismus von Kirche und Staatsgewalt bewirkte, daß sich einflußreiche Kräfte innerhalb des Katholizismus mit der konstitutionellen Bewegung des liberalen Bürgertums im Vormärz verbanden. Die Belgische Verfassung (1831) war mit ihren weitgespannten Kirchenfreiheitsgarantien ein Ergebnis der – wenn auch verschieden motivierten – Interaktion des katholischen und liberalen Bürgertums gewesen. Wenn auch die Liberalen Kräfte eher zu einer Trennung von Staat und Kirche tendierten – eine kirchlicherseits entschieden abgelehnte Konzeption (vgl. zuletzt die brüske Verwerfung im "Syllabus errorum" Pius' IX. – 1864 – Nr. 55) – so waren doch beide zunächst in ihrer Gegnerschaft gegen das überkommene Staatskirchentum einig. Der katholischen Kirche gelang es auf diese Weise mehr als ein halbes Jahrhundert vor der evangelischen, ein positives Verhältnis zum modernen *Parlamentarismus* zu entwikkeln und dessen Chancen auch für die kirchlichen Anliegen zu nützen. Die Gegnerschaft, die den Regierungen auf diesem Feld erwuchs, hat den Verlauf des Kulturkampfs entscheidend mitbestimmt.

Die Beratungen der *Paulskirche* über Staat und Kirche (in denen freilich auch die antiklerikalen Tendenzen des Liberalismus deutlich zutage traten) fanden lebhaften Widerhall im Katholikentag 1848 und in der Würzburger Bischofsdenkschrift des gleichen Jahres, in der die alten Forderungen nach Freiheit des kirchlichen Lebens wiederholt werden. Die Reichsverfassung verankerte denn auch unter Abweisung eines Trennungsprinzips Glaubensfreiheit, Parität und Autonomie im Rahmen der allgemeinen Staatsgesetze (§ 147). Diese Grundsätze gingen dann im wesentlichen in die preußischen Verfassungen von 1848 und 1850 und in die österreichischen Verfassungen von 1849 und 1867 ein.

d) Schienen so die kirchlichen Forderungen weitgehend erfüllt, so blieben doch in der Praxis zahlreiche Reibungsflächen (Mischehe). Auch in Österreich wurde die konkordatäre Rechtsstellung langsam abgebaut. Die Reichsgründung unter preußisch-protestantischer Führung stärkte das katholische Mißtrauen, zumal hier z.T. politische Motive (polnische Opposition, antipreußische Ressentiments im Rheinland und in Hannover – Windthorst! –) die Haltung des Zentrums mitprägten. Der Kollisionskurs *Bismarcks* war daher eher von der Sorge um die Reichseinheit als von einem spezifisch kirchenpolitischen Engagement intendiert, wenn er auch im übrigen die Wiederherstellung des Rechtszustands des ALR anstrebte. Der Konflikt wurde denn auch gleichzeitig auf der Ebene des Reiches und Preußens ausgetragen. Daß indes zugleich grundsätzlichere Probleme im Spiel standen, zeigte sich daran, daß es zu – wenn auch weniger spektakulären – Zusammenstößen auch in den katholischen deutschen Staaten, aber auch etwa in Österreich und der Schweiz kam. Letztlich handelte es sich um das Aufeinanderprallen von Hegelscher Staatsidee und kirchlichem Freiheitsverständnis. Der *Kulturkampf* (Virchow) ist daher auch als ein Kampf um die Grenzen der Wirksamkeit des Staates zu verstehen (J. Heckel). Als Beweis für den mit der modernen Staatsidee unvereinbaren Herrschaftsanspruch der Kirche erschien der "Syllabus errorum" (in dem die politischen Zeitströmungen ebenso wie alle staatskirchlichen Tendenzen verworfen wurden) und das Unfehlbarkeitsdogma des 1. Vatikanischen Konzils (1870). Auf Antrag Bayerns wurde noch 1871 der sog. Kanzelparagraph (§ 130a – aufgehoben 1953) in das StGB eingefügt. Preußen hob die katholische Abteilung im Kultusministerium auf. Die Ablehnung des Kardinals Hohenlohe als Gesandten durch Rom führte zum diplomatischen Bruch. 1872 wurde die geistliche Schulaufsicht in Preußen beseitigt, der Jesuitenorden im Reichsgebiet verboten. 1873 ergingen nach entsprechenden Verfassungsänderungen die sog. Maigesetze. Sie reglementierten die Vorbildung der Geistlichen, verlangten Anzeige bei Amtsübernahme (mit staatlichem Einspruchsrecht!) und machten das "Kulturexamen" (Nachweis der allgemeinwissenschaftlichen Bildung) zur Pflicht, weiter wurde die kirchliche Disziplinargewalt begrenzt, ein Staatsgerichtshof für kirchliche Angelegenheiten errichtet und ein Kirchenaustrittsgesetz erlassen.

Der Plan, die "Priesterherrschaft" zu brechen, mißlang ebenso, wie das Bestreben, eine "nationale" Erziehung des Klerus zu sichern. Trotz der angedrohten Strafen wurden die Amtsanzeigen nicht erstattet, die Theologiestudenten meldeten sich nur zu einem kleinen Teil zum Kulturexamen. Wegen Nichtbefolgung der Gesetze erklärte der Staatsgerichtshof eine Reihe von Bischöfen und Erzbischöfen (Köln und Gnesen-Posen) für abgesetzt, Priester wurden verhaftet oder mit Geldstrafen belegt. Ein von päpstlicher Seite in provozierender Form geführter Briefwechsel verschärfte die Situation. In der Enzyklika "Quod nunquam" (5.2.1875) erklärte Pius IX. die Kulturkampfgesetzgebung für nichtig. Nachdem das PStG bereits die obligatorische Zivilehe eingeführt hatte, antwortete die preußische Regierung mit dem sog. BrotkorbG (1875), das eine Temporaliensperre über alle Kleriker verhängte, die sich nicht zur Beachtung der Gesetze verpflichteten. Die wenigen "Staatspfarrer", die von dieser Möglichkeit Gebrauch machten, waren bald innerhalb des katholischen Volkes isoliert. Bleibende Bedeutung erlangten (neben PStG, KirchenaustrittsG und SchulaufsichtsG) die Gesetze betr. Vermögensverwaltung (mit Laienbeteiligung!) 1875 und betr. Staatsaufsicht über die Verwaltung des Kirchenvermögens in den katholischen Diözesen. Mit der Aufhebung der Kirchenfreiheitsrechte der preußischen Verfassung (Art. 15, 16, 18) am 18.6.1875 hatte der Kulturkampf seinen Höhepunkt erreicht.

Erst 1878 begann mit dem Pontifikat Leos XIII. ein Abbau der starren Fronten. Bismarck, der die Widerstandskraft der Kirche unterschätzt hatte, lenkte vorsichtig ein. Nach langwierigen Verhandlungen kam es zunächst zu einer elastischeren Handhabung, später (ab 1882) zu einem schrittweisen Abbau der Kulturkampfgesetze. Mit diplomatischer Meisterschaft verbesserte Bismarck durch das Angebot des Schiedsrichteramtes im Karolinenstreit (1885) an den papst das kirchenpolitische Klima soweit, daß eine beiderseits ehrenvolle Beilegung des Konflikts erfolgen konnte. Die Friedensgesetze von 1886 und 1887, die mit päpstlicher Zustimmung ergingen, schufen die Grundlage für eine Neubesetzung der vakanten Bistümer. Wenn auch die Kirche trotzdem manche staatskirchenrechtlichen Beschränkungen ihrer Autonomie hinnehmen mußte (Anzeigepflicht, Vermögensaufsicht), so ging der deutsche Katholizismus als ganzes doch gestärkt aus dieser Auseinandersetzung hervor. Ein Verlust an Staatsautorität und das Mißtrauen des katholischen Bevölkerungsteils war die Hypothek, die der Kulturkampf dem Reich für mehr als ein halbes Jahrhundert auferlegt hatte. Der preußische Kulturkampf fand Parallelen in einigen größeren Bundesstaaten, vor allem in *Sachsen, Baden, Hessen-Darmstadt*. Auch in *Bayern* brachte der sog. stille Kulturkampf eine Reaktivierung der staatskirchlichen Prinzipien. Hier spielte durch die Person Ignaz v. Döllingers der staatlich geförderte Altkatholizismus eine zunächst nicht ganz unbedeutende Rolle. Zu einem dramatischen Konflikt kam es auch in der *Schweiz*, vor allem in den drei großen evangelischen Stadtkantonen Basel, Zürich und Genf. Absetzung und Austreibung zahlreicher Bischöfe und Kleriker, Verschärfung des Jesuitenverbots, Untersagung der Neueinrichtung von Klöstern, strenge Staatskirchenhoheit kennzeichnen die staatskirchenrechtlichen Bestimmungen der Bundesverfassung 1874. Auch hier erlangte die alt(christ-)katholische Bewegung eine gewisse Relevanz. Die besonnene Politik Franz Josephs lenkte dagegen in *Österreich* die Auseinandersetzung in ruhigere Bahnen: Die Kündigung des Konkordats (1870) und die Aufhebung zahlreicher aus der Restaurationszeit stammender Privilegierungen der Kirche führten zwar auch hier zu einer Ausweitung der Staatskirchenhoheit (Maigesetze 1874), die jedoch in der Praxis ohne Schärfe gehandhabt wurde.

e) Nicht nur der Zusammenstoß mit den Staaten Europas hatte die Position der Kirche gefestigt. Trotz der Aufhebung des Kirchenstaats (1870) durch das Königreich Italien führte die Stärkung des Papsttums durch das Vaticanum I zu einer endgültigen inneren Konsolidierung. Seinen rechtlichen Ausdruck fand diese Verstärkung der zentripetalen Kräfte im Organismus der Kirchenverfassung durch das seit dem Vaticanum intensiv in Angriff genommene, 1917 abgeschlossene große Gesetzgebungswerk der lateinischen Kirche, den Codex Juris Canonici (in Kraft getreten am 19.5.1918). Der CIC, der den Geist der großen Kodifikationen der Zeit atmet, hat mit seiner Reduktion des gewaltigen überkommenen Rechtsstoffes zugleich den Raum abschließend umschrieben, innerhalb dessen die katholische Kirche vom Staat die Gestaltungsfreiheit "ihrer Angelegenheiten" Art. 137 III WRV/140 GG) fordert.

3. Die evangelische Kirche

a) Auch die Entwicklung der evangelischen Kirche vollzog sich in ähnlicher Folgerichtigkeit, wenn auch ohne vergleichbare dramatische Konfrontationen mit der Staatsgewalt. Das Erlebnis der Befreiungskriege, der geistesgeschichtlich so bedeutsame Umschwung vom Rationalismus der Spätaufklärung in eine romantische-idealistische Weltsicht, aber auch die Wiederbelebung eines aus dem Pietismus stammenden persönlichen Frömmigkeitsideals führten eine neue religiöse Bewegung herauf, die "Erweckung", die sich von Süden nach Norden vordringend bald über das ganze protestantische Deutschland ausbreitete. Diese Intensivierung des religiösen Lebens ließ auch hier das Bedürfnis nach Ablösung der alten staatskirchlichen Formen und nach einer Gestaltung der kirchlichen Verhältnisse aus den Prinzipien reformatorischen Denkens heraus wachsen. Schleiermacher veröffentlichte 1808 einen Kirchenverfassungsentwurf, der eine bischöfliche Kirchenleitung vorsah und den Staat auf bloße Aufsichtsrechte beschränkte. Diese Tendenzen verstärkten sich durch die Selbstverwaltungsidee der Steinschen Reform, aber auch durch Eingriffe des landesherrlichen Summepiskopus in den Bekenntnisstand der Landeskirchen. Der Lieblingsplan Friedrich Wilhelms III., die Vereinigung der getrennten Reformationskirchen, wurde 1817 zum Reformationsjubiläum durch den Zusammenschluß der Potsdamer Hof- und Garnisongemeinden eingeleitet. Die *Union* konnte dann aber vornehmlich in Altpreußen nur gegen z.T. erbitterte Widerstände durchgesetzt werden, die durch den Streit um die vom König selbst verfaßte Agende noch verschärft wurden. Auch außerhalb Preußens kamen, teilweise nicht ohne landesherrlichen Druck, Unionen in Baden, Hessen-Waldeck (1821), Anhalt (1820), Rheinpfalz (1818), Hessen (1832) zustande. Die daraus hervorgehende theologische Polarisierung führte dazu, daß die Union die Spaltung des Protestantismus nicht nur nicht beseitigte, sondern de facto zu einer dritten evangelischen Konfession wurde.

b) Hinzu kam noch, daß die bürgerliche Verfassungsbewegung auch in die Kirche mit der Forderung nach presbyterial-synodalen Leitungsstrukturen hineinwirkte. Die rheinisch-westfälische *Kirchenordnung* (1835), die zum Vorbild zahlreicher Kirchenverfassungen der Folgezeit bis hin zur österreichischen evangelischen Kirchenverfassung 1861 wurde, mußte dem König um den Preis eines Nachgebens in der Agendenfrage abgetrotzt werden. Die Brüchigkeit des Summepiskopats wurde von Konservativen (Friedrich Julius *Stahl*) und "Liberalen" gleichermaßen empfunden. Während für diese eine Stärkung kirchlicher Autonomie im Vordergrund stand, fürchteten jene die Abhängigkeit der Kirche von wechselnden Kammermehrheiten. Damit wandten sich freilich die politischen Widerstände gegen den vormärzlichen Konstitutionalismus nun zugleich gegen kirchliche Reformbestrebungen. Das Scheitern der Revolution von 1848 führte auch hier zu einer halben Lösung: Der Summepiskopat blieb als persönliche Rechtsstellung des Landesherrn (d.h. ohne parlamentarische Bindung) bestehen. Damit war das eingetreten, wovor Schleiermacher bereits eindringlich gewarnt hatte: Die Wandlung der Staatskirche zur "Hofkirche", und damit eine Isolierung zunächst vom liberalen Bürgertum, später in ungleich folgenschwererer Weise vom heraufkommenden Arbeiterstand. – Neben das Kirchenregiment, vertreten durch das Konsistorium (in Preußen 1850 Wiedererrichtung des Oberkirchenrats) und die Generalsuperintendenten – zur Wahrnehmung der *iura in sacra* – trat zunehmend eine institutionalisierte Repräsentanz der Kirche selbst.

1861 wurden überall in Preußen Kreis*synoden* berufen, 1869 Provinzialsynoden; 1873 erging die Kirchengemeinde- und Synodalordnung, 1876 die General-synodalordnung – alle als Staatsgesetze. Diese Entwicklung wurde zum Vorbild auch für die anderen evangelischen Landeskirchen.

Auch in *Österreich* schien durch das Märzpatent 1849 und das Staatsgrund-gesetz 1867 die Evangelische Kirche in die grundrechtlich gesicherte Autonomie entlassen zu sein. Die dahingehenden kirchlichen Bestrebungen auf eine reine Presbyterial- und Synodalverfassung vermochten sich indes nicht durchzusetzen. Die Kirchenverfassungen von 1861, 1866 und 1891 – ergangen als staatliche Verordnungen bzw. Gesetze – behielten neben den repräsentativen Organen die herkömmlichen konsistorialen Leitungsstrukturen bei; zufolge der besonderen politischen Verhältnisse blieb hier das Oberkonsistorium (später Oberkirchenrat) sogar bis 1938 Staatsbehörde. Die Frage, ob den Rechtstitel für die kaiserliche Kirchenhoheitsrechte ein – beschränkter – Summepiskopat oder eine – weitge-spannte – Staatsaufsicht bildete, blieb bis zum Ende der Monarchie ungelöst.

E. Das 20. Jahrhundert

1. Das Staatskirchenrecht von Weimar

Die *Weimarer Reichsverfassung* v. 11.8.1919 brachte in ihrem staatskirchen-rechtlichen Teil (Art. 135 ff.) einerseits die organisatorische Lösung des Staates von der Evangelischen Kirche (Art. 137 I), erhielt aber andererseits den Kirchen wichtige Elemente ihrer bisherigen Rechtsstellung (Körperschaftsqualität des öf-fentlichen Rechts – Art. 137 V, Kirchensteuer – Art. 137 VI). Neben der Garan-tie des Kirchenvermögens (als Säkularisationsverbot!) – Art. 138 I – trat nun die unbeschränkte Anerkennung der kirchlichen Eigenständigkeit, insbesondere auch die Ämterhoheit, im Rahmen des für alle geltenden Gesetzes (Art. 137 III). Diese Kirchenfreiheitsgarantie wurde freilich von Lehre und Praxis überwiegend restriktiv ausgelegt: Aus der öffentlich-rechtlichen Körperschaftsqualität sollte eine über die allgemeine Korporationshoheit hinausgehende Staatsaufsicht fol-gen (sog. Korrelatentheorie). Bei Vorliegen bestimmter Voraussetzungen konn-ten indes nunmehr alle Religionsgemeinschaften diese öffentlich-rechtliche Rechtsstellung erlangen. Damit war der lange Kampf um die Durchsetzung der formellen Parität endgültig beendet.

Das damit geschaffene System einer "hinkenden Trennung" (*U. Stutz*) bzw. einer gelockerten Fortsetzung der Verbindung von Staat und Kirche (*U. Scheu-ner*) kennzeichnet seither das deutsche Staatskirchenrecht. Da das geplante Reichsvolksschulgesetz ebensowenig erging wie die Grundsatzgesetzgebung über die Ablösung der Staatsleistungen, wirkten die betreffenden Verfassungsbestimmungen (Art. 146 III, 138 I WRV) de facto als Sperrvorschriften zugunsten des bisherigen Rechtszustandes, es blieb also bei den überkommenen Dotationspflichten der Länder und Gemeinden wie auch bei dem weithin fortbestehenden Bekenntnisschulsystem. Der Religionsunterricht sollte in fast allen Schulen ordentliches Lehrfach bleiben (Art. 149 I).

Die 1848 aufgeschobene Ablösung des Summepiskopats (in Preußen amtierten 1919 noch kurzfristig drei Minister "in Evangelicis") stellte die Evangelischen Landeskirchen nunmehr endgültig vor die Aufgabe einer eigenständigen rechtlichen Organisation. Unter starker Anlehnung an parlamentarisch-demokratische Strukturen entstanden in den folgenden 12 Jahren überall Kirchenverfassungen.

2. Konkordate und Kirchenverträge

Da die staatskirchenrechtlichen Schwerpunkte mangels reichsgesetzlicher Ausfüllung der Verfassung bei den Ländern blieben, wurde der neuen Situation durch eine Reihe von *Landeskonkordaten* Rechnung getragen. 1924 ging Bayern voran, 1929 folgten Preußen,1932 Baden. Daneben erfolgten in einigen Ländern Ablösungsvereinbarungen für Staatsleistungen, die freilich in ihrer Rechtsgültigkeit umstritten blieben (Braunschweig 1923, Thüringen 1929, Hessen 1930). Bemerkenswert ist, daß aus Paritätsgründen nunmehr auch *Parallelverträge mit den Evangelischen Kirchen* abgeschlossen wurden (Bayern 1924 mit der Bay. Ev. Luth. Kirche v. d. Rh. und mit der Pfälz. Landeskirche, Preußen 1931, Baden 1932). Mangels Völkerrechtssubjektivität der Landeskirchen qualifizierte die Staatsrechtslehre diese Verträge allerdings zunächst als bloße Verwaltungsabkommen.

3. Staat und Kirche im "Dritten Reich"

Ihren Höhepunkt fand die neue Konkordatsära im deutschsprachigen Raum jedoch nicht mehr unter parlamentarischen Regierungssystemen. Das *Reichskonkordat* v. 20.7.1933 und das *österreichische Konkordat* vom 5.6.1933 enthielten weitreichende Zugeständnisse an die katholische Kirche. Während ihr diese Rechtsvorteile im sog. christlichen Ständestaat unter Dollfuß überwiegend – auch zu Lasten der anderen Religionsgemeinschaften – zugute kamen, blieb das Reichskonkordat während der NS-Herrschaft im wesentlichen Papier. Immerhin hatte es, im Kontext mit zahlreichen kirchenfreundlichen Legislativakten bzw. programmatischen Erklärungen von Partei und Regierung zunächst die Wirkung, dem neuen Regime einen gewissen Vertrauenskredit von seiten der katholischen

Kirche einzuräumen. Auch evangelische kirchliche Kreise, vor allem national-konservativer Couleur, standen anfangs der NS-Bewegung keineswegs ablehnend gegenüber. Dies umso mehr, als mit der staatlich vorangetriebenen Schaffung einer reichseinheitlichen Deutschen Evangelischen Kirche (DEK; – Kirchenverf. vom 11.7.1933) sich eine alte Sehnsucht des deutschen Protestantismus zu erfüllen schien. Allein schon hier deutete sich im konsequent zugunsten des "Reichsbischofs" verwirklichten Führerprinzip (bei schwacher Stellung der "Nationalsynode") ein neuer Geist an.

Mit dem Erstarken der Glaubensbewegung "Deutsche Christen" (DC) begann dann indes sehr bald der sog. *Kirchenkampf*. Der Versuch der Gleichschaltung der evangelischen Kirchen wurde von Anfang an zweigleisig geführt. Einmal mit dem Bestreben, eine innerkirchliche Machtergreifung der DC zu sichern. Ansatzpunkte bot das verfassungsrechtlich verankerte Presbyterial- und Synodalprinzip. So brachten etwa die "braunen Synodalwahlen" am 23.7.1933, z.T. dank zur Wahl abkommandierter SA, eine DC-Mehrheit. Die von den DC beherrschte alt-preußische Generalsynode beschloß ein kirchliches BeamtenG, dessen berüchtigter Arierparagraph "rassejüdische" Christen vom Kirchendienst ausschloß (ähnliche Bestimmungen ergingen auch in anderen Landeskirchen). Mit der Resignation des gegen den Wunsch Hitlers zum Reichsbischof gewählten Friedrich v. Bodelschwingh und der nachfolgenden Wahl des Wehrkreispfarrers Müller ("Vertrauensmann des Führers") war der "Kampf um die DEK" zunächst verloren (Sept. 1933).

Gegen die organisatorische und ideologische Gleichschaltung der Kirche formierte sich bald eine entscheidende Opposition in Gestalt des Pfarrernotbundes und der sog. Bekennenden Kirche (BK). Sie kulminierte in der Barmer Bekenntnissynode (1934) und der dort verabschiedeten Barmer Theologischen Erklärung, in der die Grenzen jeder Anpassung der Kirche, ihrer Botschaft und ihrer Ordnung an den Zeitgeist mit mutiger Klarheit abgesteckt wurden. Es folgten Absetzungen von Pfarrern und Kirchenleitungen in zahlreichen Landeskirchen. In den daraus entstehenden Streitigkeiten beugten sich durch längere Zeit hindurch die deutschen Obergerichte keineswegs der politischen Pression.

Der entstandenen Verwirrung (ausgenommen blieben weitgehend die sog. intakten Kirchen Bayern, Hannover und Württemberg) bediente sich das Regime eines staatskirchlichen Instrumentariums zu einer immer massiver werdenden unmittelbaren Ingerenz. Unter dem Rechtstitel eines "Notverwaltungsrechts" wurden staatlich besetzte Finanzabteilungen in den Landeskirchen geschaffen und ein "Treuhänderregime" über die DEK errichtet (ReichsG zur Sicherung des DEK 1935). Bestellte Kirchenausschüsse mit VO-Recht ersetzten die gewählten Beschlußkörperschaften. Daneben war dem Reichsminister für kirchliche Angelegenheiten (Kerrl) eine umfassende Verordnungs-Ermächtigung erteilt. Dieser staatliche Hebel gewann in dem Maße an praktischer Bedeutung, in dem die DC-Bewegung durch ideologische Kompromittierung verfiel (Sportpalastskandal 13.11.1933: Forderung nach Befreiung der Kirche vom Alten Testament und "jüdischer Lohnmoral"). Gegenüber diesem System einer Staatskirche im kirchenfeindlichen Staat (Erler), das bei aller Bedrückung den Kirchen ihre öffentlich-rechtlich vertragsgesicherte Korporationsqualität und auch die Staatsleistungen erhielt, wurde ab 1939 der Warthegau zum Exerzierfeld zukünftiger NS-Kirchenpolitik (Umstellung der Religionsgemeinschaften auf Vereinsrecht, totale Entchristlichung des öffentlichen Lebens).

Der *katholischen Kirche* gewährte der abgeschlossene Organismus der Kirchenverfassung und dessen hierarchische Innenstruktur einen weitergehenden Schutz gegen Unterwanderungsversuche seitens des Regimes. Die anfängliche Kooperationsbereitschaft auch katholischer Kreise schlug vor allem angesichts der beide Kirchen treffenden Verfolgungsmaßnahmen und Pressionen relativ bald in Skepsis, später auch vielfach in offene Opposition um. Während noch 1938 die österreichischen Bischöfe die Würdigung des "antibolschewistischen Kampfes" durch Hitler mit der Aufforderung zur Stimmabgabe für den Anschluß verbanden, hatte die Enzyklika Pius' XII. ("Mit brennender Sorge" – 14.3.1937) im Reich bereits die Fronten formiert. Eine Reihe von kirchenfeindlichen Staatsgesetzen traf beide Kirchen in gleicher Weise ("HeimtückeG" 1934, das kritische Äußerungen von Geistlichen unter Strafe stellte, Verbot der konfessionellen Jugendverbände 1935; 1934 verbot das SammlungsG alle kirchlichen Sammlungen außerhalb der Kirchenmauern, das TestamentsG von 1938 erklärte letztwillige Verfügungen wider das gesunde Volksempfinden – § 48 II – und damit Vermächtnisse zugunsten der Kirche für nichtig). Besonders hart wirkte sich für die katholische Kirche die Schließung der meisten Priesterseminare aus. Eine große Zahl von Geistlichen aller Konfessionen wurde verhaftet und in die Konzentrationslager eingewiesen. Viele von ihnen bezahlten ihren Widerstand mit dem Leben.

4. Die Neuordnung der Nachkriegszeit

Der Zusammenbruch der NS-Herrschaft brachte auch für die Kirche das Ende der Verfolgung. Die Wiederherstellung des alten Rechtszustandes durch *Inkorporation der Weimarer Kirchenartikel* in das GG (Art. 140) wurde der tatsächlichen Stellung der Kirchen nur teilweise gerecht. Ihre relativ unkompromittierte moralische Position, die Schwäche der Staatlichkeit, aber auch ihre Mobilisierung weltweiter materieller Hilfe ließ sie zu anerkannten Ordnungsmächten des öffentlichen Lebens der Nachkriegsepoche werden. Die daraus insbesondere von Rudolf Smend gezogene rechtliche Konsequenz eines "Bedeutungswandels" der inkorporierten Verfassungsbestimmungen von Weimar fand daher zunächst weithin Zustimmung. Erst im letzten Jahrzehnt haben eine Konsolidierung des Staatsbewußtseins, aber auch starke gesellschaftliche Trends hier alte staatskirchenrechtliche Konfliktzonen erneut problematisiert und damit deutlich gemacht, daß sich das Verhältnis der Kirchen zum weltanschaulich neutralen Staat des GG doch nicht so spannungslos gestaltete, wie es zunächst den Anschein haben mochte. Diese Stellung der Kirchen im demokratischen Gemeinwesen, des Christen in der Demokratie im Sinne einer freiheitlichen Religionsverfassung zu bestimmen, bleibt eine Aufgabe, die – als ein System freiheitlichen Ausgleichs und gegenseitiger Respektierung der jeweiligen Eigengesetzlichkeit – beiden Partnern, Staat und Kirche immer wieder aufs neue zu lösen aufgegeben ist.

Literatur

Allg.:

H.E. Feine, Kirchliche Rechtsgeschichte, 5 Aufl., 1972 (grundlegend, Lit.)

W. Plöchl, Geschichte des Kirchenrechts, Bd. 3-5, 2. Aufl., 1962

H. Conrad, Deutsche Rechtsgeschichte, Bd. 2, 1966, besonders S. 3 ff., 174 ff., 291 ff.

A. Erler, Kirchenrecht, 5. Aufl., 1983, S. 29 ff.

E. Friedberg, Die Gränzen zwischen Staat und Kirche und die Garantien gegen deren Verletzung, 1872 (Neudruck 1962), S. 69 ff.

E. Troeltsch, Die Soziallehren der christlichen Kirchen und Gruppen, Gesammelte Schriften I, 3. Aufl., 1923 (Neudruck 1961)

O. Mayer, Art. Staat und Kirche, Realencyclopädie für prot. Theologie und Kirche (= RE), Bd. XVIII, S. 707 ff.

K. Rahner, H. Conrad, P. Mikat, Art. Kirche und Staat (Geschichte), Staatslexikon d. Görres-Gesellschaft (= StLexGG), 6. Aufl., 1957 ff., Bd. IV, 992 ff.

U. Scheuner, Art. Kirche und Staat (Geschichtliche Entwicklung), RGG³, Bd. III, Sp. 1328 ff.

K. Hesse, Art. Kirche und Staat, Ev. Staatslexikon, 3. Aufl. 1987 (= EvStL), Bd. I, Sp. 1546 ff.

H. Raab, (Hg.), Kirche und Staat von der Mitte des 15. Jh. bis zur Gegenwart, dtv-Dokumentation, 1966 (mit umfangreicher Einleitung)

– Art. Kirche und Staat (Geschichte), Lexikon für Theologie und Kirche (= LThK), 2. Aufl., Bd. VI, Sp. 288 ff.

A. Dordett, Die Ordnung zwischen Kirche und Staat, 1958

K.D. Schmidt, Staat und evangelische Kirche seit der Reformation, 1947

J. Heckel, Kirchengut und Staatsgewalt, in: Festschrift R. Smend 1952 = Das blinde, undeutliche Wort "Kirche", Gesammelte Aufsätze, 1964, S. 328 ff.

M. Heckel, Zur Entwicklung des Staatskirchenrechts von der Reformation bis zur Schwelle der Weimarer Verfassung, ZevKR 12 (1966/67), S. 1 ff.

– Parität, ZRG (KA) 49 (1963), S. 261 ff.

- Art. Parität, EvStL, Sp. 1467 ff.
- Zum Sinn und Wandel der Freiheitsidee im Kirchenrecht der Neuzeit, ZRG (KA) 55 (1969), S. 395 ff.

W.P. Fuchs (Hg.), Staat und Kirche im Wandel der Jahrhunderte, 1966

H. Maier, Staat und Kirche in Deutschland, Wort und Wahrheit 19 (1964), S. 53 ff.

K. Rothenbücher, Die Trennung von Staat und Kirche, 1908

C. Mirbt/K. Aland, Quellen zur Geschichte des Papsttums und des Römischen Katholizismus, 6. Aufl., 1967

Z. Giacometti, Quellen zur Geschichte der Trennung von Kirche und Staat, 1926

A. Stickler, Der Konkordatsgedanke in rechtsgeschichtlicher Schau, ÖAKR 8 (1957), S. 25 ff.

U. Lampert, Kirche und Staat in der Schweiz, 3 Bde., 1929/30

I. Gampl, Staat und evangelische Kirche in Österreich von der Reformation bis zur Gegenwart, ZRG (KA) 52 (1966), S. 299 ff.

A. v. Campenhausen, Staatskirchenrecht, 3. Aufl., 1996, S. 12-48

R. Zippelius, Staat und Kirche, 1997

Zu A:

Die evang. Kirchenordnungen des XVI. Jh., Hg. von *E. Sehling* (1902 ff.), fortgeführt von Institut f. evangelisches Kirchenrecht der EKD (1955 ff.)

J. Heckel, Lex charitatis, 2. Aufl., 1974 (grundlegend zur Sozialtheologie Luthers, Lit.)

- Initia juris ecclesiastici Protestantium, Sitzungsberichte der Akademie der Wissenschaften München, 1949 H.5, 1955 = Gesammelte Aufsätze, S. 132 ff.
- Cura religionis – Jus in sacra – Jus circa sacra, Festschrift Stutz, Kirchenrechtliche Abhandlungen (= KRA) 117/118 (1938), S. 224 ff. (separater Neudruck 1962)
- Melanchthon und das heutige deutsche Staatskirchenrecht, Festgabe E. Kaufmann, 1950, S. 83 ff. (= Gesammelte Aufsätze, S. 307 ff.)
- Die Entstehung des brandenburgisch-preußischen Summepiskopats, ZRG (KA) 13 (1924), S. 266 ff. (= Gesammelte Aufsätze, S. 371 ff.)

J. Bohatec, Calvins Lehre von Staat und Kirche unter besonderer Berücksichtigung des Organismusgedankens, Untersuchungen zur dt. Staats- und Rechtsgeschichtsgeschichte a.F. 147 (1937, Neudruck 1961)

H. Baron, Calvins Staatsanschauung und das konfessionelle Zeitalter, 1924

A. Farner, Die Lehre von Kirche und Staat bei Zwingli, 1930

M. Heckel, Art. Rechtstheologie Luthers, Reformation (Rechtsgeschichtlich), EvStL, II, Sp. 2818 ff., 2898 ff.

Ae. L. Richter, Geschichte der ev. Kirchenverfassungen Deutschlands, 1851

E. Sehling, Geschichte der protestantischen Kirchenverfassungen, 2. Aufl., 1914

K. Rieker, Die rechtliche Stellung der ev. Kirche Deutschlands, 1893

M. Honecker, Cura religionis magistratus christiani, Jus Ecclesiasticum 7 (1968)

B. Moeller, Reichsstadt und Reformation, 1962

R. Smend, Die Konsistorien in Geschichte und heutiger Bewertung, ZevKR 10 (1963/64), S. 134 ff.

E. Ruppel, Art. Kirchenbehörden, RGG^3, Bd. III, Sp. 1412 f.

Ch. Link, Art. Summepiskopat, LThK, Bd. IX, Sp. 1167 f.

F.X. Arnold, Die Staatslehre d. Kardinals Bellarmin, 1934

G. Schreiber, Das Weltkonzil von Trient, 2 Bde., 1950

A. Schmitz, Staat und Kirche bei Jean Bodin, Göttinger jur. Diss., 1938.

Zu B:

B. v. Bonin, Die praktische Bedeutung des Jus reformandi, KRA 1 (1902, Neudruck 1962)

E. Sehling, Art. Episkopalsystem in der ev. Kirche, RE, Bd. V, S. 425 ff.

M. Heckel, Staat und Kirche nach den Lehren der ev. Juristen Deutschlands in der ersten Hälfte des 17. Jh., jetzt: Jus Ecclesiasticum 6 (1968)

– Art. Augsburger Religionsfriede, EvStL, I, Sp. 111 ff.; Jus circa sacra, a.a.O., Sp. 1407 ff.; Jus reformandi, a.a.O., Sp. 1416 ff.; Cura religionis, a.a.O., Sp. 426 f.; Episkopalsystem, a.a.O., Sp. 727 ff.

– Cuius regio eius religio, Handwörterbuch zur deutschen Rechtsgeschichte (= HRG), Bd. I, Sp. 651 ff. (alle abgedruckt jetzt auch Jus Ecclesiasticum 6, S. 205 ff.)

– Autonomia und pacis compositio, ZRG (KA) 45 (1959), S. 141 ff.

F. Dickmann, Der Westfälische Frieden, 6. Aufl. (hg. v. K. Repgen), 1992

K. Schlaich, Art. Westfälischer Frieden, EvStL, Sp. 2484 ff.

K. Repgen, Die Römische Kurie und der Westfälische Frieden I/1, 1962, 1/2, 1965

P. Mikat, Römische Kurie und Westfälischer Frieden, ZRG (KA) 54 (1968), S. 95 ff.

Zu C:

J. Bohatec, Das Territorial- und Kollegialsystem in der holländischen Publizistik des 17. Jh., ZRG (KA) 35 (1948), S. 1 ff.

M. Heckel, Art. Territorialsystem, EvStL II, Sp. 3600 ff. (= Jus Ecclesiasticum 6, S. 241 ff.)

U. Scheuner, Art. Kollegialismus, RGG[3], Bd. 111, Sp. 1720 f.

K. Schlaich, Kollegialtheorie – Kirche, Staat und Recht in der Aufklärung, Jus Ecclesiasticum 8, 1969

– Art. Kollegialismus, EvStL I, Sp. 1810 ff.

– Der rationale Territorialismus, ZRG (KA) 54 (1968), S. 269 ff.

– Kirchenrecht und Vernunftrecht, ZevKR 14 (1968/69), S. 1 ff.

H. Rabe, Naturrecht und Kirche bei Samuel v. Pufendorf, 1958

Ch. Link, "Jus divinum" im deutschen Staatsdenken der Neuzeit, Festschrift Scheuner, 1973, S. 377 ff.

U. Stutz, Höchstes Regal, ZRG (KA) 11 (1922), S. 416 ff.

J. Heckel, Höchstes Regal, ZRG (KA) 13 (1924), S. 518 ff. (= Gesammelte Aufsätze, S. 393 ff.)

H.E. Feine, Zur Verfassungsentwicklung des Heiligen Römischen Reiches seit dem Westfälischen Frieden, ZRG (KA) 52 (1932), S. 65 ff.

– Die Besetzung der Reichsbistümer vom Westfälischen Frieden bis zur Säkularisation, KRA 97/98 (1921)

H. Conrad, Staat und Kirche im aufgeklärten Absolutismus, Der Staat 12 (1973), S. 45 ff.

L. Keller, Der Große Kurfürst und die Begründung des modernen Toleranzstaates, 1901

H.W. Strätz, Das staatskirchenrechtliche System des preußischen Allgemeinen Landrechts, Civitas 11 (1972)

P. Hinschius, Das preußische Kirchenrecht im Gebiete des ALR, 1884

- Allgemeine Darstellung der Verhältnisse von Staat und Kirche, in: (Marquardsens) Handbuch des öffentlichen Rechts der Gegenwart I, 1887, S. 187 ff.
M. Lehmann, Preußen und die katholische Kirche seit 1640, 9 Bde., 1878-94
J.P. Ravens, Staat und katholische Kirche in Preußens polnischen Teilungsgebieten, 1964
F.J. Lipowsky, Bayerns Kirchen- und Sitten-Policey unter seinen Herzogen und Churfürsten, 1821
H. Rall, Kurbayern in der letzten Epoche der alten Reichsverfassung 1745 bis 1801, 1951
E. Winter, Der Josefinismus, 1962
I. Gampl, Art. Josephinismus, EvStL I, Sp. 1421 ff. (Lit).

Zu D:

E. R. Huber, Deutsche Verfassungsgeschichte seit 1789 I, S. 42 ff., 387 ff., II, 185 ff., 345 ff., III, 112 ff., 155 ff. und passim, IV, 645 ff.
- /*W. Huber*, Staat und Kirche im 19. und 20 Jh. (Quellensammlung) I, 1973 - IV, 1988
U. Scheuner, Staat und Kirche in der neueren deutschen Entwicklung, ZevKR 7 (1959/60), S. 225 ff.
H. v. Kremer-Auenrode, Actenstücke zur Geschichte des Verhältnisses von Staat und Kirche im 19. Jahrhundert, 4 Th., 1873-80
H. v. Sicherer, Staat und Kirche in Bayern vom Regierungsantritt des Kurfürsten Maximilian Joseph IV. bis zur Erklärung von Tegernsee 1799-1821, 1874
E. Hirsch, Staat und Kirche im 19. und 20. Jh., 1929
K. Buchheim, Ultramontanismus und Demokratie, 1963
H. Maier, Demokratie und Kirche, Studien zur Frühgeschichte der christlichen Demokratie 1789 bis 1950, 2. Aufl., 1965
K.D. Hömig, Der Reichsdeputationshauptschluß vom 25. Februar 1803 und seine Bedeutung für Staat und Kirche, Juristische Studien 14 (1969)
S. Grundmann, Art. Säkularisation, EvStL I, Sp. 3032 ff.
J. Görres, Kirche und Staat nach Ablauf der Cölner Irrung, 1842
H. Schrörs, Die Kölner Wirren (1837), 1927, dazu *J. Heckel*, ZRG (KA) 17 (1928), S. 643 ff. (= Gesammelte Aufsätze, S. 629 ff.)
R. Sohm, Das Verhältnis von Staat und Kirche aus dem Begriff von Staat und Kirche entwickelt, Sep. Neudruck, 1965
E. Friedberg, Der Staat und die Bischofswahlen in Deutschland, 1874 (Neudruck 1965)
P. Tischleder, Die Staatlehre Leos XIII., 1927
G. Anschütz, Die Verfassungsurkunde für den Preußischen Staat vom 31.1.1850, I, 1912, S. 183 ff.
E. Schmidt-Volkmar, Der Kulturkampf in Deutschland 1871-1890, 1962
H. Bornkamm, Die Staatsidee im Kulturkampf, 1950
J. Heckel, Die Beilegung des Kulturkampfs in Preußen, ZRG (KA) 19 (1930), S. 215 ff. (= Gesammelte Aufsätze, S. 454 ff.)
E. Förster, Die Entstehung der preußischen Landeskirche, 2 Bde., 1905/07
G. Holstein, Die Grundlagen des evangelischen Kirchenrechts, 1928, S. 72 ff.
W. Göbell, Die rheinisch-westfälische Kirchenordnung vom 5.3.1855, 2 Bde., 1948/54 (dazu *J. Heckel*, ZRG (KA) 36 (1950), S. 469 ff. = Gesammelte Aufsätze, S. 651 ff.)

Ch. Link, Die Grundlagen der Kirchenverfassung im lutherischen Konfessionalismus des 19. Jh., Jus Ecclesiasticum 3 (1966), S. 31 ff.

E.V. Benn, Entwicklungsstufen des ev. Kirchenrechts im 19. Jh., ZevKR 15 (1970), S. 2 ff.

D. Zilleßen, Protestantismus und politische Form, 1971

K. Obermayer, Konkordate und Kirchenverträge im 19. und 20. Jh., in: *W.P. Fuchs* (s. oben Lit. Allg.), S. 116 ff.

P. Mikat, Das Verhältnis von Kirche und Staat in Nordrhein-Westfalen in Geschichte und Gegenwart, 1966

E. Weinzierl-Fischer, Die österreichischen Konkordate von 1855 und 1933, 1960

Zu E:

G.J. Ebers, Staat und Kirche im neuen Deutschland, 1930
- in: *H.C. Nipperdey* (Hg.), Die Grundrechte und Grundpflichten der Reichsverfassung 11, 1930, S. 361 ff.

E.R. Huber, Verträge zwischen Staat und Kirche im Deutschen Reich, 1930

G. Anschütz, Die Verfassung des Deutschen Reichs, 14. Aufl., 1933, S. 618 ff.

W. Niemöller, Die Ev. Kirche im Dritten Reich, Handbuch des Kirchenkampfes, 1956

H. Hermelink, Kirche im Kampf, Dokumente des Widerstandes und des Aufbaus in der Ev. Kirche Deutschlands von 1933 bis 1945, 1950

F. Zipfel, Kirchenkampf in Deutschland 1933-1945, Religionsverfolgung und Selbstbehauptung der Kirchen in der nationalsozialistischen Zeit (Darst. m. Dok.), 1965

Arbeiten zur Geschichte des Kirchenkampfes (1958 ff.), hg. von *K.D. Schmidt* i.A.d. "Kommission der EKD für die Geschichte des Kirchenkampfs" i.V.m. *H. Brunotte und E. Wolf:* daraus u.a. Bd. 2: *P. Gürtler*, Nationalsozialismus und ev. Kirche im Warthegau. Trennung von Staat und Kirche im nationalsozialistischen Weltanschauungsstaat (1958) und Bd. 24: *H. Kater*, Die Deutsche Ev. Kirche in den Jahren 1933 und 1934 (1971)

E. Wolf, Die ev. Kirchen und der Staat im Dritten Reich, Theol. Studien 74, 1963

W. Weber, Die staatskirchenrechtliche Entwicklung des nationalsozialistischen Regimes in zeitgenössischer Betrachtung, Festschrift R. Smend, 1952, S. 365 ff.

E.W. Böckenförde, Der deutsche Katholizismus im Jahre 1933. Ein kritischer Bericht, Hochland 53 (1961), S. 215-239
- Der deutsche Katholizismus im Jahre 1933. Stellungnahme zu einer Diskussion, Hochland 54 (1962), S. 217-245
- Kirche und Politik. Zur Problematik des Hüter- und Wächteramts der Kirche, erläutert am Verhalten der Kirche im "Dritten Reich", Der Staat 5 (1966), S. 225-238, alle drei jetzt in: Kirchlicher Auftrag und politische Entscheidung 1973, S. 30-123

G. Lewy, Die katholische Kirche und das Dritte Reich, 1965

K. Gotto, Art. Katholische Kirche und Nationalsozialismus, StLexGG⁶, Bd. X (1970), Sp. 487-492 m.w.N.

Veröffentlichungen der Kommission für Zeitgeschichte bei der Kath. Akademie in Bayern, hg. von *K. Repgen*, 1965 ff.

K. Scholder, C. Nicolaisen, Art. Kirchenkampf, EvStL I, Sp. 1606 ff. (Lit.)

A. Kostelecky, Kirche und Staat, in: *Klostermann, Kriegl, Mauer, Weinzierl* (Hg.), Kirche in Österreich 1918-1965, 1966, Bd. I, S. 207ff.

C. Holböck, Kirche und Staat in der Ersten und Zweiten Republik, 1967 (Österreich)

R. Smend, Staat und Kirche nach dem Bonner Grundgesetz, ZevKR 1 (1951), S. 4 ff. (= Staatsrechtliche Abhandlungen, 2. Aufl., 1968, S. 411 ff.)

2. Kapitel
Staat und Kirchen im 19. und beginnenden 20. Jahrhundert*

I. Die Ausgangslage

Die spezifische staatskirchliche Problematik der 2. Jahrhunderthälfte beruht auf drei Entwicklungstendenzen, die das Verhältnis von Staat und Kirche seit Reichs-deputationshauptschluß und Wiener Kongreß prägen. Es ist zunächst die bereits in Theorie und Praxis des aufgeklärten Fürstenstaates angelegte, nun aber konsequent betriebene Säkularisierung des staatlichen Lebens und die Übernahme wichtiger Sozialaufgaben in staatliche Verantwortung (Erziehung, Eherecht, Armenfürsorge, Krankenpflege u.a.m.). Damit spaltete sich die eine Ordnung der Res publica, die in der Vergangenheit auch die Verantwortung für den geistlichen Lebensraum der Bürger einschloß, nunmehr endgültig in zwei sich mehr und mehr verselbständigende Teilbereiche, den politisch-sozialen und den kirchlichen. Beide traten im Verlaufe des Jahrhunderts zunehmend auseinander; und diese Diastase führte folgerichtig zu einem immer klarer artikulierten Bestreben der Kirchen, ihre Angelegenheiten nach eigenen Strukturprinzipien und frei von staatlicher Einmischung zu gestalten. Auf der anderen Seite aber bewirkte die Verselbständigung des Staatlich-Politischen, verbunden mit einer nun in nahezu allen deutschen Ländern eingetretenen konfessionellen Inhomogenität der Bevölkerung, die stärkere Akzentuierung der Glaubens- und Bekenntnisfreiheit, der Unabhängigkeit der bürgerlichen Rechtsstellung von der Konfession, endlich die Ausbildung einer Paritätsordnung auch auf Landesebene.

Für die katholische Kirche führte der Verlust der weltlichen Territorialhoheit und wesentlicher Teile ihres Vermögens zu einer von Teilen der Romantik mitgetragenen geistlichen Erneuerung. Damit verband sich zugleich eine stärkere Ausrichtung auf Rom, die allen nationalkirchlichen Bestrebungen den Nährboden entzog. Diese Entwicklung wurde zudem durch die einsetzende politische Restauration begünstigt, die vor allem in den großen (überwiegend) katholischen Staaten Bayern und Österreich die Josephinisch-Montgelas'sche Aera mit ihrem straff und zentral gelenkten Staatskirchentum ablöste.

---

* Aus: Jeserich/Pohl/v. Unruh (Hrsg.), Deutsche Verwaltungsgeschichte, Bd. 3, Stuttgart (1984), S. 527-559 (VIII Kapitel: Die Entwicklung des Verhältnisses von Staat und Kirche).

Nachdem auf dem Wiener Kongreß der Versuch fehlgeschlagen war, ein deutsches Nationalkonkordat abzuschließen, kam es in der Folgezeit zu Vereinbarungen der Kurie mit einer Reihe von deutschen Einzelstaaten. Damit begann das "Zeitalter der Konkordate"[1]. Es wurde indes nicht ohne Geburtswehen eingeleitet. Vorbild war das zwischen *Pius VI.* und *Napoleon* abgeschlossene französische Konkordat von 1801 (es galt in den linksrheinischen Gebieten weiter). *Napoleon* hatte die Kirche freilich durch Staatsgesetz (die "Organischen Artikel") einseitig weitgehend um die Früchte gebracht, da alte staatskirchliche Institute wie Recursus ab abusu und Plazet erneuert wurden. In gleicher Weise stand das bayerische Religionsedikt (Beilage II zur Verfassung von 1818) in offenkundigem Widerspruch zum Konkordat von 1817. Trotz der zugesicherten "Prärogativen" der katholischen Kirche blieb es auch hier bei wichtigen staatskirchlichen Hoheitsrechten und bei den Paritätsregelungen der Verfassungsbeilage. Die Konkordate mit Baden (1857) und Württemberg (1859) scheiterten am Widerstand der Landtage[2]. Das österreichische Konkordat (1855), das deutlich Züge einer katholischen Restauration trug, wurde durch Beharrungstendenzen der josephinistisch geschulten Verwaltung vielfach unterlaufen, schließlich 1870 wegen des Unfehlbarkeitsdogmas gekündigt.

Staatlicherseits war das dringendste Anliegen die Adaptation der Diözesangrenzen an die neugezogenen Staatsgrenzen. Hier erreichten die südwestdeutschen Staaten in gemeinsamem Vorgehen eine Zirkumskriptionsbulle (Provida sollersque, 1821) mit der Errichtung der oberrheinischen Kirchenprovinz. Eine entsprechende Einigung kam im gleichen Jahr mit Preußen zustande (De salute animarum), mit Hannover 1824. Allerdings zeigte sich im Dissens über die Rechtsnatur derartiger Vereinbarungen ein tieferliegender Konflikt, der die Gefahr prinzipieller Konfrontationen in sich schloß. Während Kanonistik und katholische Publizistik sie als echte Verträge[3] zwischen einander koordinierten societates perfectae ansahen[4], vermochte ihnen die herrschende Staatsrechtslehre

---

1 Allg. dazu *Obermayer*, Konkordate, S. 168 ff.; *Hollerbach, Alexander*, Verträge zwischen Staat und Kirche in der Bundesrepublik Deutschland, Frankfurt/M. (1965), S. 7 ff.

2 S. u. S. 74 f.

3 Die klassische kuriale Theorie hatte Konkordate noch als päpstliche – bei Vorliegen einer justa causa jederzeit widerrufliche – Privilegien bezeichnet (so ursprünglich die Rota Romana, vgl. auch *De Bonald, M.*, Deux questions sur le concordat de 1801, Genève (1871).

4 Dazu *Obermayer*, Grundvorstellungen, S. 505 ff. (507ff.); *Link*, Staatskirchenhoheit, S. 24 ff. – Auch Teile der evangelischen Staats- und Kirchenrechtslehre übernahmen die Vertragstheorie, so etwa *Richter-Dove-Kahl*, Lehrbuch, S. 292 ff. (freilich mit Einschränkungen *Kahls* in der 8. Aufl., S. 293 ff. Anm. 6); *Herrmann,*

nur Geltung in Gesetzesrang zuzubilligen, da andernfalls – wegen des Paktierens über Rechtsverhältnisse der Untertanen – ein unzulässiger Souveränitätsverzicht vorliege. Die Folge war, wenn man aus diesem Grund nicht überhaupt einen Konkordatsabschluß für rechtswidrig hielt, die jederzeitige Möglichkeit einseitiger Aufhebung durch gesetzgeberischen actus contrarius. Die Bindungswirkung sei daher keinesfalls eine rechtliche, sondern allenfalls eine solche der "Staatsmoral"[5].

Die unausgetragene Spannung zwischen kirchlichem Autonomiestreben und staatlichem Souveränitätsanspruch führte bald zu einer Reihe exemplarischer Konflikte. Ging es zunächst vor allem um das Nominationsrecht für die Bischöfe der oberrheinischen Kirchenprovinz[6], so bildete in Preußen die Mischehenfrage den Anlaß – genauer: das für eine Dispenserteilung vom Ehehindernis der Bekenntnisverschiedenheit geforderte Versprechen katholischer Kindererziehung[7].

Die strengere kirchliche Praxis war bereits in Gegensatz zu den Regelungen des ALR und des (linksrheinisch fortgeltenden) Code civil geraten, die die Erziehung der Söhne in der Konfession des Vaters vorsahen. 1825 wurde staatlicherseits diese Rechtslage durch die Anordnung verschärft, daß alle Kinder der väterlichen Konfession zu folgen hätten. Im Verlauf der daraus folgenden "Kölner Wirren", die noch dazu durch den Streit um den sog. Hermesianismus an zusätzlicher Schärfe gewannen[8], kam es zum offenen Konflikt, als sich der Kölner Erzbischof *Frhr. Droste zu Vischering* einer Kompromißlösung verschloß, die sein Amtsvorgänger *Graf Spiegel* 1834 ohne Wissen der Kurie und entgegen einem Breve *Pius' VIII.* mit der Regierung eingegangen war. Droste wurde daraufhin 1837 von seinem Amt suspendiert und in Minden inhaftiert.

Emil, Art. "Konkordat", in: *Bluntschli-Brater* (Hrsg.), Deutsches Staatswörterbuch, Bd. 5 (1860), S. 701 ff. (737 ff.).

5 *Hinschius,* Staat und Kirche, S. 277 ff.; dort auch S. 271 ff. allgemein zu diesem Theorienstreit m. umf. Litnachw.

6 S. u. S. 72 ff.

7 Dazu *Stutz, Ulrich,* Zum rheinischen Mischehenstreit 1834, ZRG Kan.Abt. 10 (1920), S. 285 ff.; *Schroers, Heinrich,* Die Kölner Wirren (1927), dazu *Heckel, Johannes,* jetzt in: Ges. Aufs., S. 629 ff.; *Huber,* Verfassungsgeschichte II S. 185 ff.; *Erler, Adalbert,* Art. "Kölner Wirren", HRG II, Sp. 942 ff. (Lit.); *Keinemann, Friedrich,* Das Kölner Ereignis, sein Widerhall in der Rheinprovinz und in Westfalen, 2 Bde. (1974). – Dokumente bei *Mirbt,* Quellen, S. 584 ff.; *Huber-Huber,* Staat und Kirche I, S. 342 ff.

8 Die der Aufklärung verpflichteten Lehren des Bonner Theologen *Hermes* waren nach dessen Tod von Rom verdammt worden. Trotz verweigerten Plazets vollzog *Droste* das entsprechende päpstliche Dekret von 1835 und verhängte über die Bonner Fakultät eine Vorlesungssperre.

Die von *Joseph Görres* ("Athanasius") angeführte öffentliche Meinung des katholischen Deutschlands verurteilte das rechtlich nicht gedeckte Vorgehen Preußens. Obwohl *Friedrich Wilhelm IV.* nach seiner Thronbesteigung 1840 einlenkte, blieben doch auf beiden Seiten fortwirkende Ressentiments. Die katholische Kirche aber war mit einer deutlichen Stärkung ihrer moralischen Position aus dem Konflikt hervorgegangen.

Der Antagonismus von Kirche und Staatsgewalt bewirkte, daß sich einflußreiche Kräfte innerhalb des Katholizismus mit der konstitutionellen Bewegung im Vormärz verbanden. Die belgische Verfassung von 1831 – Vorbild der mitteldeutschen Verfassungen der Folgezeit – war mit ihren weitgehenden Kirchenfreiheitsgarantien ein Ergebnis der (wenn auch unterschiedlich motivierten) Interaktion von katholischem und liberalem Bürgertum gewesen. Wohl tendierte der politische Liberalismus eher zu einer Trennung von Staat und Kirche – eine kirchlicherseits entschieden abgelehnte Konzeption. Gleichwohl waren doch beide zunächst in ihrer Opposition gegen das überlieferte Staatskirchentum einig. Die katholische Kirche fand so mehr als ein halbes Jahrhundert vor der evangelischen ein positives Verhältnis zum modernen Parlamentarismus und verstand es, dessen Chancen für die kirchlichen Anliegen zu nutzen[9]. Die Gegnerschaft, die gerade hier nun den Regierungen erwuchs, hat die Folgezeit nicht unerheblich mitbestimmt. Die Beratungen der Paulskirche über Staat und Kirche fanden lebhaften Widerhall im Katholikentag 1848 und in der Würzburger Bischofsdenkschrift des gleichen Jahres, in der die alten Forderungen nach Freiheit des kirchlichen Lebens wiederholt wurden. Die Reichsverfassung verankerte denn auch unter Abweisung eines Trennungsprinzips Glaubensfreiheit, Parität und Autonomie in den Grenzen der allgemeinen Staatsgesetze (§ 147). Diese Grundsätze gingen dann im wesentlichen in die preußischen Verfassungen von 1848 und 1850 und in die österreichischen Verfassungen von 1849 und 1867 ein. Gleichwohl blieben zahlreiche Reibungsflächen. Vor allem war es die sittlich gefüllte *Hegelsche* Staatsidee, in der der Staat gegenüber den Besonderheiten der Gesellschaft als Vertreter des "Allgemeinen", als Emanation des Vernünftigen auftrat – und der daraus folgende umfassende Souveränitätsanspruch –, die zum Konflikt drängten[10].

Die Entwicklung in der evangelischen Kirche vollzog sich mit ähnlicher Folgerichtigkeit, wenn auch ohne vergleichbar dramatische Konfrontation mit der Staatsgewalt. Das aufwühlende Erlebnis der Befreiungskriege, der geistesge-

---

9 Dazu *Maier, Hans*, Kirche und Gesellschaft, S. 93 ff., 195. – Zu der für die europäische Entwicklung wichtigen Diskussion im französischen Katholizismus *ders.*, Revolution und Kirche, 3. Aufl. (1973) S. 175 ff.

10 Dazu näher *Link*, Staatskirchenhoheit, S. 23 ff.

schichtlich bedeutsame Umschwung vom Rationalismus der Spätaufklärung in eine romantisch-idealistische Weltsicht, aber auch die Wiederbelebung eines aus dem Pietismus stammenden persönlichen Frömmigkeitsideals führten eine neue religiöse Bewegung herauf, die "Erweckung". Von Süden nach Norden vordringend breitete sie sich bald über das gesamte protestantische Deutschland aus. Die Intensivierung des religiösen Lebens ließ auch hier das Bedürfnis nach der Ablösung alter staatskirchlicher Formen und nach einer Gestaltung der kirchlichen Verhältnisse aus der Mitte reformatorischen Denkens heraus wachsen[11]. Als brüchig wurden allgemein insbesondere die institutionellen Verbindungen von Staat und Kirche durch landesherrlichen Summepiskopat und Konsistorialverfassung empfunden. Dies um so mehr, je stärker konstitutionelle Entwicklungen den Monarchen an die Mitwirkung wechselnder – und nicht immer von kirchlichem Geist beseelter – Kammermehrheiten banden. Bereits 1808 hatte *Schleiermacher* einen Kirchenverfassungsentwurf veröffentlicht, der eine bischöfliche Kirchenleitung vorsah und den Staat auf bloße Aufsichtsfunktionen beschränkte[12].

Derartige Tendenzen verstärkten sich nicht nur durch die Selbstverwaltungsidee der *Steinschen* Reform, sondern auch durch massive Eingriffe des landesherrlichen Summepiskopus in den Bekenntnisstand der Landeskirchen. Die anläßlich des Reformationsjubiläums 1817 durch Vereinigung der lutherischen und reformierten Hof- und Garnisongemeinden in Potsdam realisierte Lieblingsidee *Friedrich Wilhelms III.* schuf zwar die Union in Preußen[13], sie konnte aber teilweise nur gegen erbitterten Widerstand der Lutheraner durchgesetzt werden. Das Bemühen des Königs, eine selbstverfaßte Agende einzuführen, verschärfte den Konflikt noch. Auch außerhalb Preußens kamen – auch hier meist nicht ohne erheblichen landesherrlichen Druck – Unionen zustande[14]. Die dadurch bewirkte Polarisierung führte dazu, daß die Union die Spaltung des Protestantismus nicht nur nicht überwand, sondern daß de facto eine dritte evangelische Konfession entstand.

---

11 Dazu eingehend *Fagerberg, Holsten*, Bekenntnis, Kirche und Amt in der deutschen konfessionellen Theologie des 19. Jhs., Uppsala (1952), und *Link*, Grundlagen.

12 Vorschlag zu einer neuen Verfassung der protestantischen Kirchen im preußischen Staate, abgedr.: Zeitschr. f. Kirchenrecht 1 (1861), S. 272 ff.

13 Noch immer grundlegend dazu *Foerster, Erich*, Die Entstehung der preußischen Landeskirche unter der Regierung Königs Friedrich Wilhelm des Dritten, 2 Bde. (1905/07).

14 Dem preußischen Beispiel folgten Nassau (1817), die bayerische Pfalz (1818), Hanau, Fulda (1818), Anhalt-Bernburg (1820), Baden (1820), Waldeck (1821), Rheinhessen (1822), Dessau (1827), Birkenfeld (1843), Köthen (1880) und Hamburg (1901). In einer Reihe anderer Kirchen war zwar die Union nicht formell eingeführt worden, hatte sich aber praktisch herausgebildet, so in Bremen, Frankfurt und im Großherzogtum Hessen.

Hinzu kam, daß die bürgerliche Verfassungsbewegung auch in die Kirche mit der Forderung nach presbyterial-synodalen Leitungsstrukturen hineinwirkte. Vorbild für zahlreiche spätere Kirchenverfassungen[15] wurde die rheinisch-westfälische Kirchenordnung von 1835. Sie mußte dem König abgetrotzt werden, der dies der rheinischen "Pöbelkirche" nicht verzieh. Die Verquickung von konstitutionellen und kirchenpolitischen Intentionen führte dazu, daß sich der Widerstand gegen liberale Postulate zugleich gegen kirchliche Reformbestrebungen wandte. Das Scheitern der Revolution von 1848 brachte auch auf diesem Gebiet nur eine halbe Lösung: Der Summepiskopat blieb als persönliche Rechtsstellung des Monarchen bestehen – losgelöst von seiner verfassungsrechtlichen Position. Das, wovor *Schleiermacher* so eindringlich gewarnt hatte, war eingetreten: Die Staatskirche hatte sich in eine Hofkirche verwandelt. Sie war damit sehr eng mit dem Schicksal der Monarchie verbunden und isolierte sich zunächst vom liberalen Bürgertum, später – in ungleich folgenschwererer Weise – von der sich ihrer selbst bewußt werdenden Arbeiterschaft.

II. Staat und Kirche in den deutschen Bundesstaaten

1. Preußen

a) Die Kirchenartikel der Verfassungsurkunde von 1850

Die revidierte Verfassungsurkunde vom 31.1.1850 enthielt eine Reihe religionsrechtlicher Gewährleistungen, die über den bisherigen Rechtszustand hinausgingen. Die bereits bestehende individuelle Bekenntnisfreiheit wurde um die religiöse Vereinigungsfreiheit[16] und um die kollektive[17] Bekenntnis-(Kultus-)freiheit erweitert. Besonders bedeutsam war, daß diese Garantien überwiegend auch als Bindungen des Gesetzgebers angesehen wurden[18] und damit modernen grundrechtlichen Vorstellungen den Weg bereiteten. Ihre Entsprechung fanden diese

---

15 Auch die österreichische evangelische Kirchenverfassung 1861 ist noch deutlich von ihr beeinflußt.

16 Sie löste das alte Konzessionssystem ab.

17 Dazu *Anschütz*, Verfassungsurkunde, S. 215. Damit entfielen auch im älteren Reichsrecht wurzelnde Beschränkungen für bloß tolerierte Religionsgesellschaften: Verbot, die Kirchengebäude mit Glocken, Türmen und Eingang von der Straße auszustatten, öffentliche Gottesdienste und Feierlichkeiten abzuhalten etc. Art. 12 gewährleistete mithin das exercitium religionis publicum ohne Einschränkungen.

18 *Anschütz*, Verfassungsurkunde, S. 190 f.; *Huber*, Verfassungsgeschichte III, S. 106: Zur Begründung diente § 1 II 11 ALR, wonach Glaubensvorstellungen der Staatseinwohner kein Gegenstand von Zwangsgesetzen sein sollten.

Freiheiten in der Unabhängigkeit der bürgerlichen und staatsbürgerlichen Rechte vom Bekenntnis, denen allerdings durch die Ausübung der Religionsfreiheit kein Abbruch geschehen[19] durfte: "Es ist dem Staatsbürger nicht gestattet, dem Gott, an den er glaubt, mehr zu gehorchen als dem Staatsgesetz"[20]. Da die Staatsgewalt zur Bürgerpflicht, mithin zur Schranke der Religionsfreiheit erklären können sollte, "was sie will"[21], war insoweit der spätere Konflikt bereits vorprogrammiert.

Dieser bürgerlichen Gleichberechtigung der Konfessionen entsprach indes nicht eine solche im Rechtsstatus der Kirchen. Soweit sie nicht Korporationsrechte besaßen, konnten sie diese "nur durch besondere Gesetze erlangen"[22]. War damit auch die königliche diskretionäre Gewalt wesentlich eingeschränkt, so enthielt Art. 13 doch keinen Rechtsanspruch auf eine derartige normative Gewährung. Die Ermessensfreiheit war insoweit auf den Gesetzgeber übergegangen. Aus der "Unmöglichkeit subjektiver Individualrechte gegenüber dem Gesetzgeber" sollte zudem folgen, daß diese Rechtsstellung jederzeit durch gesetzlichen actus contrarius wieder entzogen werden konnte[23].

Die zum eisernen Bestand staatskirchenrechtlicher Ordnungen des 19. Jhs. gehörende Autonomieregelung erfolgte zunächst in einer sogar über die Paulskirchenverfassung hinausgehenden Form[24]. Hier wie bei der Kirchengutsgarantie und der Gewährleistung kirchlicher Ämterhoheit war an sich weder von einem

---

19 Zur älteren Geschichte dieses Rechtsgedankens vgl. *Link*, Toleranz im deutschen Staatsrecht der Neuzeit, in: *Barton*, P. (Hrsg.), Im Zeichen der Toleranz, Wien (1981), S. 17 ff. (32 ff.).

20 *Anschütz*, Verfassungsurkunde, S. 229 ff.

21 *Anschütz*, Verfassungsurkunde, S. 230.

22 Art. 13; Der Begriff "Korporationsrechte" sollte zunächst nur die privatrechtliche Rechtsfähigkeit bezeichnen (*Anschütz*, Verfassungsurkunde, S. 243 ff. – dort auch der Hinweis auf den späteren § 84 EGBGB); "Privilegierungen", d.h. die Rechtsstellung einer öffentlich-rechtlichen Körperschaft, konnten danach in einem entsprechenden Gesetz als Additum enthalten sein, mußten es aber nicht.

23 *Anschütz*, Verfassungsurkunde, S. 253; *Huber*, Verfassungsgeschichte III, S. 115.

24 Art. 15: "Die evangelische und die römisch-katholische Kirche, so wie jede andere Religionsgemeinschaft ordnet und verwaltet ihre Angelegenheiten selbständig und bleibt im Besitz und Genuß der für ihre Kultus-, Unterrichts- und Wohltätigkeitszwecke bestimmten Anstalten, Stiftungen und Fonds" – Ältere Verfassungsbestimmungen der deutschen Bundesstaaten hatten diese Garantie regelmäßig auf die (rein) geistlichen Angelegenheiten begrenzt (Bay: VU 1818 § 9 Abs. 5; Rel.Ed. § 38; Württ. 1819, § 71 "ihre innern Angelegenheiten"; Großh. Hessen 1820 Art. 39 "innere Kirchen-Verfassung", Kurh. 1831 "Sachen des Glaubens und der Liturgie"; Sachsen 1831 § 57 Abs. 2 "innere kirchliche Angelegenheiten"; Braunschweig 1832 § 212 "rein geistliche Angelegenheiten"; Hannover 1840 "geistliche Angelegenheiten"). Sie stand zudem unter dem Vorbehalt staatsaufsichtlicher Rechte.

Gesetzesvorbehalt noch von fortdauernder Staatsaufsicht die Rede. Namentlich die katholische Kirche[25] leitete daraus das Recht freier Rechtssetzungs- und Organisationsgewalt ab. Wohl war der Episkopat geneigt, eine Bindung an die allgemeinen Staatsgesetze zuzugestehen, hielt aber alle besonderen kirchenfreiheitsbeschränkenden Gesetze ebenso für unzulässig, wie jede Perpetuierung der Staatsaufsicht.

Damit schien der Gedanke einer prinzipiellen Koordination von Staat und Kirche, von der katholischen Publizistik bereits im zweiten Jahrzehnt des Jahrhunderts entwickelt[26], auch staatlicherseits Anerkennung gefunden zu haben. Dem widersprach die Mehrzahl der Staatsrechtslehrer mit Nachdruck: Weder habe die Verfassung am überkommenen Rechtszustand insoweit etwas ändern wollen, noch enthielten Art. 15 und 18 über die Bindung der Verwaltung hinaus auch eine solche des Gesetzgebers. Der Staat habe auf seine Hoheitsrechte ebensowenig Verzicht leisten wollen, wie auf die gesetzgeberische Freiheit, auch sondergesetzlich der Autonomie einzelner oder aller Religionsgemeinschaften Grenzen zu ziehen[27].

Diese Interpretation im Lichte des ALR setzte sich dann 1873 im Zuge der Kulturkampfgesetzgebung durch; Art. 15 und 18 erhielten – da die Verfassungsmäßigkeit der staatlichen Kampfgesetze zweifelhaft erscheinen mußte – eine entsprechende neue Fassung[28], die namentlich von *Anschütz*[29] als bloße Klarstellung ausgegeben wurde. Aber auch mit der revidierten Fassung waren die staatlichen Maßnahmen der Folgezeit in Einklang zu bringen; 1875 wurden daher beide Artikel endgültig aufgehoben[30]. Der Aufhebung verfiel gleichfalls Art. 16,

---

25 Vgl. Denkschrift des Episkopats von 1849, abgedr. bei *Huber-Huber*, Staat und Kirche II, S. 54 ff.

26 Zuerst *Droste zu Vischering, Franz-Otto* (der Bruder des bereits genannten Erzbischofs *Clemens-August*), Über Kirche und Staat (1817), dann aber vor allem *Joseph Görres* in seinem "Athanasius" (4. Aufl. 1838). – Dazu *Singer, H.*, Zur Frage des kirchlichen Oberaufsichtsrechts, Deutsche Zeitschr. f. Kirchenrecht (1895), S. 60 ff. (114 ff); *Link*, Zeitschr. f. ev. Kirchenrecht 20 (1975), S. 24 ff.

27 *Hinschius*, Kirchengesetze von 1873, S. XXXV, *Richter-Dove-Kahl*, Lehrbuch, S. 227; *Kahl*, Lehrsystem, S. 196 f.; *Anschütz*, Verfassungsurkunde, S. 290 ff.

28 G vom 5.4.1873 (*Huber-Huber*, Staat und Kirche II, S. 593): Hinzufügung von "... bleibt aber den Staatsgesetzen und der gesetzlich geordneten Aufsicht des Staates unterworfen". Auch das Kirchengut wird nunmehr "mit der gleichen Maßgabe" gewährleistet. Die Garantie der Ämterhoheit steht unter dem Vorbehalt staatlicher Regelungsbefugnisse hinsichtlich Vorbildung, Anstellung und Entlassung der Geistlichen sowie der "Grenzen der kirchlichen Disziplinargewalt".

29 (FN 27), ebenso die dort ferner Genannten.

30 G vom 18.6.1875 (*Huber-Huber*, Staat und Kirche II, S. 661).

der das Plazet für kirchliche Anordnungen beseitigt und den freien Verkehr mit den kirchlichen Oberen (vor allem also mit Rom) garantiert hatte[31].
Eine Fundamentalaussage enthielt der berühmte Art. 14, nach dem bei "denjenigen Einrichtungen des Staats, welche mit der Religionsausübung in Zusammenhang stehen" unbeschadet der Religionsfreiheit die christliche Religion zugrunde gelegt werden sollte. Diese Formulierung[32] schwächte die ursprüngliche Forderung der Konservativen (vor allem *Fr.J. Stahls*[33]) nach einer ausdrücklichen Verankerung des "christlichen Staates" ab, lief aber – jedenfalls bei extensiver Interpretation – auf das gleiche hinaus. Sie erteilte zunächst der prinzipiellen Trennung von Staat und Kirche eine Absage, begründete einen Vorrang der großen christlichen Kirchen und wurde darüber hinaus als Garantienorm für eine fortdauernde christliche Prägung von Ehe und Schule (geistliche Schulaufsicht) verstanden[34]. Art. 14 fügte deshalb die staatskirchenrechtlich-institutionellen Garantien der Verfassung in einen zusammenfassenden Rahmen ein, den Kultusminister *v. Ladenberg* vor beiden Kammern so beschrieb: "Der Staat, indem er sich von den Religionsgemeinschaften scheidet, kann sich nicht scheiden wollen von der Religion, sondern auch in Zukunft muß er erwarten, daß ihm aus diesem Gebiete des geistlichen Lebens ein Gewinn zugehen werde, der sein eigenes Gedeihen wesentlich fördert"[35].

---

31 Obwohl nie wieder in Kraft gesetzt, wurde dieser Grundsatz doch auch nach Ende des Kulturkampfs respektiert. Selbst während des Konflikts erwies es sich als praktisch undurchführbar, den freien Verkehr mit Rom zu unterbinden (vgl. dazu *Huber*, Verfassungsgeschichte III, S. 117).

32 Sie ging auf Anträge *Stahls, Walzers* und *Goldtammers* zurück. Zur Entstehungsgeschichte *Anschütz*, Verfassungsurkunde, S. 260 ff.

33 Zu *Stahls* Staatsdenken *Link*, Grundlagen, S. 63 ff

34 Daneben sollte damit gesichert werden: der christliche Charakter der Militär- und Anstaltsseelsorge, der staatlichen Feiertage, der Theologischen Fakultäten (Ausschluß jüdischer Fakultäten oder Lehrstühle!), die Beschränkung des Religionsunterrichts (als staatliche Lehrveranstaltung) auf christliche Konfessionen, an sich auch die Nichterrichtung jüdischer Volksschulen als Staatsanstalten (dieser Grundsatz wurde praktisch freilich nicht durchgeführt), die Christlichkeit des Eides und ein Monopol der christlichen Kirchen auf "Erhöhung der Feierlichkeit staatlicher Akte" (*Anschütz,* Verfassungsurkunde, S. 276). Streitig war insbes., ob die "Christlichkeit der Institutionen" christliche Konfessionszugehörigkeit der entsprechenden Amtsträger forderte (ablehnend *Anschütz*, S. 269 ff.; bejahend *v. Rönne,* Das Staatsrecht der Preußischen Monarchie, 4. Aufl. 1881 ff., II S. 269 ff.). Mit Recht bemerkt *Huber* (Verfassungsgeschichte III, S. 115 ff.), daß eine Unterscheidung zwischen Institution und Person insoweit nicht angängig war.

35 Das Zitat findet sich bei *Anschütz*, Verfassungsurkunde, S. 265 f.

b) *Staat und evangelische Kirche in Preußen*

Die Gewährleistung kirchlicher Eigenständigkeit betraf die evangelische Kirche in ungleich schwerer wiegender Weise als die katholische. Die im Vormärz leidenschaftlich diskutierte Frage nach dem Fortbestand des landesherrlichen Kirchenregiments[36] und der überkommenen Konsistorialverfassung schien zunächst im Sinne einer Entlassung der Kirche in autonome Freiheit beantwortet. Die rheinisch-westfälische Kirchenordnung von 1835[37] hatte beispielhaft beide Kirchenverfassungsprinzipien miteinander verbunden: Den sich von unten her aufbauenden presbyterial-synodalen Vertretungsorganen (Presbyterium-Kreissynode-Provinzialsynode) stand in kunstvoll verschränkter Kompetenzverteilung das "hierarchisch" gegliederte konsistoriale Element gegenüber. Organe des landesherrlichen Kirchenregiments waren einerseits das Ministerium für geistliche Angelegenheiten als Aufsichtsinstanz, auf der Provinzialebene der vom König bestellte Generalsuperintendent und die Provinzialkonsistorien als landesherrliche Behörden. Dieser Kompromiß, 1835 bereits wegen seiner Affinität zur konstitutionellen Bewegung beargwöhnt, entsprach letztlich wohl auch der allgemeinen Stimmungslage. Es ging breiten Kreisen der evangelischen Kirche nicht eigentlich um eine Abschaffung, sondern um eine Modifizierung des landesherrlichen Summepiskopats, um seine Entbürokratisierung und Ergänzung durch kirchliche Vertretungskörperschaften.

Bereits 1843 waren in den östlichen Provinzen Kreissynoden, im folgenden Jahr Provinzialsynoden gewählt worden. 1846 folgte dann die Berufung einer Generalsynode für die gesamte Landeskirche[38]. Der von ihr erarbeitete Verfassungsentwurf sah eine der rheinisch-westfälischen im Grundgedanken entsprechende Vermittlungslösung vor[39]. *Friedrich Wilhelm IV.* war jedoch nicht bereit, dem zu folgen. Dabei lag seine Intention nicht etwa in einer Versteinerung des konsistorialen status quo, sondern in einem eigenen, romantisch verklärten apostolischen Kirchenverfassungsideal. Der von ihm als "korrupt" verachtete Summepiskopat sollte in die Hände einer bischöflich geleiteten Kirche übergehen[40]. Die Ungeschichtlichkeit seiner Vorstellung diskreditierte sie letztlich bei allen kirchenpolitischen Parteien und brachte sie damit um jede Wirkung. Überholt wurde all dies durch die Dynamik der Revolution und die in ihrem Gefolge

---

36 Einzelheiten bei *Link,* Grundlagen, bes. S. 32 ff., 39 ff., 138 ff., 155 ff.
37 Dazu *Göbell, Walter,* Die rheinisch-westfälische Kirchenordnung vom 5.3.1835, 2 Bde (1948); dazu *Heckel, J.,* Ges. Aufs., S. 651 ff.
38 *Rieker,* Rechtliche Stellung, S. 391 ff.
39 *Richter, Aemilius Ludwig,* Die Verhandlungen der preußischen Generalsynode (1847), S. 553 ff.
40 *Geffcken,* Staat und Kirche, S. 489 ff.

(kirchenfeindlich oder -freundlich akzentuiert) erstarkende Trennungsidee. Art. 15 Verf. Urk. wurde deshalb zunächst vielfach als Ende des landesherrlichen Kirchenregiments interpretiert. Die Errichtung eines Evangelischen Oberkonsistoriums (Jan. 1848) als aus dem Kultusministerium ausgegliederte Behörde blieb deshalb Episode. Erst die einsetzende Reaktion ließ das Pendel wieder in die andere Richtung ausschlagen. Die Verfassungsbestimmung wurde nun allgemein (und entgegen ihren ursprünglichen Intentionen) dahingehend ausgelegt, daß das landesherrliche Kirchenregiment zwar bestehen blieb, aber als "Annex" der Staatsgewalt, nicht als deren Funktion und mithin ohne Mitwirkung des Parlaments[41]. Zu seiner Ausübung waren von der allgemeinen Staatsverwaltung getrennte Behörden berufen.

In Verfolg dieser Konzeption entstand 1850 durch Ausgliederung der evangelischen Abteilung aus dem Ministerium für geistliche Angelegenheiten der "Evangelische Oberkirchenrat". Während die iura circa sacra im Verantwortungsbereich des Ministers verblieben, oblag dieser neugeschaffenen kirchlichen Zentralinstanz nun die Verwaltung der innerkirchlichen Angelegenheiten. Trotz einzelner ministerieller Mitwirkungsrechte[42] unterstand sie direkt dem König, sie war landesherrliche, aber nicht staatliche Behörde[43].

Diese institutionelle Trennung in der Wahrnehmung der inneren (kirchenregiminalen) und äußeren (staatskirchenhoheitlichen) Agenden hatte den Keim zu einer eigenständigen Kirchenorganisation gelegt. Sie bedurfte indes des organisatorischen Unterbaus und der Ergänzung durch presbyterial-synodale Vertretungsorgane. Dem Oberkirchenrat war es dementsprechend vom König als Aufgabe gestellt, eine Gemeindeordnung auszuarbeiten. Indes addierten sich Abneigung gegen eine "Massenherrschaft in der Kirche" und Sorge um den Bekenntnisstand der Gemeinden[44] zu einer relativ breiten Oppositionsfront. Nur in den Provinzen Preußen, Sachsen und Schlesien gelang zunächst die Reorganisation. Erst unter Prinzregent *Wilhelm* kam das ins Stocken geratene Reformwerk erneut in Fluß. Eine Kabinettsordre von 1860[45] verfügte die Errichtung von Pres-

---

41 *Richter-Dove-Kahl*, Lehrbuch, S. 177 (m. Anm. 19). – Zum folgenden grundlegend jetzt *Besier*, Kirchenpolitik, S. 59 ff., 255 ff., unentbehrlich aber auch noch immer die ausführliche Darstellung bei *Bredt*, Kirchenrecht I, S. 319 ff. ; *Schoen*, Kirchenrecht I, S. 65 ff.

42 So bei der Besetzung der Superintendenturen.

43 So zutreffend *Rieker*, Rechtliche Stellung, S. 397.

44 Dazu *Adam, Alfred*, Bekenntnisstand und Bekenntnisbindung im Bereich der deutschen Unionskirchen des 19. Jahrhunderts, Zeitschr. f. ev. Kirchenrecht 9 (1962/63), S. 178 ff.

45 *Huber-Huber*, Staat und Kirche II, S. 333.

byterien im Gesamtbereich der Monarchie, zwischen 1861 und 1864 entstanden Kreissynoden, 1869 Provinzialsynoden.

Da die Verfassungsberatungen hier nicht zu klaren Ergebnissen führten, erließ König *Wilhelm I.* als Träger des landesherrlichen Kirchenregiments eine Kirchengemeinde- und Synodalordnung[46].

Zugleich erfolgte die Berufung einer Generalsynode für die acht älteren Provinzen, die ihrerseits eine Generalsynodalordnung verabschiedete. Mit der Erteilung der kgl. Sanktion hierzu war das Verfassungswerk vollendet[47].

Es hatte nicht die "freie Volkskirche" gebracht, die von mancher Seite als Endpunkt der Entwicklung erhofft worden war[48], aber es hatte doch ein ausbalanciertes System von volkskirchlicher Vertretung, konsistorialer Kirchenleitung und landesherrlichem Kirchenregiment geschaffen, das in dieser Form für nahezu zwei Generationen Bestand haben sollte. Es mag dahinstehen, ob die Charakterisierung als "kirchlicher Konstituionalismus"[49] seine Intentionen ganz trifft, wesentlich ist, daß der Wahrnehmung der Kirchenhoheitsrechte, der iura circa sacra, durch das Kultusministerium nun in Gestalt des Oberkirchenrats ein kircheneigenes Leitungsorgan gegenüberstand, das die iura in sacra ausübte, d.h. das eigentliche Kirchenregiment.

Insgesamt entstand so eine dreipolige Leitungsstruktur, die in sich freilich nicht ohne Spannungen blieb und sich zudem – wegen der starken Repräsentanz geistlicher Amtsträger – dem Vorwurf der Pastorenkirchlichkeit ausgesetzt sah.

aa) Grundlage der presbyterial-synodalen Verfassung[50] bildeten die Kirchengemeinden mit weitgehenden Selbstverwaltungsrechten. Als Vertretungsorgan amtierte der Gemeindekirchenrat (Presbyterium) unter dem Vorsitz des Pfarrers. In größeren Gemeinden trat daneben eine Gemeindevertretung. Auf der nächsten Stufe der Diözese (Kreisgemeinde) bestand die Kreissynode aus sämtlichen Pfarrern und der gleichen Anzahl von Laien, die durch die Vertretungsorgane der Gemeinden gewählt wurden. Den Vorsitz führte der Superintendent. Das Filterwahlsystem setzte sich auch nach oben hin fort: Die Kreissynoden wählten aus ihrer Mitte im Verhältnis 1:1 Geistliche und Laienvertreter für die Provinzial-

---

46 Vom 10.9.1873 (Text bei *Huber-Huber*, Staat und Kirche II, S. 933) – sie galt für die 6 östlichen Provinzen Preußen, Brandenburg, Pommern, Posen, Schlesien und Sachsen.

47 Als Staatsgesetz erlassen am 20.1.1876 (Text bei *Huber-Huber*, Staat und Kirche II, S. 944).

48 Vgl. etwa *Harnack, Theodosius,* Die freie lutherische Volkskirche, Erlangen (1870); dazu *Link*, Grundlagen, S. 243 ff.

49 *Huber*, Verfassungsgeschichte IV, S. 837.

50 Dazu *Rieker*, Rechtliche Stellung, S. 398 ff.; *Huber*, Verfassungsgeschichte IV, S. 850 f.

synode, die durch vom König zu berufende Mitglieder und einen Vertreter der Theologischen Fakultät ergänzt wurden. Im Unterschied zur Diözesanebene hatte sie einen gewählten Präses. Ihr kam neben Aufsichtsfunktionen das Gesetzgebungsrecht für die Provinz zu. Die Provinzialkirchen waren zur altpreußischen Landeskirche zusammengeschlossen. Ihr Vertretungsorgan bildete die Generalsynode. Neben berufenen Mitgliedern, den Generalsuperintendenten und Fakultätsvertretern, gehörten ihr wiederum von den Provinzialsynoden gewählte Vertreter an. Dem (gewählten) Präsidenten stand der Präsident des Oberkirchenrats als königlicher Kommissar zur Seite. Die von ihr beschlossenen Gesetze wurden vom König nach Gegenzeichnung durch den Oberkirchenrat in Kraft gesetzt.

bb) Dieser vielfach als "demokratisch" beargwöhnte Aufbau der "Kirche von unten" – eingeschränkt durch ein bedeutsames Gewicht des geistlichen Amtes – stand der überkommenen konsistorialen Leitungsstruktur als "Kirche von oben" gegenüber[51]. Der Oberkirchenrat – wiewohl kirchliche Behörde – war doch zugleich Organ des fortbestehenden landesherrlichen Summepiskopats[52]. Das schuf Reibungsflächen, da der König ihm gegenüber ein Weisungsrecht in Anspruch nahm, das von den Präsidenten, namentlich von *Emil Herrmann*[53], mit Nachdruck bestritten wurde. – Trotz der organisatorischen Ausgliederung aus der allgemeinen Staatsverwaltung bedurfte die königliche Ernennung von Oberkirchenräten der Gegenzeichnung durch den Kultusminister, der seinerseits immer wieder die Personalpolitik beeinflußte. Auch die Zusammensetzung des Oberkirchenrats entsprach älteren Traditionen: Er bestand zu gleichen Teilen aus geistlichen und weltlichen (juristischen) Mitgliedern; an der Spitze stand immer ein Jurist. Dem Oberkirchenrat oblag die oberste Leitung und Verwaltung der Lan-

---

51 Zu den aus diesen Strukturprinzipien folgenden Kontroversen im Luthertum vgl. *Link*, Grundlagen, S. 84, 94, 105, 140 f., 151, 189, 262 ff. u. passim.
52 Sachaufwand und Besoldung wurden aus Staatsmitteln getragen.
53 *Hermann* (1812-1885) war zunächst Professor des Kirchenrechts in Kiel, Göttingen und Heidelberg, zugleich von 1864-1872 Präsident des Deutschen Evangelischen Kirchentags. 1872 wurde er an die Spitze des Evangelischen Oberkirchenrats berufen und war maßgeblich am Zustandekommen der Kirchenverfassungsreform beteiligt. 1878 wurde in den kirchenpolitischen Auseinandersetzungen zwischen "Altgläubigen", d.h. orthodoxen und konservativen Konfessionalisten auf der einen, der kirchlichen "Linken" auf der anderen Seite seine Stellung unhaltbar, als der Oberkirchenrat gegen den ausdrücklichen Willen des Königs einen vermittelnden Kurs steuerte und sich der Forderung nach der Einleitung von Lehrzuchtverfahren gegen Vertreter moderner Theologien widersetzte. Trotz Bedenken des Kultusministers *Falk* nahm *Wilhelm* das Abschiedsgesuch *Herrmanns* 1878 an. Sein Nachfolger wurde Oberkonsistorialrat *Ottomar Hermes* (dazu *Huber*, Verfassungsgeschichte IV, S. 859 ff.; zu *Hermanns* wissenschaftlicher Leistung *Obermayer*, Grundvorstellungen, S. 511 f.).

deskirche, soweit nicht landesherrliche Reservationen oder Mitwirkungsrechte der Generalsynode bestanden.

Als Mittelbehörden amtierten die Provinzialkonsistorien[54]. Sie waren in gleicher Weise zusammengesetzt. Wegen der Kompetenzverflechtung mit den synodalen Organen stellten sie jedoch nicht lediglich nachgeordnete Behörden dar; vielmehr bildeten die Provinzialkirchen in gewissem Sinn kirchliche Selbstverwaltungskörper[55]. Als Organe der Provinzialkonsistorien fungierten die Generalsuperintendenten. Ihnen oblagen z.T. Aufgaben bischöflicher Kirchenleitung, insbesondere visitatio, ordinatio und inspectio. Nach den Worten der Instruktion für die Generalsuperintendenten vom 14. Mai 1829 sollten sie einerseits die Konsistorien durch unmittelbare Anschauung und persönlichen Verkehr mit Pfarrern und Superintendenten in lebendigem Zusammenhang mit dem kirchlichen Leben erhalten, andererseits regiminale Tätigkeit dort ausüben wo es persönlicher Einwirkung bedurfte. Diese Mittlerfunktion fand in der geborenen Mitgliedschaft im Konsistorium (als geistliche Vizepräsidenten) wie in der Generalsynode, aber auch im Teilnahmerecht an Provinzial- und Kreissynoden institutionellen Ausdruck; die selbständige, quasibischöfliche Stellung in ihrer unmittelbaren Verantwortlichkeit gegenüber dem Oberkirchenrat in geistlichen Angelegenheiten[56].

Die Unterstufe des Kirchenregiments bildeten die Superintendenten. Sie wurden vom König unter Gegenzeichnung des Kultusministers auf Vorschlag des Oberkirchenrates ernannt, in den westlichen Provinzen von den Kreissynoden auf Zeit gewählt und vom König bestätigt. Wie im Generalsuperintendentenamt verbanden sich indes auch hier Aufgaben des leitenden geistlichen Amts mit solchen allgemein regiminaler Natur. Die bis in die Reformationszeit zurückreichende Tradition verlieh gerade diesem Amt ein bedeutendes Gewicht im kirchlichen Leben, das durch den Vorsitz in Kreissynode und Kreissynodalvorstand noch verstärkt wurde[57].

---

54 Daneben bestanden in Altpreußen wie in Hannover noch sog. Mediatkonsistorien. Sie beruhten entweder auf Art. 14 der deutschen Bundesakte, der den mediatisierten Standesherren den Fortbestand bestimmter Kirchenhoheitsrechte zugesichert hatte (so die Gräfl. Stolbergischen Konsistorien in Roßla, Stolberg und Wernigerode) oder auf älteren städtischen Rechtstiteln (Breslau und Stralsund). Dazu *Friedberg*, Verfassungsrecht, S. 192ff.; *Richter-Dove-Kahl*, Lehrbuch, S. 518ff.).

55 *Friedberg*, Verfassungsrecht, S. 180.

56 Eine knappe Darstellung des Aufgabenbereichs bei *Zorn*, S. 380 f.; Zur Entstehung des Instituts in Preußen: *Jacobsen, Heinrich Friedrich*, Geschichte der Quellen des Kirchenrechts des Preußischen Staats, I, 2 (1839), S. 98.

57 Näheres bei *Friedberg*, Verfassungsrecht, S. 197 ff.

cc) Nachdem das Gesetz vom 3. Juni 1876 und zwei hierzu ergangene Allerhöchste Verordnungen[58] für die acht älteren Provinzen die Verwaltung der Kirche auf Oberkirchenrat und Konsistorien übertragen hatten, soweit sie bisher beim Minister für geistliche Angelegenheiten und den Regierungspräsidenten ressortierten, verblieben nur die allgemeinen Kirchenhoheitsrechte, Teile der Vermögensaufsicht und einige Patronatssachen bei den staatlichen Behörden. Außerdem bedurfte es bei kirchlichen Rechtssetzungsakten neben der Sanktion des Landesherrn (als Träger des Kirchenregiments) der staatlichen Feststellung ihrer Vereinbarkeit mit den Staatsgesetzen. Diese iura circa sacra übten in der Spitze das Ministerium, in der Mittel- und Unterstufe die Oberpräsidenten der Provinz bzw. die Regierungspräsidenten aus (in Berlin der Polizeipräsident)[59].

dd) Dem preußischen Kirchenverfassungsmodell entsprach in den Grundzügen die kirchliche und staatskirchenrechtliche Ordnung in den meisten deutschen Staaten. Soweit die 1866 an Preußen gekommenen Gebiete indes strukturelle Eigentümlichkeiten der Kirchenorganisation besaßen, blieben diese zunächst in Geltung. Nur langsam erfolgte eine gewisse Vereinheitlichung.

– In Hannover hatte im Gefolge der Revolution 1848 eine Änderung des Landesverfassungsgesetzes von 1840 die Wahl von Kirchenvorständen vorgesehen[60]. Die zunächst halbherzigen Versuche zur Realisierung gewannen erst 1864 mit dem Erlaß einer Kirchenvorstands- und Synodalordnung[61] konkrete Gestalt. Mit ihr erhielt auch Hannover eine kirchliche Repräsentativverfassung. Gleichzeitig wurde in der Landeshauptstadt ein Landeskonsistorium errichtet, dem die Provinzialkonsistorien unterstanden. Allerdings überlagerten sich hier noch kirchenhoheitliche und innerkirchlich-regiminale Zuständigkeiten in eigentümlicher Weise. Das Kultusministerium blieb vorgesetzte Behörde des Landeskonsistoriums, konnte in dessen Kompetenzrahmen Beschlüsse indes nur beanstanden, nicht aber ersetzen. Auch die Provinzialkonsistorien blieben ihm – insoweit unmittelbar – unterstellt, als sie Agenden wahrzunehmen hatten, die

---

58 Abgedr. bei *Huber-Huber,* Staat und Kirche II, S. 952 ff., 956 f., 957 f.

59 Die Besonderheiten des Militärkirchenwesens können hier nicht dargestellt werden. Eine eingehende Untersuchung bringt das Werk von *Rudolph,* Militärkirchenwesen. Für den katholischen Bereich immer noch grundlegend die Arbeit von *Pohl, Heinrich,* Die katholische Militärseelsorge Preußens 1797-1888 (1926) = Kirchenrechtl. Abh., hrsg. v. *U. Stutz* (i. folg.: KRA) 102/103. Zu den Grundfragen auch *Huber, Wolfgang,* Kirche und Öffentlichkeit (1973), S. 230 ff. – alle mit Lit.

60 *Epha, Oskar,* Die Bildung von Kirchenvorständen in den norddeutschen Landeskirchen, Zeitschr. f. ev. Kirchenrecht 8 (1961/62), S. 157 ff.

61 Abgedr. bei *Huber-Huber,* Staat und Kirche II, S. 337 ff. – Dazu u. zum folgenden *Mahrenholz, Christhard,* Die Verfassungs- und Rechtsgestaltung der Ev.-luth. Landeskirche in Hannover in Geschichte und Gegenwart, Zeitschr. f. ev. Kirchenrecht 8 (1961/62), S. 113 ff.

nicht in den Geschäftskreis des Landeskonsistoriums fielen[62]. Erst 1885 erfolgte auch hier eine Trennung von staatlicher und kirchlicher Verwaltung und damit eine Angleichung an den seit 1876 in Altpreußen bestehenden Rechtszustand[63].

– Hessen-Nassau: Die zu dieser preußischen Provinz 1867 zusammengefaßten Gebiete des ehemaligen Kurfürstentums Hessen, Frankfurts, des Herzogtums Nassau und der rechtsrheinischen Teile der Landgrafschaft Hessen-Homburg hatten kirchlich (und hier auch konfessionell) ein weitgehendes Eigenleben geführt. Namentlich in Nassau[64] und in den nach dem Wiener Kongreß zu Kurhessen gekommenen Gebieten war die Union eingeführt worden, während die Durchsetzung in den "althessischen" Gebieten später erst unter erheblichen Konflikten durchgesetzt werden konnte. Im Kurfürstentum bestanden seit 1821 vier Provinzialkonsistorien, die unmittelbar dem Innenministerium unterstellt waren. Versuche zur Einführung einer presbyterial-synodalen Ergänzung der Kirchenverfassung blieben ebenso wie in Nassau erfolglos. Dort wurde das Kirchenregiment von einem gemischten staatlich-geistlichen Kirchensenat gehandhabt, in dem der Landesbischof (seit 1837) eine den preußischen Generalsuperintendenten ähnliche Stellung innehatte. In Frankfurt bestand ein lutherisches und ein reformiertes Konsistorium, die erst 1899 zusammengelegt wurden. Nach der Eingliederung in Preußen behielten diese Landeskirchen ihre Selbständigkeit. Nassau erhielt 1868 ein Konsistorium in Wiesbaden. Nach anfänglichem Scheitern gelang 1873 im zweiten Anlauf die Vereinigung der kurhessischen Konsistorien zu einem Provinzialkonsistorium mit Sitz in Kassel[65]. Die presbyterialsynodale Ergänzung erfolgte in Nassau schrittweise zwischen 1869 und 1877[66],

---

62 Näheres bei *Rieker*, Rechtliche Stellung, S. 400 ff. – Der älteren presbyterialsynodalen Organisation der reformierten Gemeinden (seit 1839) stand zunächst nur die staatliche Aufsicht, nicht aber ein landesherrliches Kirchenregiment und ein konsistoriales Element gegenüber. Da der preußische König die summepiskopalen Rechte auch gegenüber den Reformierten in Anspruch nahm, erging durch Allerhöchsten Erlaß 1882 (als Staatsgesetz 1883) eine Kirchengemeinde- und Synodalordnung für die evangelisch-reformierte Kirche der Provinz Hannover (abgedr. bei *Huber-Huber*, Staat und Kirche II, S. 991 ff.). Als kirchliche Oberbehörde fungierte seit 1884 das Konsistorium zu Aurich.

63 Gesetz vom 6.5.1885 (abgedr. bei *Huber-Huber,* Staat und Kirche II, S. 988 ff.). Ein Allerhöchster Erlaß vom 13.4.1885 hatte zudem die Zahl der Konsistorien vermindert und die kirchliche Verwaltungsorganisation insgesamt vereinfacht.

64 Hier waren – abgesehen von einem kurzlebigen bayerischen Versuch nach 1804 – auch zuerst in Deutschland die Volksschulen in christliche Simultanschulen umgewandelt worden (1817).

65 In der Landeskirche bestanden lutherische, reformierte und unierte Gemeinden.

66 Kirchengemeinde- und Synodalordnung v. 4.7.1877 (abgedr. bei *Huber-Huber,* Staat und Kirche II, S. 995 ff.).

im ehemaligen Kurfürstentum durch die Presbyterial- und Synodalordnung von 1885[67].

– Schleswig-Holstein: Hier hatte in vorpreußischer Zeit die Kirchenverwaltung bei den staatlichen Behörden gelegen[68]. Erst 1867 erhielten die nunmehr zu einer Provinz zusammengefaßten Herzogtümer ein Provinzialkollegium in Kiel[69], nachdem es gelungen war, den lutherischen Charakter der Landeskirche zu wahren. Verblieb dabei zunächst die Wahrnehmung der äußeren Kirchenangelegenheiten bei der Schleswiger Regierung, so wurden auch diese dem Kieler Konsistorium[70] im Zuge der Neuordnung der kirchlichen Rechtsverhältnisse durch die Kirchengemeinde- und Synodalordnung von 1876 übertragen[71].

In Preußen bestanden nunmehr insgesamt acht Landeskirchen: Uniert waren – in unterschiedlichen Formen – die Landeskirchen Altpreußens, Nassaus, Kurhessens, je eine lutherische und reformierte Kirche besaßen Hannover und Frankfurt, Schleswig-Holstein – Lauenburg hatte nur eine lutherische Landeskirche. – Sie alle standen unter dem Summepiskopat des Königs[72].

c) Die katholische Kirche in Preußen von 1850 bis zum Ausbruch des Kulturkampfs

Die preußischen Gebietserweiterungen seit den Schlesischen Kriegen hatten in der Monarchie den katholischen Bevölkerungsanteil auf nahezu 2/5 anwachsen lassen. Die katholische Kirche stellte daher auch einen bedeutsamen politischen Faktor dar, der durch die Zentrumspartei und ihre Vorläufer parlamentarisch wirksam wurde. Jeder Konflikt mußte den Staat daher in einen Zweifrontenkrieg verwickeln.

Die kirchenverfassungsrechtliche Zirkumskription war durch die Bulle "De salute animarum" von 1821 endgültig erfolgt. Danach bestanden in der Monarchie zwei Kirchenprovinzen: Im Westen Köln mit den Bistümern Trier, Münster, Paderborn; im Osten Gnesen/Posen (beide in Personalunion verbunden) mit Kulm als Suffraganat. Exemt blieben die Bistümer Breslau und Ermland, wobei

---

67 Abgedr. bei *Huber-Huber,* Staat und Kirche II, S. 999 ff.; allg. dazu auch *Rieker,* Rechtliche Stellung, S. 402 ff.

68 Dazu *Rieker,* Rechtliche Stellung, S. 404.

69 Kgl. VO v. 24.9.1867 (abgedr. bei *Huber-Huber*, Staat und Kirche II, S. 363).

70 Dazu StaatsG v. 6.4.1878 (abgedr. bei *Friedberg*, Verfassungsgesetze, S. 220 ff.), das zugleich der Kirchengemeinde- und Synodalordnung (s. folg. FN) die Sanktion erteilte.

71 Abgedr. bei *Huber-Huber,* Staat und Kirche II, S. 995 ff. – Ihr war 1849 eine Gemeindeordnung vorausgegangen.

72 Zu gewissen Besonderheiten in Frankfurt s. *Rieker*, Rechtliche Stellung, S. 359 f.

dem Fürstbischof von Breslau als Apostolischem Delegaten auch Brandenburg und Pommern unterstanden[73].

Nach der Beilegung des Mischehenkonflikts[74] hatte die Verfassung mit ihren weitgespannten Kirchenfreiheitsgarantien die Lage der Kirche weiter verbessert. Wenn sich auch die Regierung auf den Standpunkt stellte, die Verfassungsbestimmungen[75] (Selbstverwaltung, freier Verkehr mit Rom, Beschränkung des Plazet, Aufhebung staatlicher Nominations- und Kollationsrechte, soweit sie nicht auf Patronat oder speziellen Rechtstiteln beruhten) bedürften zu ihrer Wirksamkeit überwiegend einer Ausführungsgesetzgebung[76], so war insgesamt die kirchliche Stellung doch deutlich gestärkt. Die vom Episkopat in der Würzburger Bischofsdenkschrift erhobenen Forderungen waren daher in Preußen weitgehend erfüllt[77].

Allerdings war durch Art. 23 die staatliche Schulaufsicht erneut bekräftigt, die geistliche indes nicht ausdrücklich ausgeschlossen. Sie blieb denn auch bis zum Ende der Monarchie bestehen, wenngleich seit dem Schulaufsichtsgesetz von 1872 mit der Maßgabe, daß die Geistlichen die Schulaufsicht als Beauftragte des Staates führten[78]. Wirkliche Probleme warfen jedoch die fortdauernden staatlichen Befugnisse bei der Ämterbesetzung auf.

Die Bulle "De salute animarum" und das Breve "Quod de fidelium" hatten die Bischofswahl – in Abweichung vom bereits im 19. Jh. gemeinrechtlich bestehenden freien päpstlichen Besetzungsrecht – den Domkapiteln übertragen. Sie erfolgte unter Aufsicht eines königlichen Wahlkommissars und sollte nicht auf eine dem König "mindergenehme" Person fallen. Hierbei galt der sog. Irische Wahlmodus, d.h. die Vorlage einer Liste seitens des Kapitels an die Regierung zwecks Streichung mindergenehmer und Bezeichnung genehmer Kandidaten[79].

---

73 *Feine*, Kirchl. Rechtsgeschichte, S. 618; *Jablonski, Leo,* Geschichte des Fürstbischöflichen Delegaturbezirks Brandenburg und Pommern, 2 Bde., (1929), bes. II, S. 18 ff.; *Freisen* (u. FN 153), I, S. 22.

74 S. o. S. 51 f.

75 S. o. S. 54 ff.

76 Vgl. den Zirkularerlaß des Kultusministers *v. Ladenberg,* an die Oberpräsidenten v. 6. Januar 1849, die Denkschrift der katholischen Bischöfe vom Juli 1849 und den daraufhin ergangenen Zirkularerlaß des Kultusministers an Bischöfe und Oberpräsidenten (alle, z.T. auszugsweise, abgedr. bei *Huber-Huber,* Staat und Kirche II, S. 52 f., 54 ff., 60 ff.).

77 *Storz*, Staat und kath. Kirche, S. 82 ff.

78 Dies schloß ein, daß eine Amtsenthebung jederzeit möglich war. Die kirchliche Aufsicht über den Religionsunterricht war jedoch in Art. 24 Abs. 2 Verf. Urk. ausdrücklich garantiert.

79 Dazu *Feine*, Kirchl. Rechtsgeschichte, S. 618 f., 624 ff.; *ders.*, Persona grata, minus grata, in: Festschr. A. Schultze (1934), S. 77 ff.; *Stutz*, Bischofswahlrecht, S. 168.

Gleichwohl ergaben sich Schwierigkeiten dann, wenn eine derartige Liste mit einer für die kanonische Wahl ausreichenden Zahl genehmer Namen nicht zustandekam, die Wahlfrist überschritten wurde oder der Gewählte ablehnte[80]. Streitig war hier insbesondere die Devolution der Auswahl an den Papst. Die ungeklärte Rechtslage führte vor allem bei der Wahl des Nachfolgers *von Droste-Vischering* auf den Kölner Erzstuhl zu erheblichen Konflikten zwischen Regierung, Nuntiatur und Kurie sowie innerhalb des Domkapitels[81] – Konflikte, in denen sich die Fronten der kommenden Auseinandersetzungen abzuzeichnen begannen. Einen weiteren Streitpunkt bildeten die Pfarrstellenbesetzungsrechte kraft fiskalischen Patronats. Darunter versteht man solche Patronate, die dem Staat als Fiskus zustanden, wobei zwischen echten, d.h. auf einem kanonisch anerkannten Erwerbstitel beruhenden, und unechten Staatspatronaten unterschieden wird. Als unechter Patronat galt namentlich das von verschiedenen Landesherrn in Anspruch genommene Recht auf Vergabe aller Benefizien[82]. Wenn in Preußen auch ein derartiges allgemeines Pfarrstellenbesetzungsrecht nicht behauptet wurde, so bestand doch die Rechtsauffassung, die ehemals geistlichen Korporationen zustehenden Patronate seien infolge der Säkularisation als dingliche Patronate auf den Staat übergegangen und als solche dem Fiskus einverleibt[83]. Zwar kamen vielfach Vereinbarungen mit den Bischöfen zustande, die eine Realteilung oder Alternierung der Kollaturen vorsahen[84], aufgrund der gewandelten Verfassungslage versuchte die Kirche jedoch, die libera collatio überall dort durchzusetzen, wo keine echten Patronate bestanden. Der zähe staatliche Widerstand führte zu einem Kompromiß, der den Umfang der kraft freier bischöflicher Kollatur zu besetzenden Stellen nicht unerheblich erweiterte. Ob damit die verbliebenen unechten Patronate durch kirchliche Anerkennung zu

---

80 So geschehen bei der Wahl des Nachfolgers für Bischof *Arnoldi* von Trier, dazu *Friedberg*, Bischofswahlen, S. 250 f.

81 *Friedberg*, Bischofswahlen, S. 251 ff. – Allg. dazu auch *Trippen, Norbert,* Das Domkapitel und die Erzbischofswahlen in Köln (1972).

82 Im Unterschied zum kanonischen Patronat, der nur ein Präsentationsrecht des Patrons kennt, wurde hier allerdings ein volles Ernennungsrecht behauptet.

83 Dazu grundlegend *Heckel, Johannes,* Die Besetzung fiskalischer Patronatsstellen in der Evangelischen Landeskirche und in den katholischen Diözesen Altpreußens, ZRG Kan. Abt. 15 (1926), S. 200 ff.; *ders.,* Die Besetzung katholischer Pfarrstellen fiskalischen Patronats in den Delegaturen Brandenburg-Pommern und Preußen links der Elbe und Havel, ZRG Kan. Abt. 16 (1927), S. 116 ff.; *Harder, Jürgen,* Die katholischen und evangelischen Staatspatronate in Deutschland, Archiv f. kath. Kirchenrecht 127 (1955), S. 6 ff., 313 ff.

84 Nachw. bei *Harder* (FN 83), S. 33 f. FN 185.

echten wurden[85], mag dahinstehen. Jedenfalls reduzierte sich auch hier das ursprüngliche staatliche Besetzungsrecht vielfach praktisch auf ein Vetorecht[86].

Traf der Streit um die Ämterhoheit auf den empfindlichen Nerv beider Seiten, so galt das für die Auseinandersetzungen um den Verfassungseid der Kleriker ebensowenig wie für die Nachhutgefechte in der Mischehenfrage und die Nadelstiche gegen die Jesuiten.

Während andere Staaten vom gesamten Klerus einen Verfassungseid forderten, beschränkte Preußen dies Verlangen auf Geistliche, die zugleich Staatsbeamte waren. Ihm stand die Weisung einiger Bischöfe gegenüber, den Eid unter ausdrücklichem Vorbehalt der Rechte der Kirche zu leisten. Der Kultusminister akzeptierte die Abgabe einer solchen selbständigen Erklärung schließlich, ordnete aber an, den Klerikern gleichzeitig zu eröffnen, daß eine derartige salvatorische Klausel auf den Bestand der staatsdienerlichen Pflichtenstellung ohne Einfluß sei[87].

Die "*Raumer*schen Erlasse" von 1852 richteten sich, obwohl nur im dritten ausgesprochen, gegen die verstärkte Tätigkeit der Jesuiten[88]. Der Orden war an sich nach seiner Wiederherstellung durch *Pius VII.* vom preußischen Staatsgebiet ausgeschlossen worden, jedoch bekleideten zahlreiche Jesuiten später leitende Ämter. Der erste Erlaß[89] schärfte die Anwendung ausländerpolizeilicher Grundsätze gegenüber Geistlichen ein, die die preußische Staatsangehörigkeit nicht besaßen; der zweite beschränkte die Volksmissionen bei Gefahr öffentlicher Ruhestörung; der dritte erneuerte das prinzipielle Verbot des Studiums an jesuitisch geleiteten Bildungsanstalten des Auslands, vor allem am Collegium Germanicum in Rom. Dem energischen Protest der "katholischen Fraktion" in der Zweiten Kammer begegnete die Regierung zunächst mit einer einschränkenden Interpretation, später erledigte sich der Konflikt durch Nichtanwendung der Erlasse.

Auch der nach den Kölner Wirren erzielte Kompromiß in der Mischehenfrage[90] wurde durch eine kirchliche Verschärfung der Dispenspraxis wieder in Frage gestellt. Auf das Verlangen nach eidlich bekräftigter Zusage katholischer Kindererziehung reagierte der König mit einem Armeebefehl[91], der jedem evangelischen Offizier für den Fall eines derartigen Versprechens die Entlassung an-

---

85 *Heckel*, ZRG Kan. Abt. 15 (1926), S. 322.
86 *Heckel*, ibid. S. 300.
87 Dazu die Nachw. bei *Huber-Huber*, Staat und Kirche II, S. 63.
88 Dazu *Huber-Huber*, Staat und Kirche II, S. 69 f.
89 Die Erlasse abgedr. *Huber-Huber*, Staat und Kirche II, S. 70 ff.
90 S. o. S. 51 f.
91 v. 1.6.1853, abgedr. *Huber-Huber*, Staat und Kirche II, S. 74 f.; dazu allg. *Pohl, Heinrich*, Zur Geschichte des Mischehenrechts in Preußen (1920), S. 23 ff.

drohte. Die moralische Wirkung ging indes weit über den Adressatenkreis hinaus, zumal die Dienstpraxis auch niedere Chargen und Mannschaften erfaßte. Nachdem die Geltung nach 1873 auch auf das Reichsheer ausgedehnt wurde, beschränkte *Wilhelm II.* die Anwendung erneut auf Offiziere. In dieser Form bestand die Anordnung trotz mehrfacher Proteste des Zentrums bis zum Ende der Monarchie.

Zur Befriedung hatte wesentlich die – ebenfalls im Gefolge der Kölner Wirren – 1841 errichtete "Abteilung für katholische Kirchenangelegenheiten" im preußischen Kultusministerium beigetragen, die neben der evangelischen Abteilung bestand. Die sich verschärfende antiklerikale Stimmung im liberalen Lager arbeitete indes auf eine Aufhebung und auf die Wahrnehmung der kirchenaufsichtlichen Agenden durch eine gemeinsame geistliche Abteilung hin. Nur mit Mühe gelang es 1865 dem Minister *v. Mühler,* diese Angriffe abzuschlagen[92]. Er berief sich auf die ursprüngliche Intention, nach der "neben einer sicheren Vertretung der landesherrlichen Gerechtsame ... auch das Vertrauen der katholischen Bevölkerung auf eine die inneren Verhältnisse der katholischen Kirche mit Einsicht und Unparteilichkeit auffassende Behandlung" geschützt werden sollte. Das Schwinden eben jenes Vertrauens in die Einsicht und Unparteilichkeit legte dann – nach der Aufhebung 1871 – Preußen und dem Reich eine schwere Hypothek auf.

2. Bayern

a) Die Rechtsverhältnisse der katholischen Kirche

Die Widersprüche zwischen Konkordat und Religionsedikt[93] hatten im Zuge kirchlicher Autonomiebestrebungen zu einer Forderung nach Revision des Edikts in der Bischofsdenkschrift von 1850 geführt[94]. Dem Verlangen nach stärkerer Kirchenfreiheit trug die Regierung durch eine Ergänzung des Religionsedikts in Form einer authentischen Interpretation Rechnung[95], die den Grundsatz

---

92 Immediatbericht vom 31.12.1865 an König *Wilhelm I.,* abgedr. bei *Huber-Huber,* Staat und Kirche II, S. 101 ff.

93 S. o. S. 50.

94 Abgedr. bei *Huber-Huber,* Staat und Kirche II, S. 118 ff., allg. dazu ibid. S. 117 f.; *Friedberg,* Gränzen, S. 420 ff.

95 Abgedr. bei *Huber-Huber,* Staat und Kirche II, S. 140 ff. – Es blieb indes bei Plazet und Recursus ab abusu. Dazu näher *Link,* Staatskirchenhoheit, S. 32 ff. m. eing. Nachw. – Ebenso erfuhr das königliche Nominationsrecht bei der Besetzung der Bischofsstühle keine Änderung. Der Nominierte war – nach Durchführung des Informationsprozesses durch den Nuntius – vom Papst zu ernennen (dazu *Friedberg,* Bischofswahlen, S. 36 ff., 353 ff.; *Stutz,* Bischofswahlrecht, S. 124 f.; anders *E. May-*

konkordatskonformer Auslegung verankerte. Gleichwohl sahen die Bischöfe ihr Anliegen nur unzureichend erfüllt. Streitigkeiten um den Verfassungseid erschwerten zusätzlich die Lage. 1867 scheiterte ein Volksschulgesetzentwurf des liberalen Kultusministers *Gresser*[96], der die geistliche Schulaufsicht (mit Ausnahme des Religionsunterrichts) beseitigt hätte, erst in der Kammer der Reichsräte. Auch hier blieb also der Konflikt um die Grenzen der staatlichen Kirchenhoheit unentschieden und damit virulent.

b) Staat und evangelische Kirchen in Bayern

Die Eingliederung evangelischer Territorien und die von aufklärerischen Maximen bestimmte Kirchenpolitik *Montgelas'* hatten unter der Regierung Max Josephs IV. (1799-1825) die Umformung des Königreichs in einen paritätischen Staat eingeleitet[97]. – Nach der 1801 erfolgten Anerkennung schuf das Organische Edikt von 1808[98] eine eigene Sektion "der kirchlichen Gegenstände", die zur Wahrnehmung des vom König beanspruchten Summepiskopats zugleich als Generalkonsistorium für die "im Reiche öffentlich rezipierten protestantischen Confessionen" amtierte. 1818 wurde das Generalkonsistorium durch das der Verfassung beigegebene Edikt über die "inneren kirchlichen Angelegenheiten der protestantischen Gesamtgemeinde in dem Königreiche"[99] als Oberkonsistorium verselbständigt. Die unklare Kompetenzabgrenzung zwischen Ministerium und Oberkonsistorium legte die Lehre dahin aus, daß bei ersterem staatskirchenhoheitliche Befugnisse und Dienstaufsicht verblieben, die kirchenregiminalen Rechte des Summepiskopus aber dem letzteren zur eigenständigen Wahrneh-

---

er, Kirchenhoheitsrechte, S. 180). Im Streit um die – ursprünglich exzessiv in Anspruch genommenen – landesherrlichen Patronatsrechte trat durch Nachgeben eine gewisse Entspannung ein. Von einem allgemeinen landesherrlichen Patronat war in der zweiten Jahrhunderthälfte ebensowenig mehr die Rede, wie von einem Übergang der Patronatsrechte säkularisierter geistlicher Korporationen auf den Staat oder von einer Beweispflicht des Bischofs für seine libera collatio (dazu eingehend *Harder* – FN 83 – S. 13 ff.). Die Regierung behielt sich jedoch die Bestätigung aller Benefizienvergaben vor.

96 Abgedr. bei *Huber-Huber*, Staat und Kirche II, S. 153 ff.

97 Dazu jetzt eingehend *Henke, Günter*, Die Anfänge der evangelischen Kirche in Bayern, Jus Ecclesiasticum 20 (1974).

98 Auszugsweise abgedr. bei *Huber-Huber*, Staat und Kirche I, S. 629 f.

99 Auszugsweise bei *Huber-Huber*, Staat und Kirche I, S. 650 ff. – Bis 1824 durfte die evangelische Kirche im externen Dienstverkehr weder die Bezeichnung "Kirche" noch "evangelisch" führen.

mung übertragen seien[100]. Unter seinen tatkräftigen Präsidenten *v. Seckendorff*, *v. Roth* und *Arnold* und vor allem dem profilierten Theologen *Adolf v. Harleß* (1852–1878)[101] gelang, es ihm, diese Selbständigkeit zu behaupten und auszubauen.

Den Oberkonsistorien waren als Mittelbehörden die Konsistorien zu Ansbach, Bayreuth und Speyer unterstellt. Auch damit erfolgte eine Ausgliederung der Kirchenverwaltung aus der allgemeinen Staatsverwaltung, da bisher die Generalkreiskommissariate zugleich die Funktionen von Generaldekanaten erfüllt hatten. Das Münchener Dekanat war direkt dem Oberkonsistorium unterstellt. Die Distriktsdekane und Pfarrer hatten zugleich auch die Stellung als Organe des Kirchenregiments in der Unterstufe.

Die Problematik einer derartigen Konsistorialverfassung in einem katholisch dominierten Staat zeigte sich dann, als mit dem Ministerium *Abel* (seit 1837) eine deutliche Rückwendung zu einer klerikalen Politik einsetzte. Ein Erlaß des Kriegsministeriums[102], der Soldaten ohne Unterschied der Konfession zum Niederknien bei Prozessionen und anderen (katholischen) gottesdienstlichen Feierlichkeiten verpflichtete, löste 1838 den berühmten Kniebeugungsstreit aus. Die Paritätsbestimmungen des Religionsedikts erfuhren auch sonst vielfach eine ihrem Sinn widersprechende Auslegung. Diese Nadelstiche endeten erst mit der Schaffung eines eigenen Kultusministeriums (1847), dem das Oberkonsistorium nunmehr unterstellt war.

Zwar hatte bereits das Protestantenedikt von 1818 Dekanats- und Generalsynoden vorgesehen, ein presbyterialer Unterbau entstand jedoch nur langsam[103]. Die in den zwanziger Jahren teilweise berufenen Kirchenvorstände wurden erst 1850 zu einer allgemeinen Einrichtung. Eine Besonderheit blieb, daß die Verwaltung des Kirchenstiftungsvermögens durch die 1834 eingeführten Kirchenverwaltungen erfolgte[104]. Dekanats- und Generalsynode wurden 1848 in ih-

---

100 *Rieker*, Rechtl. Stellung, S. 365 – *Mayer*, Kirchenhoheitsrechte, S. 172 ff., der diese Frage als einen "der schwierigsten Punkte des bairischen Staatskirchenrechts" bezeichnet.

101 Über ihn *Heckel, Theodor*, Adolf v. Harleß, Theologie und Kirchenpolitik eines lutherischen Bischofs in Bayern, München (1933).

102 Abgedr. bei *Huber-Huber*, Staat und Kirche I, S. 657.

103 Dazu eingehend *Bruchner, Helmut,* Die synodalen und presbyterialen Verfassungsformen in der Protestantischen Kirche des rechtsrheinischen Bayern (Münchner Univ. Schriften Jur. Fak. 24), Berlin (1977); vgl. auch *Dummler, Karl*, Die Bildung von Kirchengemeinderäten in den süddeutschen Landeskirchen, Zeitschr. f. ev. Kirchenrecht 8 (1961/62), S. 171 ff.

104 Dazu *Heckel, Johannes*, Kirchliche Autonomie und staatliches Stiftungsrecht in den Kirchengemeinden der evangelisch-lutherischen Landeskirche in Bayern, jetzt in: Ges. Aufs., S. 398 ff.; *Grundmann, Siegfried*, Die Kirchengemeinde und das kirch-

rer personellen Zusammensetzung dahingehend verändert, daß nunmehr die Hälfte der Mitglieder aus gewählten weltlichen Vertretern bestand[105]. Die linksrheinische Kirche der bayerischen Rheinpfalz, seit 1818 uniert, verselbständigte sich 1848 durch Trennung des Speyerer Konsistoriums vom Oberkonsistorium[106]. Der hier verhältnismäßig starke reformierte[107] Einfluß hatte schon in der – mit der Vereinigungsurkunde verbundenen – Kirchenverfassung 1818 eine presbyterial-synodale Organisation ertrotzt, sie wurde 1848 "demokratisiert", indem die zuvor kooptierten Presbyter nunmehr zu wählen waren. Weitergehende Versuche, Staat und Landesherrn von der Ausübung der inneren Kirchengewalt auszuschließen, scheiterten[108].

3. Südwestdeutschland

a) Staat und katholische Kirche in der oberrheinischen Kirchenprovinz

Nachdem Einzelkonkordate mit den südwestdeutschen Staaten gescheitert waren, ordnete *Pius VII.* 1821 die kirchlichen Verhältnisse in diesem Raum neu[109]. Dem Metropolitansitz in Freiburg unterstanden die Suffraganbistümer Rottenburg (Württemberg), Mainz (Hessen-Darmstadt), Fulda (Kurhessen, Sachsen-Weimar) und Limburg (Nassau, Frankfurt). Im Gegenzug beschlossen die beteiligten Regierungen eine "Kirchenpragmatik" die die staatskirchenhoheitlichen Rechte wahren sollte und zu deren Einführung sie sich staatsvertraglich verpflichteten. Der Papst verweigerte jedoch die Ernennung der auf dieser Basis

---

liche Vermögensrecht, jetzt in: *ders.*, Gesammelte Abhandlungen zum Kirchenrecht (1969), S. 177 ff. (184 ff.). – Die "Kirchenverwaltungen" waren nichts anderes als "Kirchengemeinden", d.h. Rechtssubjekte des staatlichen Rechts: "aus dem Haupte eines Abgeordneten wurde plötzlich die Kirchengemeinde geboren" (*v. Seydel, Max,* Bayer. Staatsrecht, 2. Aufl., III, 1896, S. 583)

105 VO.en v. 18.10.1848, 26. und 31.8.1851, abgedr. bei *Friedberg,* Verfassungsgesetze, S. 295, 326 ff. – Daneben wurden die Synoden der Konsistorialbezirke Ansbach und Bayreuth vereinigt und ihre Kompetenz dahingehend erweitert, Angelegenheiten (bisher nur: innere Angelegenheiten) der protestantischen Kirche zu beraten.

106 Kgl. Entschließung v. 11.5.1849, abgedr. bei *Huber-Huber,* Staat und Kirche II, S. 367 f.

107 Im rechtsrheinischen Bayern gelang es den Reformierten nicht, sich aus dem Kompetenzbereich des Oberkonsistoriums zu lösen (Erlanger Synode 1854). Immerhin erreichten sie unterhalb dieser Ebene 1853 eine eigene Synode und ein von dieser abhängiges Moderamen, das zur Hälfte aus geistlichen und weltlichen Mitgliedern bestand (Kgl. Entschließung v. 26.2.1853 – abgedr. bei *Huber-Huber,* Staat und Kirche II, S. 368 ff.).

108 Näheres bei *Rieker,* Rechtl. Stellung, S. 453 f.

109 Zirkumskriptionsbulle "Provida sollersque" 1821.

vorgeschlagenen Kandidaten für das Bischofamt, so daß der überall in Deutschland aufgebrochene Konflikt um die Bischofswahlen hier eine besondere Schärfe erhielt. Trotz einer Kompromißregelung von 1827 flammte er in der Folgezeit immer wieder auf[110], verschärft durch übereinstimmend ergangene landesherrliche Verordnungen (1830), die in 39 Artikeln erneut die josephinistischen Positionen zu befestigen suchten.

Der Widerspruch der Kurie blieb ohne Antwort. Weitere Streitpunkte bildeten vornehmlich die Mischehenfrage (Badischer Mischehenkonflikt 1838-1846, der mit der Einführung der fakultativen Zivilehe endete[111]), der kirchliche Einfluß auf die universitäre Klerikerausbildung, Plazet und landesherrlicher Patronat. Eine Auflistung der Gravamina enthält die Punktation des Rottenburger Ordinariats von 1843[112], in der zugleich die verfassungsmäßige Autonomie der Kirche eingefordert wird. Dieser Anspruch wurde nach der Revolution in der oberrheinischen Bischofsdenkschrift von 1851[113] nachdrücklich und zunächst erfolgreich erneuert.

Auch hier ist es der gleiche Forderungskatalog: Anspruch auf Kirchenfreiheit ohne Trennung von Kirche und Staat, Freiheit der Ämterbesetzung, Klerikerseminare, Aufsicht über Religionsunterricht und theologische Fakultäten, Abschaffung von Plazet und Recursus ab abusu, Freiheit des katholischen Vereinswesens und ungehinderte Entfaltung der eigenständigen Verfassungsgrundlagen, Anerkennung des kirchlichen Rechts auf Lehre und Erziehung sowie – gemäß § 35 Reichsdeputationshauptschluß – auf angemessene Dotation der Bistümer.

Die staatliche Reaktion – Revision, aber nicht Aufhebung der Verordnungen von 1830 unter prinzipieller Wahrung der Staatskirchenhoheit – befriedigte die Bischöfe nicht. Das gesteigerte Selbstbewußtsein fand Ausdruck in einer erneuten Denkschrift[114], in der staatlichen Maßnahmen der Gehorsam aufgekündigt wurde, soweit sie dem kanonischen Recht widersprachen. Dieser damals noch ganz ungewöhnliche Schritt stellte die Regierungen vor die Alternative, einzulenken oder den Konflikt durchzustehen. Beide Wege wurden versucht.

---

110 Wahlkonflikte: 1836 Freiburg, 1840-42 Limburg, 1845-47 Rottenburg, 1850 Mainz, 1868/69 Freiburg. Dazu *Stutz*, Bischofwahlrecht, S. 19 ff., 97 ff.; *Friedberg*, Bischofswahlen, S. 285 ff., 409 ff.; *Huber-Huber*, Staat und Kirche I, S. 489ff., 556ff.; II, S. 259ff.; *Feine*, Kirchl. Rechtsgeschichte, S. 622ff.
111 Dazu *Huber-Huber*, Staat und Kirche I, S. 493 ff.
112 Abgedr. bei *Huber-Huber,* Staat und Kirche I, S. 540 ff.
113 Abgedr. bei *Huber-Huber,* Staat und Kirche II, S. 159 ff.
114 Abgedr. bei *Huber-Huber,* Staat und Kirche II, S. 178 ff.

aa) In Württemberg[115] folgte einer harten Eröffnung die erste Übereinkunft zwischen Rottenburger Bischof und Staat (1854)[116]. Sie verbesserte zwar die kirchliche Position, fand jedoch nicht die Billigung der Kurie, die sich in ihrer Kompetenz übergangen fühlte. Die Regierung erweiterte ihre Verhandlungsbereitschaft auch in Richtung Rom, das vereinbarte Konkordat[117] scheiterte jedoch 1861 an der liberalen Landtagsmehrheit. Trotz kurialen Protests regelte Württemberg daraufhin 1862 das Verhältnis der Staatsgewalt zur katholischen Kirche einseitig durch Staatsgesetz[118]. Wenn es auch den kirchlichen Forderungen im Verhältnis zum Konkordat in einzelnen Punkten weniger Rechnung trug, im ganzen lag es auf der Linie der Vereinbarung von 1854 und schuf damit die Grundlage für einen modus vivendi. Die Drohung des Kardinalstaatssekretärs verhallte, der Bischof von Rottenburg werde dem Gesetz in seinen antikanonischen Teilen den Gehorsam verweigern müssen. Der nunmehr gefundene Ausgleich führte im Gegenteil dazu, daß Württemberg von den Aufregungen des Kulturkampfs sehr viel weniger als andere Staaten berührt wurde[119].

bb) Weitaus unversöhnlicher standen sich die Fronten in Baden gegenüber. Der Erzbischof, zum Kampf entschlossen, vollzog nicht nur Stellenbesetzungen ohne die erforderliche staatliche Mitwirkung, er exkommunizierte auch die Mitglieder der staatlichen Kirchenbehörde in catholicis (des Oberkirchenrats), die sich dem Kollisionskurs unter Berufung auf ihre beamtenrechtliche Treuepflicht widersetzt hatten. Eine landesherrliche Verordnung von 1853 band daraufhin die Wirksamkeit aller erzbischöflichen Verfügungen an die Zustimmung eines Spezialkommissars[120]. Von seinen Kammern und auch von *Bismarck* zur Festigkeit ermahnt, widersetzte sich *Prinzregent Friedrich* allen Vermittlungsversuchen. Die Regierung verhängte de facto eine Temporaliensperre und schloß die Pfarrer von der Verwaltung des Ortskirchenvermögens aus. Nach Gegenorder des Erzbischofs stellte sie diesen sogar für einige Tage unter Hausarrest[121].

Bemühungen, den Konflikt durch direkte Verhandlungen mit Rom zu bereinigen, scheiterten auch hier an den Ständen, die dem 1859 geschlossenen Kon-

---

115 Dazu eingehend *Hagen, August,* Staat und katholische Kirche in Württemberg in den Jahren 1848-1862 (1928), 2 Bde. (KRA 107/108).
116 Dazu *Hagen* I (FN 115), S. 108 ff.; Text ibid. II, S. 236 ff.
117 *Hagen* I (FN 115), S. 148 ff.; II, S. 1 ff., Text bei *Huber-Huber,* Staat und Kirche II, S. 193 ff.
118 Abgedr. bei *Huber-Huber,* Staat und Kirche II, S. 195 ff.; dazu *Hagen* II (FN 115), S. 173 ff.
119 *Hagen* II (FN 115), S. 203 ff.
120 Abgedr. bei *Huber-Huber,* Staat und Kirche II, S. 207 ff., dort auch zum folgenden S. 208 ff.; *Friedberg,* Gränzen, S. 454 ff.
121 *Friedberg,* Gränzen, S. 459 behauptet, daß die Kosten des Konflikts auf kirchlicher Seite aus der österreichischen Staatskasse bestritten worden seien.

kordat die Zustimmung verweigerten. Wie in Württemberg beschritt der Staat nunmehr den Weg einseitiger Gesetzgebung. Ein Bündel von Gesetzen, ergänzt durch Verordnungen[122], regelte das Verhältnis zu beiden Kirchen – gegenüber der katholischen einen Mittelweg zwischen dem gescheiterten Konkordat und überkommenen staatskirchlichen Positionen (namentlich im Stellenbesetzungsrecht[123]) einschlagend.

Auch hier blieb der päpstliche Protest gegen den Konkordatsbruch vergeblich. 1862/64 erfolgte sukzessiv die Verstaatlichung der Schulaufsicht, der katholische Oberkirchenrat wurde aufgehoben. Dies war nur ein erster Schritt auf dem Weg zur Simultanschule. Das "Gesetz den Elementarunterricht betreffend" von 1868 ermöglichte die Umwandlung von Konfessions- in Gemeinschaftsschulen. Ein Gesetz von 1876[124] führte dann endgültig die obligatorische Simultanschule ein.

cc) In Hessen-Darmstadt[125] hatte die Regierung *Dalwigk* mit dem Erzbischof von Mainz *v. Ketteler* 1854 eine Übereinkunft über die strittigen Fragen getroffen[126], die zwar keine formelle Gesetzeskraft erlangte, aber doch zu einer gewissen Beruhigung führte. Schwerer als ein päpstlicher Einspruch gegen einzelne Punkte wog im politischen Kräftespiel indes die Erklärung der – neugewählten – 2. Kammer, sie betrachtete die Konvention als verfassungs- und gesetzwidrig, mithin als rechtsungültig. Sie verlangte ein analoges Vorgehen zu den anderen südwestdeutschen Staaten, nämlich die Regelung durch Staatsgesetz. Ein entsprechender Regierungsentwurf wurde zwar in der 2. Kammer mit erheblichen Modifikationen angenommen, scheiterte aber in der 1. Kammer. Die damit eingetretene Rechtsunsicherheit vergrößerte sich noch, als *Ketteler* 1866 auf den staatlichen Wunsch einging und die Konvention im Einvernehmen mit der Regierung aufhob. Diese erklärte offiziell, künftig nach den Grundsätzen des nicht zustandegekommenen Gesetzes verfahren zu wollen. Obgleich mit dem Wegfall der Konvention an sich die älteren staatskirchlichen Normen wieder anzuwenden waren, machte das Großherzogtum davon nur zurückhaltenden Gebrauch, so daß der Friede vorerst im wesentlichen gewahrt blieb.

---

122 Vier der fünf Gesetze abgedr. bei *Huber-Huber,* Staat und Kirche II, S. 234 ff. Neben der allgemeinen Regelung der rechtlichen Stellung der Kirchen im Staat wurden damit die Notzivilehe verankert, die religiöse Kindererziehung im Regelfall an die Konfession des Vaters gebunden und besondere Straftatbestände wegen "Amtsmißbrauchs" der Geistlichen geschaffen.

123 Einzelheiten bei *Harder* (FN 83), S. 27 f.

124 Abgedr. bei *Huber-Huber,* Staat und Kirche II, S. 743 ff.

125 Dazu *Friedberg,* Gränzen, S. 466 ff.

126 Der Text bei *Huber-Huber,* Staat und Kirche II, S. 274 ff.

dd) Parallel verlief die Entwicklung in Nassau[127]. Auch hier war – in Form einer paktierten Verordnung – eine Konvention zwischen der Regierung und dem Bischof von Limburg zustandegekommen, die auch die Zustimmung der Kurie fand. Wiederum war es die liberale Kammermehrheit, die nach 1863 eine Revision erzwingen wollte. Durch die Eingliederung des Herzogtums wurde dieser Konflikt überholt, die Verordnung von 1861 überdauerte indes die Staatsveränderung.

b) Die evangelische Kirche in den südwestdeutschen Staaten

Mit gewissen Phasenverschiebungen erfolgte auch in Württemberg, Baden und Hessen-Darmstadt die organisatorische Verselbständigung der Landeskirchen und die Ergänzung der Konsistorialverfassung durch presbyterial-synodale Vertretungen.

aa) Das Württembergische Konsistorium[128], das die summepiskopalen Rechte des Königs ausübte, war zunächst in unklarer Kompetenzabgrenzung dem Ministerium des Kirchen- und Schulwesens unterstellt[129]. Die Verordnung von 1867 führte zu einer teilweisen Entflechtung dahingehend, daß beim Ministerium die Kirchenhoheit, beim Konsistorium die innere Kirchengewalt verblieb, freilich im Regelfall ohne direkten Verkehr mit dem Monarchen und unter fortbestehender ministerieller Dienstaufsicht[130].

Nach der Revolution waren auch in Württemberg zunächst Pfarrgemeinderäte eingeführt worden (1851), dann 1854 Diözesansynoden, endlich 1867 eine Landessynode, deren Mitglieder im Filtersystem gewählt wurden[131]. Die Landessynode erhielt das Recht der Gesetzgebung, wobei – nach konstitutionellem Muster – Sanktion und Promulgation dem Landesherrn oblag. Weitergehende Pläne der Verselbständigung, wie sie in einem regierungsamtlichen Entwurf von 1849 entwickelt waren, versandeten in der Reaktionszeit.

---

127 Dazu *Huber-Huber,* Staat und Kirche II, S. 281 ff.

128 Zur älteren Geschichte s. oben S. 27.

129 Als Staatsbehörde hatte es zugleich die Rechte des Staates gegenüber der evangelischen Kirche wahrzunehmen (dazu *Rieker,* Rechtl. Stellung, S. 411). Zusammen mit den 6 Generalsuperintendenten bildete es den Synodus (dazu *Lempp, Wilhelm,* Der württembergische Synodus 1553-1924, 1962), eine eigentümliche Mischung aus summepiskopaler Behörde und geistlichem Leitungsgremium, das im Verhältnis zum Konsistorium teilweise konkurrierende, teilweise ergänzende Kompetenzen besaß (vgl. auch § 75 Württ. Verf. 1819).

130 Abgedr. bei *Huber-Huber,* Staat und Kirche II, S. 378 f.

131 Texte bei *Huber-Huber,* Staat und Kirche II, S. 371 ff.; allg. dazu *Rieker,* Rechtl. Stellung, S. 411 ff., *ders.,* Die rechtliche Stellung der evangelischen Kirche Württembergs in ihrem Verhältnis zum Staat (1887).

Eine eigentümliche Entwicklung nahm das Recht der Ortskirchenvertretung[132]. 1851 waren die Pfarrgemeinderäte noch von der Vermögensverwaltung ausgeschlossen. Diese oblag vielmehr (wie im katholischen Bereich) einem Stiftungsrat als staatlichem Organ. Eine Novellierung 1878 sollte beide Kompetenzbereiche beim – jetzt so genannten – Kirchengemeinderat zusammenfassen. Nachdem dieses Gesetz in der 2. Kammer scheiterte, vertauschte der neue Entwurf von 1887 die Etiketten. Als "Kirchengemeinderat" wurde jetzt praktisch der alte Stiftungsrat perpetuiert, der seiner Zusammensetzung nach eher ein Organ der politischen Gemeinde darstellte. Um die ungute bisherige Doppelung der Vertretung zu beseitigen, wurden durch kirchliches Gesetz von 1888 diesem Kirchengemeinderat die (innerkirchlichen) Funktionen der alten Pfarrgemeinderäte übertragen. Erst das Kirchengemeindegesetz von 1906 machte dieser Anomalie teilweise ein Ende[133].

bb) In Baden hatte der seit 1807 bestehende Oberkirchenrat ebenfalls in Unterordnung unter das Innenministerium das Kirchenregiment, seit 1843 auch die Kirchenhoheitsrechte ausgeübt. Durch das Gesetz von 1860[134], das den Kirchen die "freie und selbständige Ordnung und Verwaltung ihrer Angelegenheiten" gewährleistete, wurde er nunmehr unmittelbar zu einem Organ des Summepiskopats. Die Kirchenverfassung von 1861[135] gab der (unierten) Kirche dann eine der altpreußischen ähnliche Gestalt. Allerdings sollte das Kirchenvermögen unter gemeinsamer Verwaltung von Kirche und Staat stehen[136]. Das bedeutete, daß in den Kirchengemeinderäten die politische Gemeinde vertreten sein mußte und daß der Oberkirchenrat hinsichtlich der Vermögensverwaltung die Stellung einer Staatsbehörde einnahm[137]. Aus diesem Grund bedurften seine Mitglieder der Genehmerklärung durch die Regierung.

cc) Die Entwicklung im Großherzogtum Hessen verlief parallel. Allerdings waren hier bereits 1832 Kirchenvorstände eingeführt worden – ebenfalls als kommunale Aufsichtsorgane der Unterstufe[138]. Im Zuge der Verselbständigung

---

132 *Rieker,* Rechtl. Stellung, S. 414 f.
133 Abgedr. Allg. Kirchenbl. f. d. evang. Deutschland 57 (1908), S. 475 ff. – in Verbindung mit dem Änderungsgesetz zum Gesetz von 1887 (ibid. S. 466 ff.).
134 S. o. FN 122; allg. zum folgenden *Liermann, Hans,* Die vereinigte evangelisch-protestantische Kirche des Großherzogtums Baden im konstitutionellen Staat 1818-1918, in: *Erbacher* (Hrsg.), Vereinigte evangelische Landeskirche in Baden 1821-1971 (1971), S. 521 ff.; *Friedrich, Otto,* Einführung, S. 148 ff.
135 Abgedr. bei *Huber-Huber,* Staat und Kirche II, S. 363 ff.; novelliert 1867, 1871, 1881, 1891.
136 VO v. 28.2.1862, abgedr. *Huber-Huber,* Staat und Kirche II, S. 389 f.
137 *Rieker,* Rechtl. Stellung, S. 417 f.
138 Ihnen gehörten Pfarrer und Bürgermeister als geborene Mitglieder an, die übrigen Mitglieder waren teils kooptiert, teils vom Gemeinderat deputiert; dazu ausführlich

nach 1848[139] erging 1874 eine Kirchenverfassung[140], die die konsistorialen und presbyterialen Elemente in der üblichen Weise verknüpfte. Die Vermögensverwaltung blieb freilich unter staatlicher Aufsicht, insoweit unterstand auch hier das Oberkonsistorium den Ministerien des Innern und der Justiz. In der Mittelstufe waren hierzu die staatlichen Behörden unter Mitwirkung der Dekane berufen, auf der Unterstufe die – nunmehr kirchlich gebildeten – Kirchenvorstände[141].

4. Sachsen

a) Die Rechtsstellung der evangelischen Kirche

Seit der Konversion *Augusts I. (des Starken)* zum Katholizismus (1697) bildete das Land einen Musterfall für die Regelung der evangelischen Kirchenverhältnisse bei Konfessionswechsel des Landesherrn. Danach blieb dieser nur formell Inhaber des Summepiskopats, dessen Ausübung zunächst dem evangelischen Geheimratskollegium, seit 1840 den in evangelicis beauftragten Staatsministern (Justiz-, Kultus-, Finanz-, Innenminister) oblag[142]. Damit war der zunächst noch verhältnismäßig starke Einfluß des Monarchen[143] zugunsten einer parlamentarischen Bindung zurückgedrängt.

Gleichzeitig erfuhr auch die herkömmliche Konsistorialverfassung eine tiefgreifende Umgestaltung. Ober- und Unterkonsistorium (Dresden und Leipzig) wurden aufgehoben. An die Stelle des ersten trat ein Landeskonsistorium als geistliche Leitungsbehörde[144], in der Mittelstufe übernahmen besondere Kirchen- und Schuldeputationen bei den Kreisdirektionen die konsistorialen Aufgaben. Dieser der verfassungsrechtlich gewährleisteten Autonomie widersprechen-

---

Friedrich, Julius, Kirchenrecht der evangelischen Kirche im Großherzogtum Hessen, 2 Bde. Darmstadt (1911/14), I, S. 89 ff.

139 VO v. 14.11.1849, abgedr. *Huber-Huber,* Staat und Kirche II, S. 392 ff.

140 Abgedr. *Huber-Huber,* Staat und Kirche II, S. 1027 ff.; dazu *Friedrich* (FN 138) S. 94 ff.; Nachw. über spätere – die Grundlagen nicht mehr verändernde – Revisionen bei *Friedberg,* Verf. Gesetze, Ergbd. 1, S. 139 ff., Ergbd. 2, S. 85 ff., 90 f.

141 *Friedrich* (FN 138), I, S. 258 ff., 436 ff.; II, S. 101.

142 Zum älteren Rechtszustand grundlegend *von Weber, Carl Gottlieb,* Systematische Darstellung des im Königreiche Sachsen geltenden Kirchenrechts, 2 Bde., 2. Aufl. Leipzig (1843), I, S. 83 ff.

143 Dazu *Friedberg,* Verf. Recht S. 117; federführend war der Vorstand des Kultusministeriums.

144 Allerdings in Unterordnung unter den Kultusminister.

de Zustand fand erst 1873 sein Ende[145]. Nunmehr entstand das Landeskonsistorium als oberstes kirchenregiminales Organ neu, während die bisherige Behörde dem Kultusministerium eingegliedert wurde. Beim Ministerium verblieben also nur die iura circa sacra, das Oberaufsichtsrecht. Obwohl den Ministern in evangelicis in Ausübung der iura in sacra nominell unterstellt, erlangte das neue Landeskonsistorium de facto doch eine weitgehend unabhängige Stellung[146]. In der Mittelstufe löste das Gesetz die Verbindung zur staatlichen Kreisbehörde indes nur teilweise. Der Amtshauptmann als weltlicher Koinspektor bildete – in systemfremder Weise[147] – mit dem Superintendenten die sog. Kircheninspektion[148]. Auf Gemeindeebene nahm der Kirchenvorstand umfassend die Verwaltungsagenden wahr.

Die synodal-presbyteriale Ergänzung der Kirchenverfassung war bereits 1868 erfolgt[149]. Trotzdem blieb die Evangelische Kirche hier durch das Instrument der in evangelicis amtierenden Minister stärker als andere Landeskirchen mit der Staatsorganisation verbunden[150].

b) Die katholische Kirche

Die katholische Kirche, die bereits seit 1807 im Verhältnis zur evangelischen Landeskirche (des lutherischen Landes) eine paritätische Rechtsstellung einnahm, wurde als Missionsgebiet von einem apostolischen Vikar (und Titularbischof) geleitet. Dieses Amt war seit 1844 mit dem eines Dekans des Bautzener Domstifts vereinigt. Auch sie unterstand der Oberaufsicht der Staatsregierung[151]. Gewissen Beschränkungen unterlag sie nur im Hinblick auf Neugründung von

---

145 Das Kirchengesetz vom 15. und das Staatsgesetz vom 16.4.1873 abgedr. bei *Friedberg,* Verf. Gesetze, S. 377 ff.

146 *Friedberg,* Verf. Recht, S. 117. – Eine kurze Übersicht über den nunmehr geltenden Verfassungszustand bei *Dibelius,* Art. "Sachsen, Königreich, kirchlich-statistisch", in Realencyklopädie f. protestant. Theologie u. Kirche, 3. Aufl., hrsg. v. *A. Hauck,* Bd. 17 (1906), S. 315 ff. (316 f.); *Rieker,* Rechtl. Stellung, S. 408 f.

147 *Friedberg,* Verf. Recht, S. 185.

148 Ausnahmen galten in der Oberlausitz, dazu *Dibelius* (FN 146).

149 Kirchenvorstands- und Synodalordnung v. 30.3.1868, abgedr. bei *Huber-Huber,* Staat und Kirche II, S. 354 ff.

150 *Rieker,* Rechtl. Stellung, S. 409 f.

151 Dazu *Langer, Gottfried,* Landesherrliches Patronatsrecht und staatliches Oberaufsichtsrecht gegenüber der katholischen Kirche Sachsens, (1929); kritisch dazu und zu recht gegen dessen These von einer kirchlichen Anerkennung der – weitgehenden – Inanspruchnahme landesherrlicher Patronatsrechte *Harder* (FN 83), S. 43 f.

Ordensniederlassungen und der Gültigkeit von Verpflichtungen zu katholischer Kindererziehung in Mischehen[152].

5. Staatskirchenrechtliche Sonderentwicklungen

Zu erwähnen sind noch einige Besonderheiten der staatskirchenrechtlichen Entwicklung[153]. Die Extreme markieren hier einerseits Oldenburg, andererseits die beiden Mecklenburg.

a) Oldenburg

In Oldenburg hatte die Generalsynode das Staatsgrundgesetz von 1849 mit der darin proklamierten Selbständigkeit der Religionsgesellschaften beim Wort genommen und eine institutionelle Trennung vom Staat beschlossen, das landesherrliche Kirchenregiment beseitigt, und eine "demokratisierte" Kirchenorganisation mit einem der Synode voll verantwortlichen Oberkirchenrat geschaffen[154]. Daß hier mehr politischer Zeitgeist als reformatorisches Gedankengut Pate stand, zeigt nicht nur die bewegte Entstehungsgeschichte[155] des Kirchenverfassungsgesetzes von 1849, sondern auch dessen beredtes Schweigen über eine Bekenntnisgrundlage[156]. Die Regierung bestand daraufhin auf einer kirchlichen Beitragsregelung und stellte die staatliche Finanzierung weitgehend ein. Nicht zuletzt die dadurch ausgelösten Probleme führten dazu, daß die vom Großherzog durchgesetzte Revision auf keinen ernsthaften Widerstand stieß. Das Kirchenverfassungsgesetz von 1852[157] stellte nunmehr wieder einen Rechtszustand her, der dem der anderen Landeskirchen im wesentlichen entsprach.

---

152 Einzelheiten bei *Dibelius* (FN 146), S. 317.
153 Zu der im einzelnen differierenden Stellung der *katholischen Kirche* in den deutschen Kleinstaaten vgl. *Freisen, Joseph,* Staat und katholische Kirche in den deutschen Bundesstaaten: Lippe, Waldeck-Pyrmont, Anhalt, Schwarzburg-Rudolstadt, Schwarzburg-Sondershausen, Reuss-Greiz, Reuss-Schleiz, Sachsen-Altenburg, Sachsen-Coburg und -Gotha. (1906), 2 Bde. = KRA (FN 59) 27-29.
154 Dazu *Rieker,* Rechtl. Stellung, S. 422 f.; *Huber-Huber,* Staat und Kirche II, S. 341.
155 *Rieker,* Rechtl. Stellung, ebendort.
156 Es proklamierte vielmehr auch innerkirchlich die volle "Glaubens- und Gewissensfreiheit".
157 Abgedr. bei *Huber-Huber,* Staat und Kirche II, S. 342 ff.

80

b) Beide Mecklenburg

Demgegenüber war die kirchenpolitische Entwicklung an den beiden mecklenburgischen Großherzogtümern[158] nahezu völlig vorbeigegangen. Hier führten die Landesherren das Kirchenregiment auf der Grundlage der Kirchenordnungen von 1572 und 1608 als Teil der Staatsgewalt ohne jede kirchliche Vertretung. Das einzige Zugeständnis bildete die Errichtung eigener Staatsbehörden, des Oberkirchenrats in Schwerin und des Konsistoriums in Strelitz, beide blieben jedoch den jeweiligen Ministerien nachgeordnet.

c) Die Hansestädte

Auch in den Hansestädten[159] blieb, mit Abstufungen im einzelnen, das senatorische Kirchenregiment bestehen. Am ehesten hatte sich Hamburg der allgemeinen Entwicklung geöffnet. Hier führten – nach mehreren Anläufen – die Kirchenverfassungen von 1870 und 1883 zwar presbyteriale und synodale Verfassungselemente ein, auch erhielt die evangelische Kirche im Kirchenrat ein eigenes Leitungsorgan, allen diesen Gremien gehörten aber Senatsvertreter als geborene Mitglieder an, so daß von einer eigenständigen kirchlichen Organisation nicht die Rede sein konnte.

Noch enger war die Verbindung in Lübeck geblieben. Hier nahm der Senat – ebenso wie in Bremen – die kirchenregiminalen Rechte unmittelbar in Anspruch, eine synodale Vertretung bestand nicht, nur in den Kirchenvorständen zeigten sich Ansätze zu kirchlicher Eigenverwaltung. In Bremen[160] hatte die Landeskirche im 19. Jahrhundert ihren reformierten Charakter verloren. Vornehmlich seit der von theologischem Rationalismus und Liberalismus geleiteten Kirchenpolitik Bürgermeister *Smidts* (1821-57) erstarkte die Gemeindefreiheit so sehr, daß sich die Kirche in ein Bündel autonomer Gemeinden mit unterschiedlichem Bekenntnisstand aufzulösen drohte. Verbindende Klammer blieb jedoch das Kirchenregiment des Senats, der von seinem "Episkopalrecht" gelegentlich in spektakulärer Weise Gebrauch machte. So wurde nicht nur der (politisch freilich unbequeme) Pfarrer *Dulon* wegen Irrlehre seines Amtes entsetzt, noch 1905 erklärte

---

158 Dazu *Rieker,* Rechtl. Stellung, S. 419 ff.
159 Dazu und zum folgenden *Rieker,* Rechtl. Stellung, S. 442 ff., 446 ff., 449 ff.
160 *Bergemann, Hans Georg,* Staat und Kirche in Bremen, Zeitschr. f. ev. Kirchenrecht 9 (1962/62), S. 228 ff. (232 ff.); *ders.,* Aspekte zur bremischen Kirchenverfassung, Zeitschr. f. ev. Kirchenrecht 14 (1968/69), S. 307 ff. (319 ff.); *Link,* Die "unbeschränkte" Glaubens-, Gewissens- und Lehrfreiheit der Gemeinden im bremischen Kirchenrecht, Zeitschr. f. ev. Kirchenrecht 26 (1981), S. 217 ff. (226 ff.) – jeweils m. eing. Nachw.

der Senat nicht rite (d.h. unter Verwendung der trinitarischen Formel) vollzogene Taufen des Pfarrers *Mauritz* für ungültig! – Eine besondere Entwicklung hatte in Bremen auch der Religionsunterricht genommen. Schon um die Jahrhundertmitte wurde er an den öffentlichen Schulen als bekenntnismäßig nicht gebundener Unterricht in Biblischer Geschichte erteilt[161]. Eine Initiative der bremischen Lehrerschaft von 1905[162] forderte die gänzliche Verbannung von der Schule und löste damit eine allgemeine Debatte in Deutschland aus[163]. Noch heute hat dieser Streit seine Spuren in der "Bremer Klausel" des Art. 141 GG hinterlassen.

6. Die evangelischen Einigungsbemühungen

Die Versuche, den deutschen Protestantismus über die Kleinräumigkeit von Landeskirchen und Bekenntnisgrenzen hinweg zu einigen[164], verliefen in deutlicher Parallelität zur Entwicklung des nationalen Einigungswerks. Getragen vom Schwung der Achtundvierzigerbewegung kamen in Wittenberg Männer aus allen evangelischen Kirchen zusammen – ohne amtliches Mandat. Dieser Wittenberger Kirchentag, dessen Präsidenten der Geheime Oberregierungsrat von *Bethmann Hollweg* und *Friedrich Julius Stahl* waren, hatte sich die Gründung eines Kirchenbundes zum Ziel gesetzt. Die konstituierende Versammlung sollte mit Abgeordneten aller evangelischen Kirchengemeinschaften beschickt werden.

Zwar kam es nicht dazu, immerhin ging aber von einer berühmt gewordenen Rede *Johann Hinrich Wicherns* der Anstoß zur Gründung des "Zentralausschusses für Innere Mission" aus, eines bis 1945 freien Verbandes, der die weitgespannte diakonische und missionarische Arbeit der Kirchen zusammenfaßte und zu erheblicher sozialer Wirksamkeit führte[165]. Der Kirchentag trat zwar periodisch weiter zusammen, verlor indes bald an Bedeutung.

---

161 *Wulff, Heinrich,* Geschichte und Gesicht der bremischen Lehrerschaft (1950), Bd. 1; *ders.,* Geschichte der bremischen Volksschulen (1976), S. 173 ff.

162 Abgedr. bei *Huber-Huber,* Staat und Kirche III, S. 173 ff.

163 Vgl. die Prorektoratsrede von *Troeltsch, Ernst,* Die Trennung von Staat und Kirche, der staatliche Religionsunterricht und die theologischen Fakultäten (1907).

164 Dazu *Schubert, Ernst,* Die deutsch-evangelischen Einheitsbestrebungen vom Beginn des 19. Jahrhunderts bis zur Gegenwart (1919); *Bredt,* Kirchenrecht I, S. 579 ff., III, S. 324 ff.; *Grundmann, Siegfried,* Der lutherische Weltbund (1957), S. 129 ff.; *Wilkens, Erwin,* Art.: Evangelische Kirche in Deutschland, in: Evangel. Staatslexikon, 3. Aufl. Stuttgart-Berlin 1987, Sp. 816 ff.; *Brunotte, Heinz,* Die Evangelische Kirche in Deutschland (1964), S. 11 ff.; *Frost, Herbert,* Strukturprobleme evangelischer Kirchenverfassung (1972), S. 486 ff.; *Huber-Huber,* Staat und Kirche II, S. 291 ff., III, S. 540 ff. (Dokumente).

165 Die Auseinandersetzungen um die soziale Frage im deutschen Protestantismus können hier nicht behandelt werden. Dazu *Huber,* Verfassungsgeschichte IV, S. 865 ff.;

Die Initialzündung veranlaßte indes die Kirchenleitungen, ihrerseits eine "Einigung von oben" in Angriff zu nehmen. 1852 konstitutierte sich in Eisenach die "Konferenz deutscher evangelischer Kirchenregierungen" zunächst noch als lose organisierte Verbindungsstelle. Im Lutherjahr 1886 kam es zur Gründung des Evangelischen Bundes, in dem zwar das Kulturkampferbe fortwirkte, der aber gerade deshalb die Notwendigkeit eines engeren Zusammenschlusses der evangelischen Kirchen propagierte. Seine Initiative von 1899 (unter Mitwirkung des bedeuenden Bonner Staats- und Kirchenrechtslehrers *Wilhelm Kahl*) und eine solche der Preußischen Generalsynode veranlaßten die Eisenacher Konferenz 1903, einen bereits bestehenden Ausschuß als Deutschen Evangelischen Kirchenausschuß neu zu konstituieren.

Er bildete das erste gemeinsame und ständige Organ des gesamtdeutschen Protestantismus und wurde damit zum Vorläufer der EKD.

III. Der Kulturkampf im Reich und in den deutschen Einzelstaaten

1. Das Reich und Preußen

Die vielfältigen Konflikte zwischen Staat und katholischer Kirche – namentlich nach 1849 – bildeten nur das Vorspiel zu jener umfassenden Konfrontation, der *Rudolf von Virchow* mit dem ebenso einprägsamen wie treffenden Schlagwort vom "Kulturkampf", den Namen gegeben hatte[166]. Es war der fast unvermeidli-

---

Huber-Huber, Staat und Kirche III, S. 592 ff. (Fall *Stoecker*), 691 ff.; *Karrenberg, Friedrich,* Geschichte der sozialen Ideen im deutschen Protestantismus, in: *Grebing H.* (Hrsg.), Geschichte der sozialen Ideen in Deutschland (1969), S. 561 ff. (Lit.); *Beyreuther, Erich,* Geschichte der Inneren Mission und Diakonie (1962); *Pollmann, Klaus E.,* Landesherrliches Kirchenregiment und soziale Frage (1973) = Veröff. d. Hist. Komm. Berlin (1944); *Brakelmann, Günter,* Kirche, soziale Frage und Sozialismus ... 1871-1914 (1977); Zur Geschichte der sozialen Frage in der katholischen Kirche *Klüber, Franz,* Katholische Gesellschaftslehre I (1968 – Lit.); *Huber-Huber,* Staat und Kirche III, S. 273 ff.; *Iserloh, Erwin,* Die soziale Aktivität der Katholiken im Übergang von caritativer Fürsorge zur Sozialreform (1975). – Ein eindrucksvoller Vergleich beider Konzeptionen bei *Meinhold, Peter,* Wichern und Ketteler, Evangelische und katholische Prinzipien kirchlichen Sozialhandelns (1978).

166 Aus der kaum noch überschaubaren Literatur: *Bachem, Julius,* Preußen und die katholische Kirche, 5. Aufl. (1887); *Kißling, Johannes B.,* Geschichte des Kulturkampfs im deutschen Reich 3 Bde. (1911-16); *Heckel, Joh.,* Beilegung des Kulturkampfs, S. 454 ff.; *Bornkamm, Heinrich,* Die Staatsidee im Kulturkampf (1950); Neudr. (1969), *Franz, Georg,* Kulturkampf (1955); Die Vorgeschichte des Kulturkampfs, Quellenveröff. a. d. dt. Zentralarchiv, bearb. v. *Constabel, Adelheid,* (1956); *Morsey, Rudolf,* Bismarck und der Kulturkampf, Archiv f. Kulturgeschichte

che Zusammenprall zweier Mächte, die sich beide durch ihr Selbstverständnis gehindert sahen, die jeweils andere als das gelten zu lassen, was sie zu sein beanspruchte: Der Staat als "Wirklichkeit der sittlichen Idee" mit der Behauptung einer Bildungsmacht – auch und gerade in ihrer kulturstaatlichen[167] Dimension –, eingeschlossen in das Prinzip des Rechtsstaats als "Einheit der Anstalten zur Förderung sämtlicher Lebenszwecke" (*Robert v. Mohl*), und die Kirche, die sich gegen die Eingliederung in einen säkular verstandenen und darum staatlich beherrschten Kulturbereich verwahren mußte, ja sich ihrerseits als eigenständige, aus eigenem Recht lebende Ordnungsmacht, als sich selbst genügende societas perfecta begriff und sich darum anschickte, die drückenden Fesseln des alten Staatskirchentums abzustreifen. Insofern war der Kulturkampf auch ein Kampf um die Grenzen der Wirksamkeit des Staates (*J. Heckel*). Andererseits widersetzte sich die Kirche hartnäckig der Auflösung jener alten staatlich-kirchlichen Symbiose dort, wo es um die Erhaltung und Sicherung (auch durch staatlichen Rechtszwang) einer überkommenen katholisch geprägten Gesellschaftsordnung ging. Hier geriet sie in zunehmenden Gegensatz zuerst zu den paritätisch ausgeweiteten Religionsfreiheitsgarantien, später zu den Säkularisierungstendenzen der modernen Industriegesellschaft[168]. Diese doppelte Frontstellung verbietet nicht nur, Licht und Schatten in diesem Ringen allzu einseitig zu verteilen, sie erklärt auch, daß einige Kulturkampfergebnisse zum bleibenden Besitz eines freiheitlichen Staatskirchenrechts gehören.

Die Gründe für den Ausbruch des Konflikts sind vielschichtig. Sie liegen auf innen- wie außenpolitischem Gebiet. Auf eine Darstellung der letzteren muß hier verzichtet werden. Innenpolitisch war ein treibendes Motiv für *Bismarck* die Sicherung des Einigungswerkes gegen die "Reichsfeinde". Es schien gefährdet, als sich die Zentrumspartei nach 1870 zu einer Abwehrfront gegen den Liberalismus formierte und sich in diese Front bald auch andere (polnische und welfische) Oppositionsgruppen eingliederten. Gerade das zeitweilige Bündnis *Bismarcks*

---

39 (1957), S. 232 ff.; *ders.*, Probleme der Kulturkampfforschung, Hist. Jahrb. d. Görresges. 83 (1964), S. 217 ff.; *Schmidt-Volkmar, Erich,* Der Kulturkampf in Deutschland 1871-1890 (1962); *Buchheim, Karl,* Ultramontanismus und Demokratie (1963); *Feine,* Kirchl. Rechtsgeschichte, S. 676 ff.; *Huber,* Verfassungsgeschichte IV, S. 645 ff.; *Huber-Huber,* Staat und Kirche II, S. 395 ff.; *Weber, Christoph,* Kirchliche Politik zwischen Rom, Berlin und Trier (1970); *Lill, Rudolf,* Die Wende im Kulturkampf, Leo XIII., Bismarck und die Zentrumspartei 1876-80 (1973); *ders.,* Art. "Kulturkampf", HRG II, Sp. 1246 ff. – Vatikanische Akten zur Geschichte des Deutschen Kulturkampfs, Leo XIII., Teil 1 (1878-1880), i.A. d. Dtsch. Hist. Instituts i. Rom bearb. v. *Lill, Rudolf* (1970).

167 *Huber, Ernst Rudolf,* Zur Problematik des Kulturstaats (1958); *ders.,* Verfassungsgeschichte IV, S. 637 ff.

168 *Heckel, M.,* Säkularisierung, S. 54 ff.

mit den Nationalliberalen sollte die hier liegenden Sprengsätze entschärfen. Dazu kam die Sorge vor einer fremdgesteuerten "Priesterherrschaft", die den Staat nicht mehr "Herr im eigenen Haus" bleiben ließ. Derartige Befürchtungen hatten namentlich durch den "Syllabus errorum"[169] *Pius' IX.* von 1864 Auftrieb erhalten, in dem die politischen Zeitströmungen ebenso wie Religionsfreiheit, Wissenschaftsfreiheit, staatliche Schulhoheit und die Staatskirchenhoheit eine prinzipielle Verwerfung erfuhren, dann aber auch durch das in seinen politischen Auswirkungen maßlos überschätzte Unfehlbarkeitsdogma des I. Vatikanum (1870)[170].

Nachdem die meisten Bischöfe sich den Vatikanischen Beschlüssen unterworfen hatten, entbrannten mit zunehmender Schärfe erste Konflikte um das kirchendisziplinarische Vorgehen gegen Infallibilitätsgegner in Staatsämtern durch Bischof *Krementz* von Ermland. Die Regierung Preußens verweigerte nicht nur Abberufung und Ersatzgestellung, sondern konterte die excommunicatio maior gegen Religionslehrer und Theologieprofessoren mit der Temporaliensperre[171]. Aufhebung der katholischen Abteilung in Kultusministerium (1871)[172] und der Wechsel im Kultusministerium von dem konservativen und eher bedächtigen *v. Mühler* zu dem agilen und kämpferischen Nationalliberalen *Falk* (Anfang 1872) legten den Keim zu neuen Spannungen. Die Schulfrage, deren Virulenz bereits in Baden sichtbar geworden war, geriet nun auch in Preußen zu einem zentralen Thema. Das Schulaufsichtsgesetz von 1872 schaltete die geistliche Schulaufsicht zwar nicht voll aus, verwandelte sie aber in einen staatlich erteilten und widerrufbaren Amtsauftrag[173]. Der bischöfliche Protest nahm an Schärfe zu.

---

169 Text: *Mirbt,* Quellen, S. 450 ff. (lat.); *Huber-Huber,* Staat und Kirche II, S. 400 ff. (deutsch).

170 Constitutio dogmatica I. de ecclesia Christi ("Pastor aeternus") v. 18. Juli 1870; Text: *Mirbt,* Quellen, S. 461 ff., bes. 464-66 (lat.); *Huber-Huber,* Staat und Kirche II, S. 421 ff., bes. 425-27 (deutsch). – Sie provozierte zunächst freilich in den katholischen Staaten eine weit schärfere Reaktion. Bayern bemühte sich – vergeblich –, durch eine gemeinsame diplomatische Aktion der deutschen und europäischen Regierungen die Dogmatisierung zu verhindern. Österreich nahm die Konstitution zum Vorwand der Kündigung des Konkordats von 1855 (wegen angeblichen Identitätswechsels des Vertragspartners!). Preußen hielt sich dagegen zurück, sicherte nur der breiten bischöflichen Opposition staatlichen Schutz zu. Im Gegensatz zu Baden und Bayern hielt es auch eine Plazetur der Publikation als innerkirchliche Angelegenheit für nicht erforderlich.

171 Aktenstücke bei *Huber-Huber,* Staat und Kirche II, S. 460 ff.

172 S. o. S. 69.

173 Das Gesetz vom 11.3.1872 und der dieses begleitende Durchführungserlaß des Kultusministers *Falk* bei *Huber-Huber,* Staat und Kirche II, S. 530 f. Am 15.6. des gleichen Jahres wurden Ordensangehörige vom Schuldienst ausgeschlossen (ibid. S. 543 ff.).

Das Vorgehen des Reichs und Preußens verband sich nun wie Schuß und Kette. Schon 1870 war (auf Antrag Bayerns) das StGB um den sog. Kanzelparagraphen (§ 130 a) ergänzt worden. Die päpstliche Verweigerung des (kirchenrechtlichen) nihil obstat für den als Gesandten des Reichs vorgesehenen Kardinal *Hohenlohe* (1872) ließ die Vatikangesandtschaft verweisen; deren formelles Ende (1874) besiegelte dann den diplomatischen Bruch. Der Jesuitenorden wurde im Reich verboten[174].

Einen ersten Höhepunkt erreichte der Kulturkampf mit dem Erlaß der preußischen Maigesetze (1873). Die verfassungsrechtlichen Voraussetzungen schuf die Änderung der Kirchenartikel 15 und 18 der Verf. Urkunde 1850[175]. Die Maigesetze reglementierten die Klerikerausbildung, unterwarfen die Amtsübernahme einer Anzeigepflicht (mit staatlichem Einspruchsrecht), verlangten nach badischem Vorbild den Nachweis wissenschaftlicher Bildung, das sog. Kulturexamen[176]. Die kirchliche Disziplinargewalt wurde in ihren Strafmitteln begrenzt[177], an feste Verfahrensregeln gebunden und darüber hinaus generell der Rekurs an einen neugeschaffenen staatlichen Gerichtshof eröffnet. Zudem konnten Geistliche durch Urteil wegen Verstoßes gegen die Staatsgesetze von ihren Ämtern entfernt werden[178]. Das preußische Kirchenaustrittsgesetz[179] begründete die Möglichkeit eines Kirchenaustritts in der noch heute geltenden Form und überdauerte den Konflikt.

Indessen formierte sich auch der Widerstand. Als Rufer im Streit standen Kurie und Episkopat längst nicht mehr allein. Die parlamentarische Opposition des Zentrums fand breite Unterstützung im katholischen Volk, namentlich in

---

174 ReichsG betr. den Orden der Gesellschaft Jesu v. 4.7.1872 (*Huber-Huber,* Staat und Kirche II, S. 547).

175 S. o. FN 28.

176 G über die Vorbildung und Anstellung der Geistlichen v. 11.5.1873 (*Huber-Huber,* Staat und Kirche II, S. 594 ff.).

177 G über die Grenzen des Rechts zum Gebrauche kirchlicher Straf- und Zuchtmittel v. 13.5.1873 (*Huber-Huber,* Staat und Kirche II, S. 608 f.). – Seine Brisanz lag zunächst darin, daß es alle Disziplinierungen mit nicht allein innerkirchlicher Wirkung unter Strafe stellte. Darunter fiel expressis verbis auch die "bürgerliche Ehre", die nach staatlicher Ansicht durch den großen Bann verletzt wurde (dazu *Link,* Art. "Bann" V, in: Theolog. Realenzyklopädie, hrsg. v. *G. Krause* (†), *G. Müller,* Bd. 5 (1980), S. 182 ff.). Darüber hinaus untersagte es aber auch generell *jede* Kirchenstrafe wegen der Befolgung staatlicher Anordnungen oder wegen eines bestimmten Wahl- oder Abstimmungsverhaltens bzw. deren Androhung.

178 G über die kirchliche Disziplinargewalt und die Errichtung des Königlichen Gerichtshofes für kirchliche Angelegenheiten v. 12.5.1873 (*Huber-Huber,* Staat und Kirche II, S. 602 ff.).

179 G betr. den Austritt aus der Kirche v. 14.5.1873 (*Huber-Huber,* Staat und Kirche II, S. 610 f.).

dem seit der Jahrhundertmitte aufgeblühten Vereinswesen. Der 1872 gegründete Verein der deutschen Katholiken verstand sich als Kampfbund für Kirchenfreiheit, gegen "Staatswillkür". Auch der deutsche Katholikentag reihte sich in die Front ein. Alle diese Kräfte bündelten sich zu einer breiten Protestbewegung, die die Durchsetzbarkeit der staatlichen Maßnahmen in Frage stellte und gerade deshalb deren Eskalation provozierte. Die Drohung des Episkopats mit der Aufkündigung des Gehorsams[180] fand ihre Entsprechung in passiver Resistenz auf unterer Ebene. Trotz Strafdrohung unterblieben Amtsanzeigen, die Theologiestudenten meldeten sich nur zu einem kleinen Teil zum "Kulturexamen". Wegen Nichtbefolgung der Gesetze erklärte der Staatsgerichtshof die Hälfte der preußischen Erzbischöfe und Bischöfe für abgesetzt[181], nachdem bereits vorher eine Reihe von ihnen zeitweilig in Haft genommen worden waren. Zahlreiche Priester wanderten ins Gefängnis.

Ein von päpstlicher Seite in provozierender Form geführter Briefwechsel mit *Wilhelm I.* verschärfte die Situation[182]. Mit der Enzyklika "Quod nunquam" vom 15. Februar 1875[183] erklärte *Pius IX.* die Kulturkampfgesetzgebung insgesamt für nichtig. Nachdem das Personenstandsgesetz vom 6. Februar bereits die obligatorische Zivilehe eingeführt hatte, antwortete die Regierung 1875 mit dem sog. Brotkorbgesetz[184]. Es verhängte eine Temporaliensperre über Kleriker, die sich nicht zur Beachtung der Gesetze verpflichteten. Die wenigen "Staatspfarrer", die darauf eingingen[185], waren bald innerhalb der katholischen Bevölkerung isoliert. Wenige Wochen später erfolgte die Auflösung der Orden. Bleibende Bedeutung erlangten (neben Personenstands-, Schulaufsichts- und Kirchenaustrittsgesetz) nur das Gesetz über die Vermögensverwaltung in den katholischen Kirchengemeinden vom 20. Juni 1875 und dasjenige über die staatlichen

---

180 Fuldaer Bischofsdenkschrift vom 20.9.1872 (abgedr. *Huber-Huber,* Staat und Kirche II, S. 563 ff.); Eingabe und Denkschrift des preußischen Episkopats gegen die Maigesetzentwürfe v. 30.1.1873 (*Huber-Huber,* Staat und Kirche II, S. 581 ff.); Erklärung der Nichtbefolgung dieser Gesetze am 26.5.1873 (*Huber-Huber,* Staat und Kirche II, S. 612 f.).

181 Die Erzbischöfe von Posen-Gnesen (1874) und Köln (1876), der Fürstbischof von Breslau (1875), die Bischöfe von Paderborn (1875), Münster (1876) und Limburg (1877). Da zunächst 2, später 3 Sitze durch Tod vakant waren, amtierten 1878 nur noch drei Bischöfe.

182 Abgedr. *Huber-Huber,* Staat und Kirche II, S. 616 ff.

183 Text bei *Mirbt,* Quellen, S. 471 ff. (lat.); *Huber-Huber,* Staat und Kirche II, S. 651 ff. (deutsch).

184 Abgedr. *Huber-Huber,* Staat und Kirche II, S. 656 ff.

185 Nur 24 von insgesamt 4000 preußischen Priestern (*Huber-Huber,* Staat und Kirche II, S. 656).

Aufsichtsrechte bei der diözesanen Vermögensverwaltung vom 7. Juni 1876[186]. Das erste bemühte sich, den evangelischen presbyterialen Gedanken auch der katholischen Parochie zu implantieren. Es ordnete die Wahl von Kirchenvorständen und Gemeindevertretungen an, denen die Vermögensverwaltung oblag. Obwohl eine derartige dezisive Laienbeteiligung dem kanonischen Recht widersprach, überdauerte es zunächst sogar die Staatsumwälzung von 1918[187].

Eine letzte Zuspitzung erfuhr der Kampf durch die Aufhebung der verfassungsrechtlichen Kirchenfreiheitsgarantien[188]. *Bismarck* ventilierte allen Ernstes den Plan, den Papst für den preußischen Jurisdiktionsbereich "abzusetzen"[189].

Erst der Wechsel im Pontifikat (1878) entspannte die Lage[190]. *Bismarck*, der die Widerstandskraft der Kirche unterschätzt hatte, lenkte vorsichtig ein[191]. Nach langwierigen Verhandlungen kam es zunächst zu einer elastischeren Handhabung des gesetzlichen Instrumentariums. Eine "diskretionäre Lösung" die der Regierung einen erweiterten Ermessensspielraum bei der Gesetzesanwendung einräumte, befriedigte jedoch keine Seite. Erst nach 1882 erfolgte ein schrittweiser Abbau der Kulturkampfgesetzgebung[192]. Er ermöglichte die Wiederbesetzung der vakanten Bistümer. Mit diplomatischer Meisterschaft verbesserte *Bismarck* durch das Angebot der Schiedsrichterrolle im Karolinenstreit (1885) an *Leo XIII.* das politische Klima soweit, daß beiderseits eine ehrenvolle Beilegung des Streites erfolgen konnte[193]. Allerdings bestand er auf einem einseitigen staatlichen Vorgehen. Die Friedensgesetze von 1886 und 1887[194] fanden gleichwohl

---

186 Abgedr. *Huber-Huber,* Staat und Kirche II, S. 662 ff. und 674 ff.

187 Der hier verwirklichte Grundsatz der Laienbeteiligung ist – freilich unter Wegfall der staatlichen Aufsichtsrechte – bis zur Gegenwart wirksam geblieben.

188 Am 18. Juni 1875 (s. o. FN 30).

189 Dazu *Huber-Huber,* Staat und Kirche II, S. 686 ff.

190 Auf staatlicher Seite erleichterte die Demission *Falks* als preußischer Kultusminister den Kurswechsel (1879). An seine Stelle trat der konziliantere, in seinen Positionen weniger starre, konservative *v. Puttkamer.* Sein Staatssekretär *Gustav v. Goßler* übernahm nach *Puttkamers* Wechsel ins Innenministerium 1881 das Ressort.

191 Dazu grundlegend *Heckel,* Beilegung (s. o. FN 166); *Huber,* Verfassungsgeschichte IV, S. 767 ff.

192 Das erste Milderungsgesetz erging am 14.7.1880, das zweite am 31.5.1882, das dritte am 11.7.1883 (abgedr. bei *Huber-Huber,* Staat und Kirche II, S. 818 f., 828 f., 845). – Bereits 1882 war auch die preußische Vatikangesandtschaft wiedererrichtet worden.

193 Dazu *Huber-Huber,* Verfassungsgeschichte IV, S. 790 f.; Dokumente bei *Huber-Huber,* Staat und Kirche II, S. 849 ff.

194 Abgedr. bei *Huber-Huber,* Staat und Kirche II, S. 867 ff., 883 f.

päpstliche Zustimmung[195]. Zwar gelang es der Kirche nicht, den status quo ante in vollem Umfang wiederherzustellen, sie mußte eine Reihe bleibender Autonomiebeschränkungen hinnehmen. Insgesamt ging sie aber doch gestärkt aus dieser Auseinandersetzung hervor. Ein Verlust an Staatsautorität und das Mißtrauen des katholischen Bevölkerungsteils war die Hypothek, die der Kulturkampf dem Reich für mehr als ein halbes Jahrhundert auferlegte.

2. Der Kulturkampf in den anderen deutschen Staaten

a) Baden

In Baden, wo der Konflikt bereits 1853 in offener Schärfe aufgebrochen war[196], zog er sich auch am längsten hin. Der Schulkampf endete 1876 mit der Einführung der Simultanschule; das Zivilehegesetz von 1869 löste die jahrzehntelang virulente Mischehenproblematik im staatlichen Sinn. Direkt gegen die Kirche richtete sich das Stiftungsgesetz von 1876, das alle Stiftungen der staatlichen Verwaltung unterstellte, soweit sie nicht unmittelbar religiösen Aufgaben oder kirchlich getragenen Bildungsanstalten dienten. 1872 wurde die Ordenstätigkeit drastisch beschränkt. Die Maßnahmen von 1874[197] verschärften die Bestimmungen über das bereits 1867 eingeführte Kulturexamen und verlangten als Nachweis der wissenschaftlichen Vorbildung ein mindestens dreijähriges Studium an einer deutschen Universität, das sog. Triennium[198]. Ein vom Ministerium *Jolly*

---

195 Allokution *Leos XIII.* v. 23. Mai 1887; Text Archiv f. kath. Kirchenrecht 58 (1887), S. 338 ff. (lat.); auszugsweise deutsch bei *Huber-Huber,* Staat und Kirche II, S. 885 ff.

196 S. o. S. 74 f.; allg. dazu *Friedberg, Emil,* Der Staat und die katholische Kirche im Großherzogtum Baden seit 1860 (1874); *Becker, Josef,* Liberaler Staat und Kirche in der Ära von Reichsgründung und Kulturkampf (1973).

197 Gesetz v. 19.2.1874 (abgedr. *Huber-Huber,* Staat und Kirche II, S. 736 ff.). Eine VO vom August des gleichen Jahres entzog allen Priestern, die die Priesterweihe ohne Kulturexamen empfangen oder nachträglich nicht um einen Dispens nachgesucht hatten, die Befugnis zur öffentlichen Amtsausübung.

198 Das Triennium ist indes keine badische Spezialität. Es wurde in zahlreichen deutschen Bundesstaaten, insbes. in Preußen (durch das oben FN 176 genannte Gesetz) bereits 1873 eingeführt. Die Motive umschrieb *Wilhelm Kahl* 1908 prägnant: "Der Staat hat ein Lebensinteresse daran, den deutschen katholischen Klerus in der nationalen Kulturgemeinschaft der Universität erzogen und erhalten zu wissen" (Aphorismen zur Trennung von Staat und Kirche, S. 27). – Dazu allg. *Dove, Richard,* Das Verhältnis der Staaten zu der wissenschaftlichen Vorbildung der Geistlichen, Zeitschr. f. Kirchenrecht 15 (1880), S. 441 ff.; *Solte, Ernst Lüder,* Theologie an der Universität (1971), S. 100 ff.; *Link,* Staatskirchenrechtliche Probleme des nicht-akademisch vorgebildeten Geistlichen, Zeitschr. f. ev. Kirchenrecht 17 (1972),

eingebrachtes Gesetz, das Pfarrdotationen aus Staatsmitteln ähnlich der Kongruagesetzgebung *Josephs II.*[199] vorsah, wurde im Landtag durch die Vorbedingung eines bischöflichen Reverses über die Anerkennung der Staatsgesetze verschärft. Da der Erzbistumsverweser *Kübel* eine derartige Erklärung verweigerte, wandelte sich der urspünglich intendierte Entspannungseffekt in sein Gegenteil. 1879 begann auch hier der Abbau der Kulturkampfgesetzgebung[200]. 1880 wurde das Kulturexamen beseitigt. Dadurch war es möglich, zahlreiche vakante Pfarrstellen wiederzubesetzen. 1882 endete die Sedisvakanz in Freiburg. Das Friedensgesetz von 1888[201] hob einige Kampfmaßnahmen auf, ließ wieder kirchliche Ausbildungsstätten für Kleriker sowie die Missionstätigkeit der Orden zu. Das Verbot der Neugründung von Niederlassungen blieb jedoch bis 1918 in Geltung.

b) Bayern

Auch in Bayern führte der "stille Kulturkampf" unter den Ministerien *Hohenlohe* und *Lutz*[202] zu einer Reaktivierung staatskirchlicher Prinzipien. Die unter Führung des Theologen *Ignaz v. Döllinger* besonders starke Opposition gegen die vatikanischen Beschlüsse traf sich mit dem Antiultramontanismus der liberalen Regierung. Der Widerstand des Episkopats fand politischen Rückhalt in der neugegründeten "Patriotischen Volkspartei", die alsbald die Landtagsmehrheit errang. Damit kämpfte das Ministerium an zwei Fronten. Nachdem zunächst die verweigerte Plazetierung der Konstitution "Pastor aeternus" im Mittelpunkt des Konflikts stand[203], entbrannte auch hier nach 1873 der Streit um die Schulfrage. Er endete mit der Zulassung fakultativer Simultanschulen und der Einführung

S. 256 ff. (258 ff.). Dort auch (S. 262 ff.) zu den Fortwirkungen im geltenden Kirchenvertragsrecht.

199 s. dazu *Link,* Die habsburgischen Erblande, die böhmischen Länder und Salzburg, in: *Jeserich, K. G. A./Pohl, H./v. Unruh, G.-Chr.* (Hrsg.), Dt. Verwaltungsgeschichte, Bd. 1, 1983, S. 468 ff. (540).

200 *Dazu Stadelhofer, Manfred,* Der Abbau der Kulturkampfgesetzgebung im Großherzogtum Baden 1878-1918 (1969).

201 *Huber-Huber,* Staat und Kirche II, S. 927 f.

202 *Frhr. v. Rummel, Fritz,* Das Ministerium Lutz und seine Gegner (1935). *Huber,* Verfassungsgeschichte IV, S. 746 ff.; Eine umfangreiche Quellensammlung in: Systematische Zusammenstellung der Verhandlungen des bayerischen Episkopats mit der Kgl. bayerischen Staatsregierung 1850-1889 (1905).

203 *v. Sicherer, Hermann,* Staat und Kirche in Bayern (1874); *v. Seydel, Max,* Bayerisches Staatsrecht, 1. Aufl. Bd. VI (1893), S. 34 ff.; *Eichmann, Eduard,* Der recursus ab abusu nach deutschem Recht (1903, Neudr. 1971) (= Gierkes Unters. a.F. 66), S. 228 ff.; *Brandmüller, Walter,* Die Publikation des vatikanischen Konzils in Bayern, Zeitschr. f. bayer. Landesgesch. 31 (1968), S. 197 ff., 575 ff.

einer staatlichen Privatschulaufsicht[204]. Ein ministerieller Erlaß von 1873 stellte den Vorrang aller Staatsgesetze, also auch des Religionsedikts vor dem Konkordat her[205] und löste damit das alte Problem des bayerischen Staatskirchenrechts, das Verhältnis beider – deutlich divergierender – Normbereiche zueinander, in einseitig etatistischer Weise. Trotz päpstlicher Intervention beharrte *Ludwig II.* bis zu seinem Ende (1886) auf dieser Position. Erst der Regierungsantritt des Prinzregenten *Luitpold* brachte eine Kursänderung. Die Regierung erklärte sich zu einer restriktiven Handhabung des Plazet bereit[206]; auch die Verweigerung der Korporationsrechte für die Altkatholiken kam kirchlichen Wünschen entgegen[207].

c) Hessen-Darmstadt

Nach der Unterwerfung Bischof *Kettelers* von Mainz unter die vatikanischen Beschlüsse kam es auch in *Hessen-Darmstadt* zum Konflikt[208]. Zwar scheiterte die Einführung der obligatorischen Simultanschule an der 1. Kammer[209]. Die hessischen Kirchengesetze von 1875[210] übernahmen dann aber das preußische Kulturkampfinstrumentarium. Der Tod *Kettelers* (1877) und der Streit um die Wiederbesetzung des Mainzer Stuhls führten zu einer elfjährigen Sedisvakanz. Erst ihr Ende machte den Weg zu einer Verständigung frei. Die Friedensgesetze von 1887, 1889 und 1895[211] sind deutlich am preußischen Kompromiß orientiert.

3. Die Altkatholikenfrage

Die altkatholische Bewegung, entstanden vornehmlich (wenn auch nicht ausschließlich[212]) aus der Opposition gegen die vatikanischen Beschlüsse, fand zwar nicht die von den liberalen Kräften erhoffte Resonanz, gewann aber in Klerus und Intelligenz eine nicht unbeträchtliche Gefolgschaft.

Rechtliche Probleme ergaben sich zunächst aus der Anerkennungsfrage. Da das Staatskirchenrecht hierfür keine Normativbestimmungen bereithielt (wie

---

204 Quellen bei *Huber-Huber,* Staat und Kirche II, S. 719 ff.
205 Abgedr. bei *Huber-Huber,* Staat und Kirche II, S. 728 f.
206 *Seydel,* (FN 203), S. 71 f.; *Huber-Huber,* Staat und Kirche II, S. 906 ff.
207 Dazu *Huber-Huber,* Staat und Kirche II, S. 911 ff. und unten S. 558.
208 Dazu eing. *Huber,* Verfassungsgeschichte IV, S. 761 ff.
209 *Huber-Huber,* Staat und Kirche II, S. 746 ff.
210 Abgedr. *Huber-Huber,* Staat und Kirche II, S. 751 ff.
211 Abgedr. *Huber-Huber,* Staat und Kirche II, S. 924 ff., 927 f.
212 Dazu *v. Schulte, Johann Friedrich,* Der Altkatholizismus (1887); *Küppers, Werner,* Art. "Altkatholiken" in: Die Religion in Geschichte u. Gegenwart, 3. Aufl. hrsg. v. *K. Galling,* Bd. I (1957), Sp. 295 ff.

heute Art. 140 GG/137 Abs. 5 WRV), sondern die Entscheidung über Aufnahme und Verleihung der öffentlichen Korporationsrechte in das staatliche Ermessen stellte[213], wurde diese Frage zugleich zum Politikum. Während Preußen, Baden und Hessen die altkatholische Kirche in ihrer Rechtsstellung der katholischen anglichen[214], sah sich Bayern zunächst wegen der Nichtanerkennung der vatikanischen Beschlüsse gehindert, die dagegen opponierenden Altkatholiken als eigene Religionsgesellschaft anzusehen. Erst der Ausgleich mit dem katholischen Episkopat führte zu einer Revision dieses Standpunktes. Die Verleihung von Korporationsrechten lehnte die Regierung indes ab[215].

Zugleich hatte die Abspaltung die Frage der Vermögenssukzession akut werden lassen. Sie wurde durch den Anspruch der altkatholischen Kirche kompliziert, allein in Kontinuität zum ursprünglichen Träger des Kirchenguts zu stehen, während sich die nachvatikanische Kirche von der gemeinsamen Bekenntnisgrundlage entfernt habe[216]. Die Lösung des Problems erfolgte zumeist gesetzlich durch einen Kompromiß[217]: Grundsätzlich wurden an den Kirchengebäuden Simultaneen begründet, am übrigen Kirchenvermögen Mitgenußrechte entsprechend der Mitgliederzahl. Das Pfründevermögen folgte dem Geistlichen. Erst nach dessen Tod entschieden die Mehrheitsverhältnisse über die Zuweisung.

IV. Die Reform des katholischen Kirchenrechts

Nicht nur der Zusammenstoß mit den Staaten Europas hatte die Stellung der katholischen Kirche befestigt. Trotz der Aufhebung des Kirchenstaats (1870) durch das Kgr. Italien war das Papsttum aus dem 1. Vatikanum gestärkt hervorgegangen. Diese wachsenden zentripetalen Kräfte im Organismus der Kirchenverfas-

---

213 Dazu *Hinschius,* Staat u. Kirche, S. 361 ff.

214 *Hinschius,* Staat und Kirche, S. 369 f.; *Huber-Huber,* Staat und Kirche II, S. 622 ff. (Preußen); 739 ff. (Baden), 745 ff. (Hessen).

215 *Nidermaier, Fr.,* Gestaltung der rechtlichen Verhältnisse der katholischen Kirchengesellschaft in Bayern durch Verkündung der vaticanischen Beschlüsse v. 18. Juli 1870 und deren Nichtanerkennung durch die Altkatholiken (1875); *Hinschius,* Staat und Kirche, S. 370 FN 1 m. Nachw.; *Huber-Huber,* Staat und Kirche II, S. 907 ff.

216 *v. Poschinger, Heinrich,* Der Eigentümer am Kirchenvermögen ... (1871), S. 341.

217 Insbes. Preuß. Gesetz vom 18.2.1876 (*Huber-Huber,* Staat und Kirche II, S. 669 ff.); Bad. Gesetz vom 15.6.1874 (ibid. S. 739), Hess. Zirkularverfügung des Innenministers v. 23.12.1873 (ibid. S. 746). Zu den dahinterstehenden staatskirchenrechtlichen Grundfragen *Bossi, J.,* Vermögensrechtliche Anstände bei der Trennung von Religionsgesellschaften, Diss. Fribourg 1901; *Link,* Die Russisch-orthodoxen Exilkirchen in Deutschland und ihr Kirchengut, Zeitschr. f. ev. Kirchenrecht 23 (1978), S. 89 ff. (120 ff.).

sung fanden ihren Ausdruck in dem nach 1871 intensiv in Angriff genommenen, 1917 beendeten großen Gesetzgebungswerk der lateinischen Kirche, dem Codex Iuris Canonici (in Kraft getreten am 19. Mai 1918). Der CIC, der den Geist der bedeutenden Kodifikationen des Jahrhunderts atmete, hatte mit seiner Reduktion des überkommenen Rechtsstoffs zugleich den Raum umschrieben, innerhalb dessen die katholische Kirche vom Staat die Gestaltung ihrer "inneren Angelegenheiten" einforderte.

V. Die Einführung eines Kirchensteuersystems

Nach älteren Ansätzen, namentlich in der Rheinisch-westfälischen Kirchenordnung von 1835[218] kam es in der zweiten Jahrhunderthälfte in den meisten deutschen Bundesstaaten zum Erlaß von Kirchensteuergesetzen. Die Motivation hierfür war vielschichtig und differierte auch in konfessioneller Hinsicht[219]: Das Vordringen der Geldwirtschaft, Verstädterungsprozesse, das Bedürfnis nach Beseitigung der Rechtszersplitterung, nach Ablösung der verdinglichten Reallasten, das Ende der konfessionell geschlossenen Territorialstaatlichkeit mit der Folge, daß auch in der Unterstufe die personelle Identität von Kirchen- und politischer Gemeinde nicht mehr vorausgesetzt werden konnte. Hinzu kam die Vermögensumschichtung nach dem Reichsdeputationshauptschluß mit den daraus folgenden Dauerstreitigkeiten über staatliche Dotationspflichten. Andererseits setzte jede moderne Kirchensteuerregelung auch eine gewisse kirchlich-organisatorische Verselbständigung voraus, durch die eine eigenständige Finanzverwaltung erst ermöglicht wurde. Das konstitutionelle Denken der Zeit verband gerade damit das selbstverständliche Postulat der Laienbeteiligung, eines synodalen Budgetrechts. Es ist deshalb kein Zufall, daß auf evangelischer Seite Kirchensteuerregelungen in Parallelität zur Einführung presbyterial-synodaler Verfassungsformen entstehen. Andererseits erklärt dieser Gesichtspunkt, daß sich die katholische Kirche dem Kirchensteuergedanken nur zögernd öffnete, da sein Schwerpunkt zunächst in der – kanonisch nicht als eigene Rechtspersönlichkeit existierenden – Kirchengemeinde lag und der Laieneinfluß an der Vermögensverwaltung in Spannung zum hierarchischen Prinzip der Kirchenverfassung stand. Die ersten modernen Kirchensteuergesetze fallen denn auch in die Kultur-

---

218 Lippe-Detmold (1827); Oldenburg (kathol. Kirche: 1839); Sachsen (1838); Sachsen-Altenburg (1837). Dazu und zum folgenden noch immer grundlegend *Giese, Friedrich,* Deutsches Kirchensteuerrecht (1910) (= KRA – FN 59 – 69-71), hier S. 44 ff.

219 *v. Campenhausen,* Staatskirchenrecht, S. 256 ff.; *Link,* Art. "Kirchensteuer", in: Ev. Staatslexikon, 2. Aufl. (1975), Sp. 1238 ff., (1239 f. – Lit.).

kampfzeit[220], sind mit wirksamen staatlichen Aufsichtsrechten verbunden und stellen damit zugleich potentielle Ingerenz- und Disziplinierungsinstrumente dar. Freilich tritt dieser Gesichtspunkt in den späteren Gesetzen zurück. Es darf aber nicht übersehen werden, daß die Kirchensteuer primär etatistischen Interessen an einer vermögensrechtlichen Flurbereinigung und an finanzieller Entlastung diente und daß ihre Einführung darum mehr auf staatlichen denn auf kirchlichen Intentionen beruhte.

Im einzelnen bestanden nicht unerhebliche Unterschiede. Ein gesondertes Besteuerungsrecht, getrennt für die evangelische und die katholische Kirche bestand in Preußen[221], Württemberg[222], Sachsen-Weimar, Oldenburg, Waldeck-Pyrmont und in den Hansestädten. Dagegen hatten Bayern r.d.Rh.[223], Sachsen[224], Baden[225] und Hessen-Darmstadt[226] für beide Konfessionen geltende Steuergesetze erlassen. In Sachsen-Meiningen, Sachsen-Altenburg, Anhalt, Schwarzburg-Rudolstadt, Schwarzburg-Sondershausen, Reuss ä.L. und Schaumburg-Lippe galt das Besteuerungsrecht nur zugunsten der evangelischen Kirchen. – Braunschweig, Sachsen-Coburg-Gotha, Reuss j.L., Elsass-Lothringen und beide Mecklenburg hatten kein eigenes Kirchensteuersystem ausgebildet. Verschiedenheiten ergaben sich weiterhin sowohl im Kreis der Steuerpflichtigen (in Baden, Bayern, Sachsen und Oldenburg auch juristische Personen) wie im Steuerträger. Zum Teil waren es die Ortsgemeinden (Ortskirchensteuer – Preußen[227], Bayern[228],

---

220 *Hessen,* Gesetz v. 23. April 1875 (*Huber-Huber,* Staat und Kirche II, S. 759 ff.); mittelbare Anerkennung des (kath.) kirchlichen Besteuerungsrechts auch im preuß. Gesetz v. 20. Juni 1875 (o. FN 186, dazu *Giese* (FN 218), S. 117 f.).
221 Kirchensteuergesetze v. 1905 (ev. – *Huber-Huber,* Staat und Kirche III, S. 42 ff., 48 f.) und 1903/1906 (kath. – ebda., S. 39 f., 41 f., 50 f., 52).
222 Kirchengemeindegesetze von 1906 (ev. – *Huber-Huber,* Staat und Kirche III, S. 80 ff., kath. – ebda., S. 91 ff.).
223 Zunächst Kirchensteuergesetz von 1908 für die protestantischen Kirchen (*Huber-Huber,* Staat und Kirche III, S. 61 ff.); dann für alle Konfessionen die KirchengemeindeO v. 1912 (Art. 20 ff. – ebda., S. 65 ff./69 ff.).
224 Kirchensteuergesetz v. 1838, dazu *Giese* (FN 218) S. 157 ff.
225 Kirchensteuergesetz v. 1892 (*Huber-Huber,* Staat und Kirche III, S. 95 ff.), Ortskirchensteuergesetz und Landeskirchensteuergesetz v. 1906 (ebda., S. 95 ff, 99 ff.).
226 Kirchensteuergesetz v. 1875 (s. o. FN 220), in Kraft gesetzt gegenüber der ev. Kirche 1876; gegenüber der kath. Kirche (die zunächst die erforderliche Mitwirkung verweigert hatte) 1905.
227 Das "Besteuerungsrecht" der höheren kirchlichen Verbände bezeichnete nur die Befugnis, von den in ihnen zusammengeschlossenen Gemeinden Umlagen zu erheben (dazu *Giese,* – FN 218 –, S. 286 ff.).
228 Hier bestand für die evangelischen Kirchen freilich neben dem Ortskirchensteuersystem (r.d.Rh.) auch ein landeskirchliches Besteuerungsrecht (r. und l.d.Rh.) – dazu *Giese* (FN 218) S. 356 ff.

Württemberg), zum Teil die Landeskirchen[229], oder aber Gesamtverband und Gemeinden nebeneinander (Baden, Hessen).

Soweit die Kirchensteuer eingeführt war, galt der Grundsatz der Subsidiärität, d.h. ihre Erhebung war nur insoweit zulässig, als der Finanzbedarf nicht aus anderen Einkünften gedeckt werden konnte. Im Zuge der wirtschaftlichen und sozialen Veränderungen wurde sie auch quantitativ zur wichtigsten kirchlichen Finanzierungsquelle.

Insgesamt ist das Kirchensteuerwesen einerseits Ausdruck wachsender Distanz der Kirche zu einem sich zunehmend als säkular und konfessionell neutral verstehenden Staat, einem Staat, der eine Reihe kirchlicher Aufgaben selbst übernommen hatte und die wirtschaftliche Unterhaltung der "Religionsgesellschaften"[230] nicht mehr als unmittelbare Staatsaufgabe betrachtete. Andererseits wird darin ein signifikantes Element der zwar gelockerten, gleichwohl aber beiderseits festgehaltenen Verbindung von Staat und Kirche sichtbar. In ihr dokumentierte sich die bleibende Verantwortung des Kulturstaats auch für die Institutionen des religiösen Gemeinschaftslebens seiner Bürger[231]. So zeigt sich im Institut der Kirchensteuer exemplarisch jene Dialektik von neutralisierender Distanz und (zunächst: reglementierender) Nähe, die als Grundströmung das deutsche Staatskirchenrecht seit der Mitte des 19. Jahrhunderts bestimmt.

Literatur

Anschütz, Gerhard, Die Verfassungsurkunde für den Preußischen Staat vom 31. Januar 1850, I, Berlin (1912)

Benn, Ernst-Viktor, Entwicklungsstufen des evangelischen Kirchenrechts im 19. Jahrhundert, Zeitschr. f. ev. Kirchenrecht 15 (1970), S. 2 ff.

Besier, Gerhard, Preußische Kirchenpolitik in der Bismarckära, Veröff. d. Hist. Komm. Berlin Bd. 49, Berlin-New York (1980) (Lit.)

Bredt, Joh.. Viktor, Neues evangelisches Kirchenrecht für Preußen, Bd. 1, Berlin (1921)

v. Campenhausen, Axel, Staatskirchenrecht, 3. Aufl., München (1996)

Erler, Adalbert, Kirchenrecht, 5. Aufl. München (1983), S. 54 ff.

Feine, Hans Erich, Kirchliche Rechtsgeschichte. Die katholische Kirche, 5. Aufl. Köln-Graz (1972)

Friedberg, Emil, Das geltende Verfassungsrecht der evangelischen deutschen Landeskirchen, Leipzig (1888)

---

229 So die ev. Landeskirche im linksrhein. Bayern.

230 Für Preußen dazu allgemein: *Niedner, Johannes,* Die Ausgaben des preußischen Staates für die evangelische Landeskirche der älteren Provinzen (1904) = KRA (FN 59) 13/14.

231 Dazu *v. Campenhausen,* Staatskirchenrecht, S. 278 ff.

- Der Staat und die Bischofswahlen in Deutschland, Leipzig (1874), Neudr. Aalen (1965)
- Die Gränzen zwischen Staat und Kirche und die Garantien gegen deren Verletzung, Tübingen (1872), Neudr. Aalen (1962)
- Lehrbuch des katholischen und evangelischen Kirchenrechts, 6. Aufl. Leipzig (1909), Neudr. Frankfurt/M. (1963) *Lit.* insbes. auch zum Territorialkirchenrecht der deutschen Bundesstaaten.

Friedrich, Otto, Einführung in das Kirchenrecht, 2. Aufl. Göttingen (1978).

Geffcken, Heinrich F., Staat und Kirche in ihrem Verhältnis geschichtlich entwickelt, Berlin (1875)

Heckel, Johannes, Kirchengut und Staatsgewalt (1952), jetzt in: Das blinde undeutliche Wort "Kirche", Ges. Aufsätze, hrsg. *v. S. Grundmann,* Köln-Graz (1964) (zit.: Ges. Aufs.), S. 328 ff.
- Die Beilegung des Kulturkampfs in Preußen (1930), ibid. S. 454 ff.

Heckel, Martin, Die Entwicklung des deutschen Staatskirchenrechts von der Reformation bis zur Schwelle der Weimarer Verfassung, in: Gesammelte Schriften, Bd. 1, Tübingen (1989), S. 366 ff.
- Die religionsrechtliche Parität, in: Gesammelte Schriften, Bd. 1, S. 227 ff. (236 ff.)
- Zum Sinn und Wandel der Freiheitsidee im Kirchenrecht, in: Gesammelte Schriften, Bd. 1, S. 447 ff.
- Säkularisierung. Staatskirchenrechtliche Aspekte einer umstrittenen Kategorie, in: Gesammelte Schriften, Bd. 2, Tübingen (1989), S. 773 ff.

Hinschius, Paul, Allgemeine Darstellung der Verhältnisse von Staat und Kirche, in: *Marquardsen* (Hrsg.), Handb. d. Öffentl. Rechts d. Gegenwart I 1, Freiburg u. Tübingen (1883), S. 187 ff.
- Die Preußischen Kirchengesetze des Jahres 1873 (Kommentar), Berlin (1873)
- Das Preußische Kirchenrecht im Gebiete des ALR, Berlin u. Leipzig (1884)
- Die Preußischen Kirchengesetze ... v. 21. Mai 1886 u. 29. April 1887, ebda. (1886/87)

Huber, Ernst Rudolf, Deutsche Verfassungsgeschichte seit 1789, Bd. II-IV, Stuttgart, Berlin, Köln, Mainz (II und III 2. Aufl. 1960, 1963, IV 1969)

Jedin, Hubert (Hrsg.), Handbuch der Kirchengeschichte, Bd. 6, Halbbd. 1 u. 2, Freiburg (1971/73)

Kaiser, Joseph H., Die Politische Klausel der Konkordate, Berlin-München (1949)

Kahl, Wilhelm, Lehrsystem des Kirchenrechts und der Kirchenpolitik I, Freiburg u. Leipzig (1894)

Krummwiede, Hans-Walter, Geschichte des Christentums, Bd. 3: Neuzeit 17. bis 20. Jahrhundert, Stuttgart-Mainz (1977)

Link, Christoph, Die Grundlagen der Kirchenverfassung im lutherischen Konfessionalismus des 19. Jhs., insbes. bei Theodosius Harnack, München (1966)
- Staatskirchenhoheit, Zeitschr. f. ev. Kirchenrecht 20 (1975), S. 1 ff.

Maier, Hans, Demokratie, kirchliches Lehramt und Wissenschaft 1798 bis heute, in: *Bekker, Maier, Spieker* (Hrsg.), Revolution – Demokratie – Kirche. Paderborn (1975), S. 27 ff.
- Kirche und Gesellschaft, München (1972)

Mayer, E., Die Kirchenhoheitsrechte des Königs von Bayern, München (1884)

Mayer, Otto, Art. Staat und Kirche, in: Realencyklopädie f. protestant. Theologie und Kirche, hrsg. v. *Hauck, A.* (PRE[3]), Bd. 18, 3. Aufl. Leipzig (1906), S. 707 ff.

Morsey, Rudolf, Die deutschen Katholiken und der Nationalstaat zwischen Kulturkampf und Erstem Weltkrieg, in: Hist. Jahrb. 80 (1970), S. 31 ff.

Obermayer, Klaus, Staatskirchenrechtliche Grundvorstellungen in den Konkordatstheorien des 19. Jahrhunderts, in: DÖV 1967, S. 505 ff.

– Die Konkordate und Kirchenverträge im 19. und 20. Jahrhundert, in: *Fuchs, W.P.* (Hrsg.), Staat und Kirche im Wandel der Jahrhunderte, Stuttgart-Berlin-Köln-Mainz (1966), S. 166 ff.

Rauscher, Anton (Hrsg.), Der soziale und politische Katholizismus. Entwicklungslinien in Deutschland 1803-1963, Bd. I, München-Wien (1981)

Richter, Aem. Ludwig – Dove, Richard – Kahl, Wilhelm, Lehrbuch des katholischen und evangelischen Kirchenrechts, 8. Aufl. Leipzig (1886)

Rieker, Karl, Die rechtliche Stellung der evangelischen Kirche Deutschlands in ihrer geschichtlichen Entwicklung bis zur Gegenwart. Leipzig (1893)

Rudolph, Hartmut, Das evangelische Militärkirchenwesen in Preußen, Göttingen (1973)

Scheuner, Ulich, Kirche und Staat in der neueren deutschen Entwicklung (1960), jetzt in: Schriften zum Staatskirchenrecht, hrsg. v. *Listl, J.,* Berlin (1973), S. 121 ff.

Schoen, Paul, Das evangelische Kirchenrecht in Preußen, Bd. 1, Berlin (1903), Neudr. Aalen (1967)

Sehling, Emil, Geschichte der protestantischen Kirchenverfassung. 2. Aufl. Berlin (1914), S. 43 ff.

Smend, Rudolf, Die Konsistorien in Geschichte und heutiger Bewertung, Zeitschr. f. ev. Kirchenrecht 10 (1963/64), S. 134 ff.

Storz, Hermann, Staat und katholische Kirche in Deutschland im Lichte der Würzburger Bischofsdenkschrift von 1848, Bonn (1934), Neudr. Amsterdam (1963)

Stutz, Ulrich, Der neuste Stand des deutschen Bischofswahlrechts, Stuttgart (1909)

Thudichum, Friedrich, Deutsches Kirchenrecht des 19. Jahrhunderts. 2 Bde. Leipzig (1877)

Woltersdorf, Th., Das Preußische Staatsgrundgesetz und die Kirche. Berlin (1873)

Zippelius, Reinhold, Staat und Kirche, München (1997), S. 131 ff.

Zorn, Philipp, Lehrbuch des Kirchenrechts. Stuttgart (1888)

Quellen

Besier, Gerhard, Neulutherische Kirchenpolitik im Zeitalter Bismarcks, Texte z. Kirchenu. Theologiegesch. 26/27, Gütersloh (1982)

Friedberg, Emil, Die geltenden Verfassungsgesetze der evangelischen deutschen Landeskirchen, Freiburg (1885); Erg.bände I (1888), II (1890), III (1892), IV: Sonderbd. d. Deutschen Zeitschr. f. Kirchenrecht (1904)

Huber, Ernst Rudolf – Huber, Wolfgang, Staat und Kirche im 19. und 20. Jahrhundert, Dokumente zur Geschichte des deutschen Staatskirchenrechts, Bd. I-III, Berlin (1973-1983)

v. Kremer-Auenrode, Hugo, Actenstücke zur Geschichte des Verhältnisses von Staat und Kirche im 19. Jahrhundert, 4 Bde., Leipzig (1873-80), Neudr. Hildesheim New York (1976)

Mirbt, Carl, Quellen zur Geschichte des Papsttums und des römischen Katholizismus, 5. Aufl., Tübingen (1934)

3. Kapitel
Das Staatskirchenrecht im Geltungszeitraum der Weimarer Verfassung*

I. Staat und Kirche im revolutionären Umbruch

Das Ende der Monarchie, die revolutionäre Staatsumwälzung, hatte auch für die Kirchen einschneidende Konsequenzen. An den Nerv der überkommenen staatskirchenrechtlichen Ordnung rührte zunächst die namentlich von der radikalen Linken lautstark erhobene Forderung nach Trennung von Staat und Kirche. Das Trennungspostulat zielte hier weniger auf Sicherung kirchlicher Entfaltungsfreiheit und Abbau verbliebener staatskirchlicher Relikte, vielmehr diente es als scharf geschliffene Waffe im Kampf gegen Religion und Kirche. In der Verbindung von "Nationalismus, Kapitalismus und Konfessionalismus" kulminierte das ideologische Feindbild[1].

Trennung sollte also eine radikale Laisierung des öffentlichen Lebens vorbereiten. So war es nur ein scheinbarer Widerspruch, wenn sich die Revolutionsregierungen in den Ländern nicht gewillt zeigten, ältere staatliche Aufsichtsinstrumente aus der Hand zu geben, ja sogar weit darüberhinausgehende Rechte in Anspruch nahmen, um die Kirchen einerseits aus traditionellen Positionen (namentlich im Schulwesen) zu verdrängen, andererseits um auf ihre innere Verfassungsordnung im Sinne einer "Demokratisierung" Einfluß zu nehmen.

1. Die Überleitung des landesherrlichen Summepiskopats

Die Veränderungen betrafen naturgemäß besonders die evangelischen Kirchen, die durch das landesherrliche (in den Hansestädten: senatorische) Kirchenregiment eng mit der alten Staatsspitze verbunden waren. Zwar hatte der institutionelle Verselbständigungsprozeß seit der Mitte des 19. Jahrhunderts die kirchliche Rechtsstellung des Landesherrn von seiner staatsrechtlichen abgelöst, sie stärker als innerkirchliche Leitungsgewalt akzentuiert[2]. Gleichwohl traf das Ende der Monarchie die Kirche an einer verwundbaren Stelle. Dies um so mehr, als die revolutionären Regierungen sich anschickten, den monarchischen Summ-

---

* Aus: Jeserich/Pohl/v. Unruh (Hrsg.), Deutsche Verwaltungsgeschichte, Bd. 4, Stuttgart (1985), S. 450-473 (IX. Kapitel: Staat und Kirchen).
1 Dazu u. zum folgenden *Huber,* Verfassungsgeschichte Bd. 5, S. 872 ff., 885.
2 Einzelheiten s. oben S. 52 ff., 58 ff., 70 ff., 76 ff., 80 ff.

episkopat auf republikanische Staatsorgane überzuleiten und damit – entgegen der seit 1850 erreichten organisatorischen Trennung und Eigenständigkeit – staatskirchlich-regiminale Kompetenzen in Anspruch zu nehmen. Die Kirchen waren zwar übereinstimmend der Auffassung, daß der Summepiskopat mit dem Wegfall der Monarchie erloschen sei. Gleichwohl zogen zunächst nur wenige sofort daraus den Schluß, das entstandene Vakuum durch entsprechende kirchenrechtliche Regelungen zu füllen.

a) So wurde in Preußen[3] ein Pfarrer zum Regierungsvertreter bei den Kirchenbehörden bestellt. Er sollte nicht nur den Vorsitz in den Sitzungen der Kirchenleitungen aller preußischen Landeskirchen führen, auch die Gültigkeit von Beschlüssen und Rechtssetzungsakten war an seine Gegenzeichnung gebunden. Auf massive kirchliche Proteste hin widerrief die Regierung im Januar 1919 diese Ernennung. Die summepiskopalen Rechte wurden jedoch durch Gesetz vom 20. März 1919 drei (evangelischen) Staatsministern zur Ausübung übertragen. Das sächsische Vorbild vermochte wegen seiner völlig andersgearteten Entstehungsbedingungen[4] diese Restitution des Staatskirchentums keineswegs zu legitimieren. In Sachsen selbst amtierten die drei von der Revolutionsregierung bestellten Minister nunmehr als Staatskommissare, nicht mehr als Vertretung des (katholischen) Summepiskopus. In den kleineren Staaten gingen die summepiskopalen Rechte teilweise auf die Kultusministerien, teilweise auf eigens hierzu gebildete (staatliche) Organe über. Auch das senatorische Kirchenregiment in den Hansestädten – in Hamburg freilich schon seit 1870 abgeschwächt[5] – überdauerte trotz gewandelter politischer Couleur zunächt die Staatsumwälzung. In Bremen beteiligte sich der Senat (wie übigens auch 1945) am Zustandekommen der neuen Kirchenverfassung[6].

b) Nicht alle Länder gingen indes diesen Weg eines "republikanischen Staatskirchentums"[7]. In Württemberg hatte ein Kirchengesetz von 1898, für den Fall des Aussterbens des evangelischen Zweiges des Königshauses den Übergang der Kirchengewalt auf eine "Evangelische Kirchenregierung" vorgesehen. Bereits im November 1918 erweiterte eine Novellierung den Anwendungsfall auch auf anderweitige Verhinderung des Königs in der Ausübung seiner Rech-

---

3 *Bredt,* Ev. Kirchenrecht II, S. 15 ff.; *ders.,* Summus episcopus, S. 1 ff. (1969); *Motschmann,* Ev. Kirche u. pr. Staat, S. 10 ff.

4 Dazu oben S. 78 f.

5 Dem Kirchenrat standen zwei senatorische "Patronatsherren" vor.

6 *Bergemann, Hans Georg,* Staat und Kirche in Bremen, Zeitschr. f. evang. Kirchenrecht 9 (1962/63), S. 228 ff. (240 ff.).

7 *Liermann,* Ev. Kirchenrecht, S. 178.

te[8]. Auch in Baden waren vom Großherzog die Episkopalrechte noch vor seiner Abdankung durch kirchliche Notgesetze auf kirchliche Leitungsorgane übertragen worden[9]. Damit stand hier wie dort die Überleitung auf einem mindestens formell gesicherten Rechtsboden. – In Hessen, Oldenburg und in einer Reihe von Kleinstaaten erklärten Kirchenleitungen oder Synoden selbst den Übergang der kirchenregiminalen Befugnisse des Landesherrn auf kirchliche Organe. In Bayern verlief dieser Emanzipationsprozeß nicht ohne erheblichen staatlichen Widerstand[10].

2. Die Kirchen und die Republik

Während der Protestantismus sich seit jeher stärker mit der nationalen Sache identifiziert hatte und durch den Zusammenbruch der Monarchie ebenso wie durch den verlorenen Krieg in eine tiefe moralische Krise geriet, lagen die Dinge im Katholizismus differenzierter. Zunächst waren hier die kirchlichen Verfassungsstrukturen aus der Staatsumwälzung unversehrt hervorgegangen. Hinzu kam, daß das Erbe des Kulturkampfs eine gewisse innere Distanz zum Kaiserreich bewirkte. Zwar hatte sie sich seit der Jahrhundertwende und namentlich im Krieg deutlich verringert. Trotzdem traf den Katholizismus der Zerfall der alten Ordnung nicht so tief wie die evangelischen Kirchen. Vor allem aber erschien nun gerade das Papsttum als ein unerschütterter Fels in der Brandung, in dem sich gegenüber allem politischen Wechsel das Bleibende, eine ungebrochene Autorität sinnfällig verkörperte. Zudem hatte auch in Deutschland die katholische Kirche früher ein unbefangeneres Verhältnis zur demokratischen Staatsform entwickelt, sie ausdrücklich als legitime Gestaltungsmöglichkeit politischer Ordnung anerkannt. Und sie verfügte im Zentrum über einen starken parlamentarischen Arm, dessen Kraft – das sollte sich in den kommenden Wahlen erweisen – ungebrochen blieb. Alles dies führte dazu, daß Niederlage und Zusammenbruch hier nicht nur als Katastrophe, sondern auch als Chance des Neubeginns empfunden wurden. Die verbreitete Hoffnung auf eine Renaissance[11] des

---

8 Abgedr. bei *Huber, Ernst Rudolf/Huber, Wolfgang,* Staat und Kirche im 19. und 20. jahrhundert, Bd. 3, Berlin (1983), S. 576 ff. – Die Kirchenregierung, deren Bildung eigentlich der summepiskopalen Mitwirkung bedurft hätte, wurde freilich durch ein kirchliches Notgesetz v. 9. Nov. 1918 ins Leben gerufen.

9 Dazu *Liermann, Hans,* Staat und evangelische Landeskirche in Baden während und nach der Staatsumwälzung von 1918, Lahr (1929), S. 15 ff.; *ders.,* Kirchenrecht, S. 179.

10 *Oeschey, Rudolf,* Die Verfassung der evangelisch-lutherischen Kirche in Bayern r. d. Rhs. vom 16.9. 1920, (1921), S. 29 ff.

11 Dazu eingehend *Scholder,* Kirchen u. Drittes Reich 1, S. 12 ff.

Katholischen resultierte nicht zuletzt aus einem Überlegenheitsgefühl gegenüber dem evangelischen Deutschland.

Aber auch dort prägten nicht nur Resignation und Ablehnung des Neuen das Bild. Kirchenleitungen und kirchliche Gruppen riefen zu loyaler Mitarbeit in Staat und Gesellschaft auf[12]. In dieser historischen Schwebelage verhärtete indes das Vorgehen einiger Landesregierungen die Fronten. Einen neuralgischen Punkt traf dabei die Schulfrage.

Trennung der Kirche vom Staat sollte, so die Programmatik der beiden Linksparteien USPD und Mehrheitssozialisten, auch ihre Trennung von der Schule bedeuten. Angriffsziel waren daher nicht nur verbliebene Restbestände der geistlichen Schulaufsicht. Der Stoß richtete sich vielmehr auf jede Art religiöser Prägung, also auf das in zahlreichen Ländern überkommene Bekenntnisschulsystem, aber auch auf den christlichen Charakter der Simultanschulen. Bedeutete der Kampf gegen die Bekenntnisschule eher ein politisches Fernziel, so folgten der revolutionären Machtergreifung unmittelbar Maßnahmen, die auf eine Ausschaltung des kirchlichen Einflusses in den Schulen zielten. Eine Vorreiterrolle übernahm dabei Preußen[13].

Hier wurde das Kultusministerium[14] – wie andere Ministerien – von je einem Vertreter der beiden konkurrierenden Linksparteien geleitet. Während *Konrad Haenisch* (MSPD) Schärfen zu vermeiden suchte, kämpfte *Adolph Hoffmann* (USPD) mit offenem Visier. Seine Schrift "Die zehn Gebote und die besitzende Klasse", die das Christentum als Herrschaftsideologie denunzierte, hatte ihm den Spitznamen "Zehn-Gebote-Hoffmann" eingetragen[15]. Mußte schon seine Ernennung darum den Kirchen als Provokation erscheinen, so um so mehr die von ihm verantworteten Maßnahmen. Ein Erlaß über Befreiungsmöglichkeiten von Dissidentenkindern vom Religionsunterricht (15.11.1918) räumte noch einen Stein des Anstoßes aus dem Weg. Die Aufhebung der geistlichen Ortsschulaufsicht[16] – die Ortspfarrer fungierten als lokale Schulinspektoren, die freilich insoweit einen staatlichen Amtsauftrag erfüllten[17] – stieß dagegen weithin auf Widerstand und Obstruktion. Nach den Wahlen vom 26. Januar 1919, bei denen die sozialistischen Parteien nicht zuletzt wegen ihres kulturpolitischen Kurses in die Minderheit gerieten, wurde der Erlaß mit Rücksicht auf die Koalition der SPD mit dem Zentrum in seinem Vollzug zunächst ausgesetzt. Dies wiederum hatte einen ganz

---

12 Nachw. bei *Scholder,* Kirchen u. Drittes Reich 1, S. 8 f.
13 Dazu eingehend *Huber*, Verfassungsgeschichte Bd. 5, S. 884 ff
14 Das "Ministerium für geistliche und Unterrichtsangelegenheiten" hieß ab November 1918 "Ministerium für Wissenschaft, Kunst und Volksbildung".
15 *Scholder,* Kirchen u. Drittes Reich 1, S. 19 f.
16 Erlaß v. 27. November 1918; dazu *Huber,* Verfassungsgeschichte Bd. 5, S. 886 f.
17 S. o. S. 85.

ungleichen Rechtszustand zur Folge. Der gordische Knoten wurde dann durch die Abschaffung des Lokalschulinspektor-Amtes durchschlagen[18]. Dadurch fand die geistliche Schulaufsicht in Preußen definitiv ihr Ende.

Am stärksten erhitzte indes der Erlaß zur Sicherung der Religionsfreiheit in der Schule vom 29. November 1918 die Gemüter, der praktisch den Charakter des Religionsunterrichts als ordentliches Lehr- und Prüfungsfach[19] beseitigte. Außerdem sollten hier Hausarbeiten ebenso unzulässig sein, wie das Auswendiglernen kirchlicher (Lied-, Bibel-)Texte. Dem verordneten Laizismus entsprach zudem das Verbot von Schulgebeten und jeder religiösen Bezugnahme in Schulfeiern.

Auf den energischen Protest beider Kirchen hin wurde der Erlaß zunächst abgemildert (unter Abweisung "antireligiösen Gewissendrucks"), später aufgehoben und die Rechte von Lehrern und Schülern im Religionsunterricht in einer dem heutigen Verfassungsrecht entsprechenden Form geregelt. Gleichwohl blieb kirchlicherseits ein tief verwurzeltes Mißtrauen gegen die Kulturpolitik der Linksparteien, von der man den Beginn eines neuen Kulturkampfs befürchtete. Obwohl *Adolph Hoffmann* die treibende Kraft war, befestigte doch die Mitverantwortung des Koalitionspartners die kirchliche Reserve gegenüber der Sozialdemokratie.

Auch in Bayern wurde gegen den energischen Widerstand des Episkopats die geistliche Schulaufsicht beseitigt; die Hansestädte Hamburg und Bremen[20] schafften den Religionsunterricht gänzlich ab, Sachsen zunächst nur den Katechismusunterricht, folgte dann aber dem radikaleren Beispiel der Hansestädte. Erst das Reichsgericht stellte in seinen Entscheidungen vom 4. November 1920 hier einen reichsverfassungsmäßigen Rechtszustand wieder her[21].

Nicht weniger drückend waren wirtschaftliche Sorgen. Die Trennungspostulate nährten zunächst Zweifel am Fortbestand des im letzten Viertel des 19. Jhs. nahezu in allen Bundesstaaten eingeführten Kirchensteuersystems[22]. Realer noch

---

18 Preuß.G. v. 18.7.1919 – Dazu *Huber*, ebda.
19 Die Entscheidung über die Teilnahme sollte den Eltern bzw. (ab dem 14. Lebensjahr) den Kindern obliegen. Zudem waren hier freilich auch die späteren Verfassungsgarantien vorgebildet: Kein Zwang für Lehrer zur Erteilung von Religionsunterricht, kein Zwang für Schüler zur Teilnahme an religiösen Veranstaltungen.
20 In Bremen blieb es danach bei dem seit 1916 bestehenden "bekenntnismäßig nicht gebundenen Unterricht in Biblischer Geschichte" der freilich – gem. Art. 149 Abs. 1 S. 3 WRV – als evangelischer (d.h. keinem evangelischen Sonderbekenntnis verpflichteter) Unterricht verstanden und erteilt wurde (*Bergemann*, Zeitschr. f. evang. Kirchenrecht 9, 1962/63, S. 228 ff./252 m. Nachw.).
21 *Lammers/Simon*, Rechtsprechung des Staatsgerichtshofs f. d. deutsche Reich I, Berlin (1929), S. 441 ff., 508 ff., 528 ff.
22 S. o. S. 93 ff.

war die Unsicherheit über die Zukunft der Staatsleistungen. *Hoffmann* hatte in einer Konferenz des Ministeriums die Aufhebung bis spätestens 1. April 1919 angekündigt[23]. Seine Erklärung, die durch eine Indiskretion ihren Weg in die Presse fand, stieß wegen der schroffen Einseitigkeit des Vorgehens nicht nur kompromißbereite kirchliche Kreise vor den Kopf, sondern stellte zugleich alle kirchliche Finanzplanung auf schwankenden Boden. Auch hier kam es wegen der politischen Kräfteverschiebungen nicht zur Ausführung. Gleichwohl verstärkte die Sorge um die wirtschaftliche Existenz gerade in der Pfarrerschaft die Abneigung gegen das republikanische Regime. Endlich standen Erleichterungen des Kirchenaustritts[24], die an sich die Kirchen nicht wesentlich trafen, erklärtermaßen im Kontext der – nunmehr staatlich geförderten – Kirchenaustrittsbewegung, als deren Promotor *Adolph Hoffmann* schon in früheren Jahren in Erscheinung getreten war[25]. Sie erschienen deshalb zu Recht als Teil einer auf Zurückdrängung der Kirchen gerichteten Strategie und schürten die Erbitterung. *Hoffmann* wurde so trotz seiner nicht einmal zweimonatigen Amtszeit (12. November 1918 – 3. Januar 1919) zur Symbolfigur einer aggressiv-antikirchlichen Kulturpolitik, deren Schatten während der ganzen Weimarer Zeit auf das Verhältnis beider Kirchen zur Republik fiel. Die in diesem Bereich unscharfen Grenzen zwischen beiden sozialistischen Parteien nährten das Mißtrauen weiter Teile der kirchlichen Öffentlichkeit auch gegenüber der demokratischen Linken.

II. Das Staatskirchenrecht der Weimarer Verfassung

Die nahezu gleiche Stärke beider politischen Lager, der Zwang zur Koalition der gemäßigten Kräfte, aber auch der – wie der Schulstreit gezeigt hatte – verhältnismäßig breite Rückhalt kirchlicher Forderungen in der Bevölkerung[26], alles das

---

23 Dazu *Scholder,* Kirchen u. Drittes Reich 1, S. 20.
24 Das preußische Gesetz vom 13.12.1918 beseitigte die Frist zwischen Antrag an das Amtsgericht und Erklärung so wie diejenige zwischen Abgabe der Erklärung und deren Wirksamwerden. Entsprechende Gesetze ergingen in anderen deutschen Staaten. In Bayern trat an die Stelle einer vor dem Geistlichen der verlassenen Konfession abzugebenden Austrittserklärung nunmehr eine solche vor dem Standesbeamten. Die preußischen Regelungen wurden durch das Gesetz vom 30.11.1920 gemildert. Dazu *Huber,* Verfassungsgeschichte Bd. 5, S. 882 f.
25 *Scholder,* Kirchen u. Drittes Reich 1, S. 19.
26 Hier gingen in Berlin immerhin erstmals 60 000 Menschen zu einem Protestmarsch auf die Straße (*Morsey, Rudolf,* Die deutsche Zentrumspartei 1917-1923; Düsseldorf [1966], S. 135 f.), eine Petition an die Nationalversammlung zur Erhaltung des christlichen Charakters der Schule, iniitiert vom sog. Vertrauensrat, den der preuß.

drängte auch im Bereich der Kulturpolitik zu einem Kompromiß zwischen den divergierenden Leitvorstellungen. Der berühmte "Kulturkompromiß"[27] von Weimar führte gerade im Staatskirchenrecht zu einer ausgewogenen Lösung, die zu wesentlichen Teilen in das Grundgesetz übernommen werden konnte.

1. Die Aufhebung der "Staatskirche"

Schon die Grundfrage: Trennung oder fortdauernde Verbindung von Staat und Kirche, wurde nicht im Sinne einer der beiden Alternativen, sondern im Sinne eines vermittelnden kirchenpolitischen Systems beantwortet[28]. Eine strikte Trennungskonzeption hätte – ähnlich wie in Frankreich 1905[29] – die Kirchen in die zugige Freiheit des ihrem Selbstverständnis und ihrer gesellschaftlichen Relevanz unangemessenen privaten Vereinsrechts abgedrängt. Der Satz: "Es besteht keine Staatskirche" (Art. 137 Abs. 1 WRV)[30] sollte, wie die nachfolgenden Bestimmungen zeigen, Religion und Kirche gerade nicht zur "Privatsache" machen. Eine organisatorische Verknüpfung von Kirchen- und Staatsgewalt, die Art. 137, Abs. 1 ausschloß, hatte in Deutschland seit der Mitte des 19. Jahrhunderts ohnedies auch auf evangelischer Seite nur noch in Randbereichen bestanden[31]. Insofern fehlte dieser Aussage die aktuelle Stoßrichtung. Sicherlich besiegelte sie zugleich das Ende des landesherrlichen Kirchenregiments; allerdings hatte sich dieses Institut im 19. Jahrhundert von seiner älteren staatsrechtlichen ("terri-

---

Evang. Oberkirchenrat 1918 ins Leben gerufen hatte, brachte es auf knapp 7 Millionen Unterschriften (*Scholder*, Kirchen u. Drittes Reich 1, S. 23).

27 Dazu grundlegend *Huber*, Verfassungsgeschichte Bd. 6, S. 858 f.

28 *Bredt*, Ev. Kirchenrecht II, S. 127 ff.; *Schoen*, Staat u. Religionsgesellschaften, S. 1 ff.; *ders.*, Verfassungsrecht, S. 21 ff.; *Israel*, Reichskirchenrecht S. 20 ff.; *Giese*, Kirchenpolitisches System, S. 1 ff.; *ders.*, Staat und Kirche, JöR 13, S. 249 ff. u. 20, S. 116 ff.; *Rieder, Hans*, Staat und Kirche nach modernem Verfassungsrecht, Berlin (1928); *Mirbt*, Glaubens- u. Gewissensfreiheit, S. 319 ff.; *Ebers*, Staat u. Kirche, S. 108 ff.; *ders.*, Religionsgesellschaften, S: 361 ff.; *Eichmann, Eduard*, Staat, Religion, Religionsgesellschaften nach der neuen Reichsverfassung, München (1930); *Anschütz*, Reichsverf., Art. 135 ff.; *ders.*, Religionsfreiheit, S. 675 ff.; *Liermann*, Ev. Kirchenrecht, S. 186 ff.; *Apelt*, Reichsverfassung, S. 323 ff.; *Scheuner*, Kirche u. Staat, S. 245 ff.; *Weber*, Das kirchenpolitische System der Weimarer Verfassung im Rückblick, jetzt in: Staat u. Kirche, S. 311 ff.; *Huber*, Verfassungsgeschichte Bd. 6, S. 865 ff.; *Erler*, Kirchenrecht, S. 67 ff.; *v. Campenhausen*, Staatskirchenrecht, S. 38 ff. – s. a. oben S. 38 f.

29 Dazu grundlegend *v. Campenhausen, A.*, Staat und Kirche in Frankreich, Göttingen (1962).

30 Eine Übersicht über die ältere Lit. bei *Link*, Verfassungsrechtliche Fragen zur Aufhebung der "Staatskirche", Bayer. Verwaltungsblätter 1966, S. 297 ff.

31 Dazu oben S. 62 f.

torialistischen") Begründung gelöst, die auch die sog. jura in sacris (die eigentliche Kirchengewalt) als Teil einer allgemeinen herrscherlichen Verfügungsmacht über die öffentliche Ordnung des Territoriums beanspruchte. Die konstitutionelle Bindung der Monarchenrechte im staatlichen Bereich beförderte eher den "kollegialistischen" Gedanken einer bloßen Personalunion zwischen dem Monarchen als Staatsoberhaupt und dem kraft kirchenrechtlichem Rechtstitel amtierenden Summus episcopus[32]. Insofern waren die großen evangelischen Kirchen auch schon vor 1918 keine "Staatskirchen" im eigentlichen Sinne mehr gewesen. Immerhin hatten in zahlreichen Ländern noch Prärogativen zugunsten einer "herrschenden" Konfession bestanden, denen durch diese Verfassungsbestimmung nun der Rechtsboden entzogen war. Das Verbot der "Staatskirche" schloß deshalb auch von reichswegen das Gebot einer strikten Paritätsordnung zwischen den großen christlichen Kirchen ein und erweiterte es zugleich auf soziologisch bedeutsame andere Religionsgemeinschaften (Art. 137 Abs. 3 S. 2)[33].

2. Das kirchliche Selbstbestimmungsrecht und seine Schranken

Die wichtigste Bestimmung dieses Teils der Reichsverfassung war Art. 137 Abs. 3, der eine Formulierung der Paulskirchenverfassung (§ 147 Abs. 1) aufnahm:

"Jede Religionsgesellschaft ordnet und verwaltet ihre Angelegenheiten selbständig innerhalb der Schranken der für alle geltenden Gesetze".

Darin lag gegenüber älteren Gewährleistungen eine Ausdehnung in zweifacher Hinsicht. Zunächst entfiel die in zahlreichen Verfassungen des 19. Jhs. enthaltene gegenständliche Autonomiebegrenzung auf "innere", "geistliche" etc. Angelegenheiten[34]. Zum anderen schloß eine so formulierte Schrankenklausel jedenfalls die Annahme eines staatsgesetzlichen Totalvorbehaltes aus. Verfassungswidrig waren danach alle die Freiheit einer einzelnen Religionsgemeinschaft beschränkenden Sondergesetze[35].

Streitig blieb, ob darunter auch ein für alle Religionsgesellschaften gleichermaßen ungünstiges Gesetz verstanden werden konnte. Eine verbreitete Lehrmeinung bejahte dies zumindest insoweit, wie solche Gemeinschaften kraft ihrer Korporationsqualität in die Sphäre des Organisatorisch-Öffentlichen eingewiesen seien. Dann nämlich sollten sie der "besonderen Hoheit des Staates", eben der

---

32 Dazu *Scheuner,* Kirche u. Staat, S. 239 ff.; *Heckel, Martin,* Zur Entwicklung des deutschen Staatskirchenrechts von der Reformation bis zur Schwelle der Weimarer Verfassung, Zeitschr. f. evang. Kirchenrecht 12 (1966/67), S. 1 ff. (31ff.).
33 So zutreffend *Huber,* Verfassungsgeschichte Bd. 6, S. 868 f.
34 S. o. S. 55 f. m. FN 24.
35 *Ebers,* Staat und Kirche, S. 291 f.

Hoheit des Staates über diese Sphäre unterliegen[36]. Eine Mindermeinung sah dagegen als "für alle geltend" nur das für alle Personen, insbes. für alle juristischen Personen verbindliche Recht, mithin also vor allem das allgemeine Vereinsrecht an[37]. Jedenfalls verbot die Klausel gezielte, manipulierende gesetzliche Eingriffe in die religionsgesellschaftliche Autonomie[38]. Damit war jedoch noch nicht die Frage beantwortet, ob jede in diesem Sinn "für alle" geltende Rechtsnorm das kirchliche Selbstverwaltungsrecht begrenzen konnte. Ebenso wie *Rudolf Smend* für den Parallelfall der Meinungsfreiheit eine Abwägung zwischen grundrechtlicher Freiheit und dem durch das jeweils einschlägige "allgemeine Staatsgesetz" geschützten Rechtsgut gefordert hatte[39], bestimmte 1932 auch *Johannes Heckel* das "für alle geltende Gesetz" als ein "Gesetz, das trotz grundsätzlicher Bejahung der kirchlichen Autonomie vom Standpunkt der Gesamtnation als notwendige Schranke der kirchlichen Freiheit anerkannt werden muß: m.a.W. jedes für die Gesamtnation als politische Kultur- und Rechtsgemeinschaft unentbehrliche Gesetz, aber auch nur ein solches Gesetz". Die Schrankenklausel stelle sich als "sinnvariierende Formel" dar, die für privatrechtliche Religionsgesellschaften und öffentlich-rechtliche korporierte Großkirchen jeweils einen anderen Inhalt habe[40]. Nur für die ersteren könne das allgemeine Vereinsrecht die Autonomiegrenze markieren. Die Problematik der "Heckelschen Formel" die nach Inkrafttreten des GG von Teilen der Rechtsprechung übernommen wurde, kann hier nicht diskutiert werden. Sie vermochte sich im Geltungszeitraum der WRV noch nicht durchzusetzen.

3. Fortbestand der Staatsaufsicht?

In engem Zusammenhang damit stand die Frage der fortdauernden Staatsaufsicht. Angesichts des verfassungsmäßig garantierten Selbstverwaltungsrechts bestand weitgehende Einigkeit darüber, daß hierfür jedenfalls eine gesetzliche Grundlage erforderlich war. Gegenüber den privatrechtlichen Religionsgesell-

---

36 *Forsthoff*, Körperschaft, S. 115 ff.; ähnlich *Anschütz*, Reichsverf., Art. 137 Anm. 5.

37 *Ebers*, Staat und Kirche, S. 292 ff.: Zwar sei dadurch ein Sonderrecht für Religionsgesellschaften insgesamt (also nicht nur für einzelne von ihnen) nicht ausgeschlossen, dieses dürfe indes den Freiheitsstandard des Vereinsrechts nicht unterschreiten; *ders.*, Religionsgesellschaften, S. 399 ff.

38 *Weber,* "Allgemeines Gesetz" und "für alle geltendes Gesetz" (1973), jetzt in: Staat und Kirche, S. 340 ff. (341 ff., 357 ff.); insoweit i. w. übereinstimmend, freilich die "inneren Angelegenheiten" vom Schrankenvorbehalt ausnehmend, *Huber*, Verfassungsgeschichte Bd. 6, S. 875 ff. (ebenso später BVerfGE 18, 385).

39 Das Recht der freien Meinungsäußerung, VVDStRL 4 (1928), S. 44 ff. (52, 73).

40 *Heckel,* Das staatskirchliche Schrifttum der Jahre 1930 und 1931 (1932); jetzt in: Ges. Aufs. S. 590 ff. (593).

schaften bestanden deshalb staatsaufsichtliche Befugnisse nur im Rahmen des allgemeinen Vereinsrechts, dessen fortschreitende Entpolitisierung dem staatlichen Kontrollinstrumentarium die Schärfe genommen hatte. Anders lagen die Dinge bei den öffentlich-rechtlich korporierten Kirchen. Die Meinung von *Ebers*[41], daß auch insofern Autonomiegrenzen und Aufsichtsrechte allein durch das Vereinsrecht bestimmt würden, daß mithin eine spezielle Staatskirchenhoheit mit Inkrafttreten der Verfassung entfallen sei, fand kaum Gefolgschaft. Die zahlreichen Rechtsnormen, die staatliche Einwirkungs- und Kontrollrechte im Bereich des kirchlichen Organisations- und Ämterwesens sowie bei der Vermögensverwaltung begründeten, die Informations-, Kontroll-, Nominations- und Bestätigungsbefugnisse, Genehmigungsvorbehalte etc., waren ja gerade nicht "für alle" geltende Gesetze, sondern Teil eines Systems differenzierter und vor allem die Großkirchen auch in durchaus unterschiedlicher Weise treffender Staatskirchenhoheit. Diese hatte sich zwar bis zum Ende der Monarchie deutlich abgeschwächt, war jedoch im Prinzip keineswegs preisgegeben worden[42]. Ihre Fortgeltung auch unter der WRV begründete die überwiegende Auffassung mit einem besonderen Pflichtenstatus, der das "Korrelat" zur Privilegierung der Kirchen als Körperschaften des öffentlichen Rechts bilden sollte[43]. Die "Korrelatentheorie" wurde so zur Legitimationsgrundlage einer auch vom republikanischen Verfassungsstaat beanspruchten Staatskirchenhoheit, dergegenüber sich die prinzipielle Freiheitsgewährleistung zunächst eher als Programansatz ausnahm.

---

41 Staat und Kirche, S. 299 ff.; *ders.*, Religionsgesellschaften, S. 401 ff.; ebenso i. Erg. *Schmitt, Josef,* Die Selbstverwaltung der Religionsgesellschaften nach Art. 137 Abs. 3 RV, AöR NF 3 (1922), S. 1 ff.; *ders.,* Kirchliche Selbstverwaltung im Rahmen der Reichsverfassung, Paderborn (1927), S. 90 ff.; einschränkend *Huber,* Bespr. v. *Ebers,* Staat und Kirche, AöR 21 (1932), S. 303 ff. (307); *ders.,* Verfassungsgeschichte Bd. 6, S. 877 f.; vgl. auch *Lilienthal,* Staatsaufsicht, S. 13 ff., 63 ff.; *Rieder* (FN 28), S. 50 ff.

42 *Weber* (FN 38), S. 349.

43 *Schoen,* Staat und Religionsgesellschaften, S. 20 ff.; *ders.,* Neues Verfassungsrecht, S. 33 ff.; *Kahl, Wilhelm,* Das Reichsgericht und der braunschweigische Kirchenverfassungsstreit, AöR NF 4 (1922), S. 115 ff.; *Holstein,* Grundlagen, S. 174 f.; *Giese, Friedrich,* Die Verfassung des Deutschen Reiches v. 11. August 1919, 8. Aufl., Berlin (1931), Art. 137 Nr. 4 und 6; *Hatschek, Julius,* Deutsches und Preußisches Staatsricht I, Berlin (1930), S. 228 ff.; *Forsthoff,* Öff. Körperschaft, S. 115 ff.; *Gebhard, Ludwig,* Die Verfassung des Deutschen Reiches vom 11. August 1919, München-Berlin-Leipzig (1932), Art. 137 Anm. 10 a; *Poetzsch-Heffter, Fritz,* Handkommentar der Reichsverfassung, 3. Aufl., Berlin (1928), Art. 137 (S. 450 f.); *Anschütz,* Reichsverf., Art. 137 Anm. 5; RGZ 103, 94; RGSt. 57, 25; preuß. OVG E 79, 104; 82, 196 ff. (201 ff.); 231 ff. (237) – weitere Nachw. zu dieser Kontroverse bei den hier Genannten und bei *Link,* Staatskirchenhoheit, Zeitschr. f. evang. Kirchenrecht 20 (1975) S. 1 ff. (4 Anm. 6).

4. Die Verfassungsentscheidung für den kirchlichen Korporationsstatus

Damit erhielt die Verfassungsgarantie der Korporationsqualität eine zentrale Bedeutung. Sie bildete gleichsam das Gegengewicht zur Aufhebung der Staatskirche und bekräftigte die überkommene Stellung der Kirchen als Faktoren des öffentlichen Lebens, gewährleistete sie in ihrer Eigenart und erkannte sie in ihrem Öffentlichkeitsanspruch auch von Verfassungs wegen an[44]. Insofern ging die Garantie über die Bestätigung überkommener Privilegien weit hinaus und enthielt ein wichtiges Element fortdauernder Verbindung von Staat und Kirche. Diese Verfassungsentscheidung bildete deshalb einen integrierenden Bestandteil des Kulturkompromisses; ohne sie wäre das Verfassungswerk gescheitert[45]. Ihre Bedeutung lag im Verzicht auf eine Statuseinebnung nach unten, d.h. auf die Ebene des Vereinsrechts (wie es in der Konsequenz des Trennungskonzeptes gelegen hätte). Art. 137 Abs. 5 WRV ließ vielmehr das, was bisher als Privileg der Großkirchen erscheinen konnte, nunmehr allen Religionsgesellschaften zuteil werden, die durch Verfassung und Mitgliederzahl die Gewähr der Dauer boten. Damit war zugleich ein Rechtsanspruch verbunden, der die Restbestände des älteren Jus reformandi, das diskretionäre Element bei der Zulassung "öffentlich anerkannter" Religionsgemeinschaften beseitigte. Die WRV nivellierte insofern also nicht nach unten, sondern nach oben und erweiterte die Parität auf Korporationsbasis über den bisher begrenzten Kreis von Kirchen hinaus[46].

Allgemein anerkannt war dabei, daß dieser Korporationsstatus nicht zu einer Gleichstellung mit anderen Körperschaften des öffentlichen Rechts als Trägern "mittelbarer Staatsverwaltung" führen sollte. Dem stand bereits das Verbot der "Staatskirche" entgegen. Die Konsequenz ergab sich aber auch aus der Säkularität des modernen Staates und der daraus abzuleitenden prinzipiellen Begrenzung seines Wirkungskreises. Die Eigenständigkeit der Kirchen und die Anerkennung ihres besonderen Auftrages schloß daher eine derartige Einordnung im Ansatz aus.

---

44 Dazu grundlegend *Smend, Rudolf*, Zur Gewährung der Rechte einer Körperschaft des öffentlichen Rechts an Religionsgesellschaften gemäß Art. 137 WRV, Zeitschr. f. evang. Kirchenrecht 2 (1952/53), S. 374 ff.; *ders.*, Grundsätzliche Bemerkungen zum Korporationsstatus der Kirchen, ebda., 16 (1971), S. 241 ff. (243 ff.).

45 *Smend*, Korporationsstatus (FN 44), S. 243.

46 Dies galt nicht nur für Religionsgesellschaften im herkömmlichen Sinn, sondern auch für deren Untergliederungen und Zusammenschlüsse (wie etwa der 1919 erfolgten Verschmelzung der 7 Kirchen auf thüringischem Gebiet zur thüringischen Landeskirche) und für föderative Verbindungen wie den Deutschen Evangelischen Kirchenbund (s. u. S. 466), aber auch für Weltanschauungsvereinigungen (Art. 137 Abs. 8).

5. Kirchliches Besteuerungsrecht und kirchenvermögensrechtliche Garantien der Reichsverfassung

a) Eine Anerkennung der Kirchen als Institutionen des öffentlichen Lebens fand auch in den vermögensrechtlichen Garantien Ausdruck. Für die altkorporierten Kirchen verblieb es bei dem überkommenen Besteuerungsrecht. Andere Religionsgesellschaften erlangten es mit Erwerb des Körperschaftsstatus[47]. Da die mit der Steuerhoheit verbundene Zwangsbetreibung auf staatlicher Verleihung beruhte, verbanden sich damit zugleich spezifische Aufsichts- und Mitwirkungsrechte[48]. Andererseits verlagerten sich jedenfalls seit der *Erzbergerschen* Finanzreform in diesem Bereich die Gewichte der Kompetenzen von den Ländern zum Reich. Dies deshalb, weil die wichtigsten Maßstabsteuern, zu denen Kirchensteuern als Zuschläge erhoben wurden, nunmehr Reichssteuern waren und in die Verwaltung der Reichsfinanzbehörden übergingen[49].

b) Auch die Kirchengutsgarantie des Art. 138 Abs. 2[50] knüpfte an ältere Vorbilder an. Sie war dazu bestimmt, die öffentliche Funktion des Kirchenguts zu schützen[51] und ging daher in ihrem Gewährleistungsbereich über den allgemeinen Eigentumsschutz hinaus. Sie verbot nicht nur eine Entziehung, sondern darüber hinaus eine Zweckentfremdung der res sacrae und des kirchlichen Verwaltungsvermögens[52]. Andererseits war davon auch die Erwerbsfreiheit umfaßt, so daß die in einigen Ländern fortgeltenden Amortisationsgesetze nicht nur als un-

---

47 Die in der ursprünglichen Fassung des Art. 137 Abs. 6 enthaltene Beschränkung auf die Besteuerung "ihrer Mitglieder" wurde auf Antrag des Abg. *Groeber* gestrichen, um auch weiterhin die Heranziehung juristischer Personen zur Kirchensteuer zu ermöglichen. Erst das BVerfG (E 19, 206) hat dies 1965 für verfassungswidrig erklärt.

48 Die landeskirchlichen NotVO.en und Gesetze in Kirchensteuersachen bedurften daher der staatlichen Anerkennung, die sich der Sache nach sowohl auf die Verwaltungseinrichtungen wie auf Steuertarife und Verteilungsmaßstäbe erstreckte.

49 Gem. § 19 Abs. 2 RAO 1919 konnte der Reichsfinanzminister auf Antrag der zuständigen Kirchenbehörden den Zuständigkeitsübergang auf die Reichsfinanzgewalt verfügen (dazu näher und mit Nachw. *Huber*, Verfassungsgeschichte Bd. 6, S. 896 f.).

50 Dazu grundlegend *Huber, Ernst Rudolf*, Die Garantie der kirchlichen Vermögensrechte in der Weimarer Verfassung, Tübingen (1927); *Heckel, J.*, Kirchengut und Staatsgewalt (1952), jetzt in: Ges. Aufs., S. 328 ff. (355 ff.).

51 Zu weitgehend ist es freilich, wenn *Heckel* aus der öffentlichen Funktion des Kirchenguts eine Beschränkung der Kirchengutsgarantie auf das Vermögen der beiden großen christlichen Kirchen herleiten wollte (FN 50), S. 358 ff. Dazu u. m. Nachw. *Link*, Die russisch-orthodoxen Exilkirchen in Deutschland und ihr Kirchengut, Zeitschr. f. evang. Kirchenrecht 23 (1978), S. 89 ff. (129 f.).

52 *Heckel* (FN 50); dagegen hielt die h. M. eine Enteignung gegen Entschädigung für zulässig (*Anschütz*, Reichsverf., Art. 138 Anm. 7).

zulässiges diskriminierendes Sonderrecht gegen Art. 137 Abs. 3 verstießen, sondern auch unter diesem Gesichtspunkt verfassungsrechtlich fragwürdig waren. – Obwohl die Vermögensverwaltung eigentlich zu den eigenen Angelegenheiten der Religionsgesellschaften gehörte und demgemäß ihrer Selbstverwaltung unterlag, wurde staatlicherseits doch ein Teil der überkommenen Aufsichtsrechte erneuert.

Zwar baute namentlich Preußen gegenüber der katholischen Kirche einige aus der Kulturkampfepoche stammende Beschränkungen ab[53]. Das Gesetz über die Verwaltung des katholischen Kirchenvermögens vom 24.7.1924[54] beließ es jedoch bei der an sich dem kanonischen Recht widersprechenden dezisiven Laienbeteiligung (gewählte Kirchenvorstände mit dekretiertem Frauenwahlrecht).

Darüberhinaus wurde – im einzelnen unterschiedlich – für beide Kirchen[55] nicht nur eine Rechtsaufsicht, sondern eine Zweckmäßigkeitskontrolle hinsichtlich der Mittelverwendung aufrechterhalten. Damit verbanden sich eine Reihe staatlicher Beanstandungsrechte und Genehmigungsvorbehalte. Als äußerstes Mittel war die Zwangsetatisierung vorgesehen. Damit war dem Staat ein Hebel in die Hand gegeben, der in den Auseinandersetzungen zu Beginn der NS-Herrschaft massive Einbrüche in die Organisation der evangelischen Kirche ermöglichen sollte. Beide Kirchen setzten sich zunächst zur Wehr, nahmen aber dann doch diese erheblichen und verfassungsrechtlich kaum gedeckten Autonomiebeschränkungen[56] hin, auf evangelischer Seite vor allem deshalb, um der Neuordnung der Kirchenverfassung keine Hindernisse in den Weg zu legen. Während sich so in Preußen deutliche Anklänge an die ältere Auffassung zeigten, Kirchenvermögensrecht sei Staatsrecht[57], stellten andere Länder (namentlich Baden, Bayern und Württemberg) die Kirchen auch in diesem Bereich sehr viel freier[58].

c) Von besonderer praktischer Bedeutung war das Schicksal der Staatsleistungen. Sie beruhten auf unterschiedlichen Rechtstiteln, stellten aber insgesamt als Zuwendung der Länder für allgemeine und besondere Bedürfnisse der Kirche

---

53 Zu den Gesetzen von 1875 und 1876 oben S. 87 f.
54 PrGS S. 505.
55 Für die evangelischen Kirchen waren die entsprechenden Bestimmungen im Gesetz betr. die Kirchenverfassungen der evangelischen Landeskirchen v. 8.4.1924 (PrGS S. 221) enthalten.
56 Dazu eingehend *Ebers*, Staat und Kirche, S. 326 ff., 359 ff./372 ff.
57 Nachw. bei *Link* (FN 51), S. 123 m. Anm. 110.
58 Einzelheiten bei *Ebers*, Staat u. Kirche, S. 325 f., 329, 364 ff.

deren wichtigste Einnahmequelle nach der Kirchensteuer dar[59]. Die Kirchen hatten zunächst allen Grund, um diesen Bestandteil ihrer Subsistenzmittel zu fürchten, denn von der Sozialdemokratie war bereits im Erfurter Programm 1891 die "Abschaffung aller Aufwendungen aus öffentlichen Mitteln zu kirchlichen und religiösen Zwecken" verlangt worden[60] – und es konnte kein Zweifel bestehen, daß damit eine entschädigungslose "Abschaffung" gemeint war. Da sich für eine solche Forderung in den Verfassungsberatungen keine Mehrheit fand[61], wurde auch diese Frage zum Bestandteil des Weimarer Kulturkompromisses.

Danach sollten die Staatsleistungen durch die Landesgesetzgebung "abgelöst" werden (Art. 138 Abs. 1 S. 1), was nach Wortsinn und einhelliger Ansicht die Zuwendung eines entsprechenden Aequivalents bedeutete. Hier griffen freilich eine praktische und eine rechtliche Frage ineinander. Angesichts der beachtlichen Höhe der Gesamtleistungen und der Situation der öffentlichen Haushalte war an eine Ablösung durch einmalige Kapitalisierung nicht zu denken. Nur eine solche Lösung hätte aber – im Sinne der Trennungskonzeption der SPD – zu einer "Institutsliquidation" geführt[62]. Die Umwandlung in Rentenleistungen wäre andererseits nur eine Modifikation, nicht eine "Ablösung" der Staatsleistungen gewesen. Das Problem war daher unlösbar. Da das Reich hierfür die Grundsätze aufstellen sollte (Art. 138 Abs. 1 S. 2), und ein solches Reichsablösungsgesetz nicht zustande kam[63], wirkte die Sperrvorschrift des Art. 173 de facto als Status-quo-Garantie. Soweit die Länder in der Folgezeit mit den Kirchen vertragliche

---

59 Zuschüsse wurden und werden gewährt zu dem personellen und sachlichen Bedarf der kirchlichen Verwaltung, zu Ausbildung, Besoldung und Versorgung von Amtsträgern sowie für Bau und Instandhaltung von Gebäuden. Dazu und zu den Rechtstiteln die instruktive Übersicht bei *Hofmann, Werner*, Art. Staatsleistungen, Evang. Staatslexikon, 2. Aufl. Stuttgart-Berlin (1975), Sp. 2513 ff.; *Huber*, Verfassungsgeschichte Bd. 6, S. 891.

60 *Mahler, K.* (Hrsg.), Die Programme der politischen Parteien in Deutschland, 3. Aufl. (1911), S. 53; dazu *Brauns, Hans-Jochen*, Staatsleistungen an die Kirchen und ihre Ablösung, Berlin (1970), S. 36 ff.

61 *Brauns* (FN 60), S. 84 ff.

62 Diese Interpretation des Ablösungsgebots hält *Brauns* (FN 60), S. 82 ff. mit Recht für zwingend. Für Zulässigkeit von Rentenzahlungen dagegen *Weber, Werner*, Die Ablösung der Staatsleistungen an die Religionsgesellschaften, Stuttgart (1948), S. 41 ff., m. Nachw. über die Kontroverse im Weimarer Schrifttum.

63 Lediglich Art. 18 Reichskonkordat (i. folg.: RK) begründete für ein solches Gesetz die Pflicht zu freundschaftlichem Einvernehmen zwischen Reich und Hl. Stuhl und stellte klar, daß die Ablösung der Kirche einen "angemessenen Ausgleich" für die weggefallenen Leistungen gewähren müsse (Abs. 3). Zu den Rechtstiteln i.S.d. Art. 138 Abs. 1 S. 1 WRV sollte auch das "rechtsbegründete Herkommen" zählen (Abs. 2) – eine an sich rechtsdogmatisch überflüssige Feststellung.

Regelungen trafen[64], enthielten diese keine Ablösung, sondern lediglich Konkretisierungen der staatlichen Leistungspflichten[65].

6. Staat und Kirche im Bildungswesen

Auch hier kam es nicht zu einer radikalen Trennung, wie sie den Protagonisten dieses kirchenpolitischen Systems vorgeschwebt hatte. Zwar schloß auch die Reichsverfassung nunmehr die geistliche Schulaufsicht aus[66]; jedoch wurde der Religionsunterricht als ordentliches Lehrfach garantiert[67]. Da er in Übereinstimmung mit den Grundsätzen der jeweiligen Religionsgemeinschaft zu erteilen war, blieb es insoweit auch bei einem (beschränkten) kirchlichen Aufsichtsrecht[68]. Als ordentliches Lehrfach war der Religionsunterricht Pflichtfach für die Schule, nicht aber für Lehrer und Schüler[69]. Damit hatte sich namentlich der Streit um die Teilnahme von Dissidentenkindern erledigt – was wiederum zur Begradigung einer kulturpolitischen Frontlinie führte. Dagegen enthielt Art. 146

---

64 Vertrag des Freistaats Braunschweig mit der braunschweigischen ev.-luth. Landeskirche v. 8.8.1923; Bayer. Konkordat v. 29.3.1924, Art. 10; Bayer. ev. Kirchenverträge v. 15.11.1924, Art. 21-25 bzw. 14-18 Pfälz. KV; Preuß. Konk. v. 14.6.1929, Art. 4; Preuß. Ev. Kirchenvertrag v. 11.5.1931, Art. 5; Bad. Konk. v. 12.11.1932, Art. VI; Bad. Ev. Kirchenvertrag v. 14.11.1932, Art. I-V; weitere Verträge kamen darüber zustande in Schaumburg-Lippe (1928), Thüringen (1929), beiden Mecklenburg (1929/30), Anhalt (1930), Hessen (1930) und Oldenburg (1925), Nachw. bei *Hollerbach, Alexander*, Verträge zwischen Staat und Kirche in der Bundesrepublik Deutschland, Frankfurt a.M. (1965), S. 18 f.

65 Streitig war weiter, ob der Staatsleistungsbegriff auch die sog. negativen Leistungen, d.h. Steuer- und Abgabenprivilegierungen umfaßte, und ob damit die Beseitigung entsprechender Befreiungstatbestände durch einige Länder verfassungswidrig war. Dazu ausführlich *Brauns* (FN 60), S. 41 ff.

66 WRV Art. 144; dazu oben S. 102 f.

67 An allen Schulen mit Ausnahme der bekenntnisfreien (Art. 149 Abs. 1). Zu den letzteren rechneten indes nicht die (christlichen) Gemeinschaftsschulen, sondern Weltanschauungsschulen, die gem. Art. 146 Abs. 2 auf Antrag der Erziehungsberechtigten errichtet werden konnten.

68 A.A. *Landé*, Schule in der Reichsverfassung, S. 194 ff. Zu der – insoweit übereinstimmenden – Rechtslage gem. Art. 7 Abs. 3 GG: *Link*, Religionsunterricht, in *Listl/Pirson*, (Hrsg.), Handbuch des Staatskirchenrechts der Bundesrepublik Deutschland, 2 Bde., 2. Aufl., Berlin (1994/95) – i. folg.: HdbStKR[2] – II, S. 439 ff. (491 ff., 497 ff.).

69 Die nach Art. 149 Abs. 2 für Lehrer und Schüler erforderliche "Willenserklärung" wurde in beiden Fällen als Notwendigkeit eines Votum negativum interpretiert, d.h. es bedurfte einer ausdrücklichen Weigerung auf Lehrer- bzw. einer Ab- (also nicht An-)meldung auf Schülerseite (*Anschütz*, Reichsverf., Art. 149 Anm. 2). Damit erschien auch unter der WRV der Religionsunterricht als Pflichtfach mit verfassungsverbürgter Befreiungsmöglichkeit.

Abs. 1, der die "für alle gemeinsame" Grundschule festlegte, einen typischen dilatorischen Formelkompromiß. Zwar gelang es dem Zentrum, im "2. Schulkompromiß" die Möglichkeit von Bekenntnisschulen auf Antrag der Erziehungsberechtigten zu verankern (Abs. 2)[70]; die Frage war jedoch, ob Abs. 1 nur eine "soziale" oder auch eine konfessionelle Gemeinsamkeit meinte[71]. Im ersten Fall hätte in den Ländern mit Bekenntnisschultradition die Konfessionsschule als Regelschule fortbestehen können, im zweiten nur ausnahmsweise als Antragsschule. Die Kontroverse blieb indes unausgetragen, da das Nähere durch die Landesgesetzgebung "nach den Grundsätzen eines Reichsgesetzes" geregelt werden sollte. Trotz mehrerer Anläufe kam aber dieses Reichsvolksschulgesetz wegen der unüberbrückbaren Gegensätze nicht zustande[72]. Nach Art. 174 verblieb es daher bei der bisherigen Rechtslage. Praktisch wirkte diese Sperrvorschrift als Garantienorm für das in der Mehrzahl der Länder etablierte Bekenntnisschulsystem.

Endlich gewährleistete Art. 149 Abs. 3 den Fortbestand der theologischen Fakultäten und vermied auch auf diesem wichtigen Gebiet eine doktrinäre Trennung von Staat und Kirche[73]. Diese Bestandsgarantie sicherte zugleich deren geschichtlich geprägte Gestalt[74], namentlich ihre Bekenntnisbindung und die sich daraus ergebenden Schranken in der Wahrnehmung von Wissenschaftsfreiheit – sowie bestimmte personelle Einwirkungsrechte der Kirchen.

7. Militär- und Anstaltsseelsorge

Gemäß Art. 140 und 141 war nicht nur den Angehörigen der Wehrmacht "die nötige freie Zeit zur Erfüllung ihrer religiösen Pflichten" zu gewähren, sondern

---

70 Zur Entstehungsgeschichte *Landé,* Schule in der Reichsverfassung, S. 27 ff.; *Poetzsch-Heffter* (FN 43), Art. 146 Anm. 1.

71 Dazu *Poetzsch-Heffter* (FN 43), Art. 146 Anm. 2; *Anschütz,* Reichsverf., Art. 146 Anm. 3 f.

72 Entwürfe 1921, 1924, 1925, 1926, 1927/28; dazu *Landé,* Schule in der Reichsverfassung, S. 106, 216; *ders.,* Aktenstücke zum Reichsvolksschulgesetz, Leipzig (1928); *Schulz, H.,* Der Leidensweg des Reichsvolksschulgesetzes, Berlin (1926); *Huber,* Verfassungsgeschichte Bd. 6, S. 950 ff; Bd. 7, S. 622 f.

73 Gestrichen wurde in der 3. Lesung die Beschränkung auf die "bestehenden" Fakultäten, um auch Neuerrichtungen zu ermöglichen. Die Meinung von *Holstein, Günther,* Hochschule und Staat, Sonderdr. aus: Das Akademische Deutschland Bd. 3, Berlin (1930), S. 6 ff. (9), Art. 149 erlaube nur Fakultäten der christlichen Hauptkonfessionen, vermochte sich nicht durchzusetzen (dazu *Anschütz,* Reichsverf., Art. 149 Anm. 5).

74 *Huber,* Verfassungsgeschichte Bd. 6, S. 983 ff., der zu Recht darauf hinweist, daß damit zugleich die verfassungsrechtliche Anerkennung des Wissenschaftscharakters der Theologie ausgesprochen war.

waren auch die Religionsgesellschaften bei bestehendem "Bedürfnis nach Gottesdienst und Seelsorge im Heer, in Krankenhäuseen, Strafanstalten und sonstigen öffentlichen Anstalten ... zur Vornahme religiöser Handlungen zuzulassen". Insoweit korrespondierte der Individualgarantie eine institutionelle der Militär- und Anstaltsseelsorge. Die zweite verpflichtete den Staat zwar nicht notwendig zur Anstellung von Militär- und Anstaltsgeistlichen und damit zur Weiterführung namentlich des überkommenen Militärkirchenwesens, ließ aber diese Möglichkeit offen. Gegen Widerstände in der Nationalversammlung setzte sich schließlich das übereinstimmende Anliegen von Kirchenleitungen und preußischem Kriegsministerium durch[75]. Da auch in Staaten mit klassischen Trennungssystemen Militär- und Anstaltsseelsorge in dieser Form unter dem Gesichtspunkt effektiver Grundrechtssicherung bestanden, war hier der Graben zwischen den unterschiedlichen kirchenpolitischen Leitvorstellungen leichter zu überbrücken. Trotzdem hatte die Entscheidung nicht unbeträchtliche politische Konsequenzen. Die Wiedererrichtung eines Militärkirchenwesens schloß naturgemäß den Zwang zu einvernehmlichem Zusammenwirken zwischen Staat und Kirchenleitungen ein und wurde damit insbesondere für die katholische Kirche zu einem überaus wirksamen Druckmittel im Kampf um eine konkordatäre Absicherung ihrer Rechtsstellung.

8. Das staatskirchenrechtliche System von Weimar als Ausgleichsordnung

Die staatskirchenrechtliche Konzeption der Verfassung wurde in ihren institutionellen Bestandteilen ergänzt durch die individuellen Grundrechtsgarantien der Glaubens-, Gewissens- und religiösen Vereinigungsfreiheit. Beide Aspekte zusammen schufen erst eine freiheitliche religionsrechtliche Ordnung. Gerade die stärkere Akzentuierung auch der negativen Religionsfreiheit, des Rechts, sich einer Inanspruchnahme durch die Kirchen zu entziehen, sicherte den tradierten Institutionen ihre Freiheitlichkeit und schuf ein System des Ausgleiches, das die Religionsgesellschaften als gesellschaftliche Ordnungsmächte respektierte, ohne den Bürger einem unentrinnbaren Zwang zu unterwerfen. Dieser Kompromiß erwies sich als so tragfähig, daß die Übernahme seines Kernes in das GG 1949 mehr als nur eine Verlegenheitslösung bedeutete. Die vieldiskutierte Frage, ob in dieser verfassungsrechtlichen Ordnung die Elemente der Trennung oder der Verbindung überwogen, ob es sich um eine "hinkende Trennung" (*Ulrich Stutz*) oder um eine "gelockerte Verbindung" von Staat und Kirche (*Ulrich Scheuner*) handelte, ist demgegenüber von sekundärem Interesse. Derartige Klassifizierungen machen nur deutlich, daß sich der verfassungsrechtliche Sinnzusammenhang der

---

75 *Huber*, Vefassungsgeschichte Bd. 6, S. 887 f.

staatskirchenrechtlichen Normen gerade nicht von einem dogmatischen Leitmotiv her interpretieren ließ – es sei denn von dem einer größtmöglichen Symbiose individueller und korporativer Freiheit. Die Verfassung gab dem Bürger nicht nur Freiheit *von* den Institutionen, sondern sicherte dem seiner Religion (oder Weltanschauung) verpflichteten Bürger ebenso wie den Kirchen auch Freiheit *in* den Institutionen des Gemeinschaftslebens. Die Tragfähigkeit dieses Ausgleiches hing freilich auch von der Bereitschaft des Staates ab, sich als weltanschaulich und religiös neutraler Sachwalter des Gemeinwohls zu verstehen. Jeder ideologisch motivierte Mißbrauch der Aufsichtsrechte beschwor ungleich ernstere Gefahren für eine freiheitliche Ordnung des Kulturstaates herauf, als sie in den älteren staatskirchlichen Gestaltungsformen angelegt waren. Insofern lebte das staatskirchenrechtliche System der Weimarer Verfassung von seiner Einbettung in das Gefüge des grundrechtssichernden Verfassungsstaats.

III. Die Neuordnung der evangelischen Kirchenverfassung

1. Theologische und kirchenpolitische Reformprobleme

Die evangelischen Landeskirchen sahen sich gezwungen, die durch den Wegfall des landesherrlichen Kirchenregiments entstandene Lücke ihrer Verfassungsspitze zu schließen und sich zugleich durch eigenständige Leitungsorgane als Körperschaften des öffentlichen Rechts zu konstituieren. Dementsprechend gaben sich zwischen 1919 und 1926 alle Landeskirchen neue Verfassungen, die freilich im Gefolge der als fortbestehend angesehenen Staatskirchenhoheit fast durchweg eine Bestätigung durch Staatsgesetz fanden. Die im 19. Jahrhundert unentschieden gebliebene Kontroverse über die dem kirchlichen Selbstverständnis angemessene Verfassungsgestalt reformatorischer Kirchen[76] bekam nun eine drängende Aktualität. Wie schon zwei Menschenalter zuvor verbanden sich auch jetzt theologische und politische Motivationen in der Reformbewegung zu einer kaum aufzulösenden Einheit. Von der bedeutsamen Ausnahme Thüringens[77] abgesehen blieb zunächst die territoriale Gliederung des deutschen Protestantismus im wesentlichen bestehen; in gewisser Weise wurde die kirchliche Landkarte

---

76 Dazu näher *Link*, Die Grundlagen der Kirchenverfassung im lutherischen Konfessionalismus des 19. Jahrhunderts, München (1968).

77 Hier verbanden sich die auf dem Gebiet des neuen "Volksstaats Thüringen" gelegenen Landeskirchen (bis auf diejenige des ehemaligen Fürstentums Reuß ä. L.) 1921 zur Thüringer Evangelischen Kirche, allerdings zunächst unter Wahrung bestimmter Eigenrechte (dazu näher *Liermann*, Ev. Kirchenrecht, S. 275 f.).

noch bunter, da bisher durch die Klammer eines einheitlichen landesherrlichen Kirchenregiments verbundene Kirchen sich nunmehr verselbständigten[78].

Wichtiger war indes der innere Aufbau der Landeskirchen. Die Chance des Neubeginns weckte zunächst breite Hoffnung auf eine "Demokratisierung", d.h. auf eine vom Kirchenvolk getragene kirchliche Leitungsstruktur, die die bisherige obrigkeitlich-konsistoriale Ordnung ersetzen sollte. Die Pastorenkirche müsse der Laienkirche, die Konsistorialkirche der Gemeindekirche weichen, forderte der einflußreiche Theologe *Martin Rade*, alle Ämter und Leitungsbefugnisse sollten durch freie Wahl der Kirchenglieder verliehen werden[79]. Daß in Teilen der volkskirchlichen Bewegung nicht allein theologische Reflexionen bestimmend waren, sondern daß es darum ging, die Revolution auch in die Kirche hineinzutragen, zeigt das Verlangen nach der Schaffung von "Volkskirchenräten"[80]. In der allgemeinen Unsicherheit und Orientierungslosigkeit erwies sich jedoch der Wunsch als stärker, jedenfalls im kirchlichen Bereich die Kontinuität zu wahren und im Bewährten Halt zu finden. So kam es eher zu einer Neubelebung der überkommenen kirchlichen Organisation, bei der den Konsistorien als Trägern eben jener Kontinuität naturgemäß die Schlüsselrolle zufiel.

Überall nahmen sie in Verbindung mit den neugewählten Synoden das Verfassungswerk in die Hand. Bedeutsam war, daß gerade dort, wo das herkömmliche Filterwahlsystem durch Urwahlen des Kirchenvolks ersetzt worden war (Baden, Württemberg 1919), die beharrenden Kräfte massive Mehrheiten in den Synoden erhielten[81]. Der konservative Grundzug der Reform beruhte also auf einem breiten Konsens.

2. Die Strukturprinzipien der neuen Kirchenverfassungen

Bei aller Verschiedenheit im einzelnen stimmten die Verfassungen doch in wesentlichen Grundzügen überein[82]. Gemeinsam war ihnen eine verhältnismäßig unbefangene Übernahme parlamentarisch-demokratischer Repräsentationsstrukturen. Nominell stand an der Spitze der kirchlichen Organisation eine – direkt oder in Filterwahl gewählte – Synode, die zunächst de jure das Erbe des Sum-

---

78 Dies gilt für die Pfälzische Kirche in Bayern und die Landeskirchen der oldenburgischen Fürstentümer Lübeck und Birkenfeld.

79 Christliche Welt Nr. 48/49 vom 28.11.1918, Sp. 466, zit. bei *Scholder*, Kirchen u. Drittes Reich 1, S. 11 f.

80 Ebda. (FN 79).

81 *Motschmann*, Ev. Kirche u. preuß. Staat, S. 94; *Scholder*, Kirchen u. Drittes Reich 1, S.11.

82 Die Verfassungen sämtlich abgedr. bei *Giese/Hosemann*, Verfassungen.

mus episcopus angetreten hatte[83]. Alle übrigen Organe – mit Ausnahme des geistlichen Amtes – leiteten unmittelbar oder mittelbar ihre Entstehung und Kompetenz von ihr ab. Sie war weitgehend als Kirchenparlament konstruiert, freilich mit einer ständischen Komponente, da nicht nur das Verhältnis von Geistlichen und Laien festgelegt war (meist 1/3 – 2/3), sondern ihr auch Vertreter der Theologischen Fakultäten angehörten. In Durchführung einer innerkirchlichen Gewaltenteilung kam ihr die Rolle der Legislative zu[84]. Die regiminale Gewalt lag regelmäßig bei einer aus synodalen und konsistorialen Elementen zusammengesetzten Kirchenregierung (Kirchensenat, Landeskirchenausschuß, Landeskirchenregierung, Kirchenausschuß). Sie war ein nicht ständig versammeltes Kollegium, das nicht nur die eigentlichen Leitungsfunktionen ausübte, sondern auch die Verordnungsgewalt und die Ausfertigung der Kirchengesetze. Die Konsistorien – verfassungsmäßig nur oberste Verwaltungsbehörden – bildeten jedoch wegen ihrer Ständigkeit und Sachkompetenz das eigentliche Zentrum des kirchlichen Rechtslebens. Auch sie trugen unterschiedliche Bezeichnungen: Oberkirchenrat, Landeskirchenrat, Landeskirchenamt, (Landes-)Konsistorium, Landeskirchenvorstand. Die Gewaltenfülle, die ihnen vor der Staatsumwälzung als regiminalem Instrument des Summepiskopus zukam, schien durch die neuen Verfassungsordnungen reduziert. Indes hatte sich ihr faktisches Gewicht deutlich verstärkt. Dies nicht zuletzt durch die Präsenz konsistorialer Vertreter in den Kirchenregierungen, wenn nicht beide Institutionen – wie in Bayern[85] – direkt verschmolzen waren.

Wirkten sich insoweit innerevangelische Bekenntnisgegensätze nur in Nuancen aus, so führte die Bischofsfrage zu teilweise dramatischen und ressentimentgeladenen Auseinandersetzungen. Dies galt namentlich für jene Kirchen, in denen unter dem Dach einer Verwaltungs- oder Konsensusunion reformiertes Traditionsgut lebendig geblieben war[86]. So lehnte es die Synode der altpreußi-

---

83 *Liermann*, Ev. Kirchenrecht, S. 206; vgl. auch *Smend, Rudolf,* Zur neueren Bedeutungsgeschichte der evangelischen Synode, Zeitschr. f. evang. Kirchenrecht 10 (1963/64), S. 248 ff. (256 f.).

84 Zu den Funktionen im einzelnen *Liermann*, Ev. Kirchenrecht, S. 212 ff.

85 Dazu *Link*, Kirchenverfassungen der evangelisch-lutherischen Kirchen Deutschlands, in: *Jedin, H./Latourette, K.S./Martin, J.* (Hrsg.), Herder Atlas zur Kirchengeschichte, Freiburg-Basel etc. (1970), S. 75 und graphische Darstellung der Bayer. Kirchenverfassung von 1920 auf S. 119.

86 Zu den Unionen im 19. Jh. s. o. S. 53. Nach gescheiterten Bemühungen *Schleiermachers* (ebda.) und freilich in ganz anderer Weise – *Friedrich Wilhelms IV.* (ebda., S. 58) um eine Restauration des Bischofsamtes hatte freilich im 19. Jh. allein die (unierte) Nassauische Kirche für das leitende geistliche Amt den Bischofstitel eingeführt (bis 1876 – ebda., S. 64). – Zu den grundsätzlichen Problemen – freilich in den Ergebnissen problematisch – *Mulert, Hermann*, Bischöfe für das evangelische

schen Union mehrfach ab, den Generalsuperintendenten den Bischofstitel zu verleihen. Das Bischofsamt fand – freilich in unterschiedlicher Gestaltung – Eingang in die Kirchenverfassungen von Schleswig-Holstein, Hannover, Sachsen, beiden Mecklenburg, Braunschweig sowie in die der unierten Kirche von Nassau. In anderen Landeskirchen (wie Bayern, Baden, Württemberg, Pfalz) erhielt das Amt des Kirchenpräsidenten eine starke quasibischöfliche Stellung[87]. Erst 1933 wurde das Bischofsamt allgemein eingeführt. Einer der Gründe hierfür, wenn auch keineswegs der einzige und überall entscheidende, war die Rezeption des Führerprinzips im kirchlichen Raum.

Auf der Mittelstufe und in der Organisation der Gemeinden blieb es im wesentlichen bei den überkommenen Strukturen[88], wenngleich in einzelnen Kirchen eine gewisse Kompetenzverlagerung zu den Vertretungen des "Kirchenvolkes" erfolgte.

3. Kirchlicher Dienst an Volk und Staat?

Insgesamt bildeten die Verfassungen der nunmehr 28 Landeskirchen einen mit juristischer Präzision und organisatorischem Sachverstand gezimmerten Rahmen auch für eine innere Erneuerung des kirchlichen Lebens. Gerade in den Gemeinden hatte es sich spürbar belebt, die Kirchenaustrittsbewegung erreichte trotz erheblicher Propaganda bei weitem nicht das befürchtete Ausmaß. Für die Aufbruchstimmung jener Jahre gibt das berühmte Buch des Berliner Generalsuperintendenten *Otto Dibelius* eindrucksvoll Zeugnis: "Das Jahrhundert der Kirche"[89] schien angebrochen und stellte eben diese Kirche vor die Herausforderung, in einer Zeit des Verfalls alter Werte ein neues Ethos in den Aufbau von Staat, Volk und Gesellschaft einzubringen. Gerade in diesem Umbruch erschienen die Kräfte von Religion und Kirche gefordert, eine Sittlichkeit zu wecken, für die

---

Deutschland, Tübingen (1921); grundlegend neuerdings *Tröger, Gerhard*, Das Bischofsamt in der Evangelisch-lutherischen Kirche, München. (1966), S. 90 ff. (Lit.). Zur reformierten Ablehnung des Bischofsamtes *Tempel, Irmtraut*, Bischofsamt und Kirchenleitung in den lutherischen, reformierten und unierten deutschen Landeskirchen, München (1966), S. 37 ff.

87 Daneben erschien das leitende geistliche Amt unter anderer Bezeichnung in einer Reihe weiterer Kirchen: z.B. Landessuperintendent (Lauenburg), Prälat (Hessen), Landesoberpfarrer (Hessen-Kassel, Thüringen), Landespropst (Lübeck). – Allg. dazu *Schoen, Paul,* Der deutsche evangelische Bischof nach den neuen Kirchenverfassungen, VerwArch. 30 (1925), S. 403 ff., *Liermann,* Ev. Kirchenrecht, S. 224 f.; *Holstein*, Grundlagen, S. 352 ff.; *Scholder*, Kirchen u. Drittes Reich 1, S. 41 f.

88 Dazu oben S. 58 ff.

89 *Dibelius, Otto*, Das Jahrhundert der Kirche, Berlin (1921), es erschien danach in vielen Auflagen.

der pluralistische Staat kein Wächteramt mehr auszuüben vermochte. Gegen diesen Ansatz richtete sich dann der Einspruch *Karl Barths* und der dialektischen Theologie[90]. Die "Kulturreligion" die hier von Grund auf in Frage gestellt wurde, barg in der Tat Gefahren politischer Abwege, die bald darauf deutlich zutage traten und fremden Ideologien die Tore öffneten.

4. Der Evangelische Kirchenbund

Als Dachorganisation des deutschen Protestantismus wurde 1922 in der Schloßkirche zu Wittenberg der Deutsche Evangelische Kirchenbund als Nachfolger des Kirchenausschusses gegründet. Er war ein föderativer Zusammenschluß der Landeskirchen (unter Wahrung ihres Bekenntnisstandes) zur gemeinsamen Interessenvertretung, also nicht nur ein Organ der Kirchenleitungen[91]. Das synodale Moment fand im Kirchentag Ausdruck, dessen Mitglieder überwiegend von den Landessynoden zu wählen waren. Er entfaltete Wirkung vor allem durch zahlreiche Kundgebungen[92]. Rechtlich gleichgeordnet war ihm der aus Vertretern der Kirchenregierungen zusammengesetzte Kirchenbundesrat. Die Zuordnung beider Organe entsprach etwa der von Synode und Konsistorium in den Einzelkirchen. Weitgehende Zuständigkeiten hatte der Kirchenausschuß, der sich aus Mitgliedern von beiden Gremien zusammensetzte. Als ständige Einrichtung wurde er auch praktisch zum wichtigsten Organ. Als Geschäftsstelle war ihm das Kirchenbundesamt in Berlin zugeordnet. Die Auffassung *Holsteins*[93], der den Kirchenbund als föderative Reichskirche ansah, vermochte sich freilich nicht durchzusetzen. Im Verständnis der Zeit blieb er ein Zweckverband ohne eigene Kirchenqualität[94]. Besondere Verdienste erwarb er sich nicht zuletzt auf dem Gebiet der evangelischen Auslandsarbeit.

---

90 Dazu instruktiv und mit abgewogenem Urteil *Scholder*, Kirchen u. Drittes Reich 1, S. 46 ff.

91 Ausführlich dazu *Liermann*, Ev. Kirchenrecht, S. 294 ff., zu den Vorläufern oben S. 82 f.

92 Besonders wesentliche aufgezählt bei *B. Karnatz*, Art. "Kirchenbund" in: Die Religion in Geschichte u. Gegenwart, 3. Aufl. Tübingen (1957 ff.), III, Sp. 1415 f. (1416).

93 *Holstein*, Grundlagen, S. 386 ff.

94 Näher zu den unterschiedlichen Auffassungen *Werner, Hermann Kurt*, Die Rechtsnatur des Deutschen evangelischen Kirchenbundes, Leipzig (1926).

IV. Die Konkordate und Kirchenverträge (1924-1933)

1. Die Ausgangslage

Anders als im evangelischen Bereich waren die Verfassungsstrukturen der katholischen Kirche von der Staatsumwälzung kaum berührt. Hier hatten indes grundlegende Veränderungen in der Reformepoche stattgefunden, die 1870 mit dem Vatikanum I begann und im Codex Juris Canonici (CIC) von 1917/18 ihren ersten Abschluß fand[95]. Die "durch das Vatikanum zu höchster Machtfülle gesteigerte"[96] päpstliche Gewalt fand im CIC ihren rechtlichen Niederschlag und stellte damit unmittelbar auch Teile der überkommenen staatskirchenrechtlichen Ordnung in Frage. Vorrangiges Ziel der Kurie mußte es daher sein, eine dem Codex entsprechende Rechtslage herzustellen und ihr staatlicherseits Anerkennung zu verschaffen. Die Autonomiegewährleistungen der Weimarer Verfassung boten an sich einen günstigen Ausgangspunkt. Sie waren aber nicht nur eingeschränkt durch den Anspruch auf Fortbestand einer prinzipiellen Staatskirchenhoheit, die vor allem auf vermögensrechtlichem Gebiet die kirchliche Freiheit nicht unwesentlich beschnitt. Sie wurden darüberhinaus überlagert durch älteres Vertragskirchenrecht oder durch paktierte kirchliche Gesetzgebung[97], die den Grundsatz der kirchlichen Ämterhoheit (Art. 137 Abs. 3 S. 2 WRV) namentlich für die Besetzung der Bischofsstühle einschneidend begrenzte[98]. Dieser Normenkreis blieb – soweit die Regelungen nicht ihr Substrat verloren hatten – auch nach 1918 in Kraft, wenngleich seine Vereinbarkeit mit den Kirchenfreiheitsgarantien der Verfassung jedenfalls insoweit zweifelhaft erschien, als dadurch unmittelbare staatliche Mitwirkungsrechte begründet wurden. Zu dieser unklaren Rechtslage kam die Ungewißheit über die Zukunft der katholischen Schulen, aber auch der Staatszuschüsse zum kirchlichen Finanzbedarf. Solche und andere – aus kirchlicher Sicht offene – Probleme ließen die Kurie auf möglichst umfassende konkordatäre Absicherungen hinarbeiten, wobei die Bemühungen auf Reichs- und Länderebene teils parallel liefen, teils einander förderten oder aber blockierten. Anderseits war auch die staatliche Seite an einem Ausgleich vital interessiert. Die außenpolitische Isolierung konnte aufgebrochen werden, wenn

---

95 S. o. S. 92 f.; eine kurze Zusammenstellung der wesentlichen Neuerungen des CIC gegenüber dem bisherigen Recht bei *Feine*, Kirchl. Rechtsgeschichte, S. 709 ff.

96 *Feine*, Kirchl. Rechtsgeschichte, S. 707.

97 Dazu oben S. 50 f., 66 f., 69 f. FN 95, 72 f.

98 Dies nicht nur durch Befestigung staatlicher Einwirkungsrechte, sondern auch durch das Festschreiben von Wahlrechten der Domkapitel, die der libera collatio, d.h. dem freien päpstlichen Stellenbesetzungsrecht (cc. 152, 329 § 2 CIC) widersprachen. Zu diesen Regelungen oben S. 66 f.

das Reich mit der "moralischen Weltmacht" des Papsttums ein Bündnis einging. Hinzu kam die Notwendigkeit, eine kirchliche Anerkennung der Gebietsverluste durch entsprechende definitive Organisationsakte zu vermeiden, aber auch generell der Wunsch, innenpolitische Frontstellungen abzubauen und wenigstens diese Konfliktzone dauerhaft zu befrieden.

Maßgebend bestimmt wurde die Konkordatspolitik auf kirchlicher Seite durch den Kardinalstaatssekretär *Gasparri* und *Eugenio Pacelli,* den späteren Papst *Pius XII.*, der seit 1917 die Nuntiatur in München, von 1920-29 auch die in Berlin versah und 1930 *Gasparri* im Amt folgte. Beide hatten maßgeblichen Anteil an der Schaffung des CIC und beiden war der unbedingte Wille gemeinsam, dessen Grundsätzen in Deutschland Anerkennung zu verschaffen.

Die während des Kulturkampfs unterbrochenen diplomatischen Beziehungen waren 1882 in der Form wiederaufgenommen worden, daß an die Stelle der 1871 aus der preußischen in eine Reichsgesandtschaft umgewandelten Vertretung wiederum eine preußische Gesandtschaft trat. Da *Bismarck* eine Berliner Nuntiatur abgelehnt hatte, nahm die seit 1785 bestehende Nuntiatur in München auch die Geschäfte im Verkehr mit der Reichsregierung wahr. Erst 1920 kam es zur Errichtung einer Reichsnuntiatur in Berlin. Einem ausdrücklichen Wunsch der Kurie entsprach die Aufrechterhaltung der bayerischen Vatikangesandtschaft und der Münchner Nuntiatur[99]. Da gemäß Art. 79 WRV nur die Pflege der Beziehungen zu den auswärtigen Staaten in die ausschließliche Zuständigkeit des Reiches fiel, der Hl. Stuhl aber nicht als Staat galt, waren auch die Länder zu diplomatischer Vertretung, zu Verhandlungen mit Rom und zum Vertragsschluß über Gegenstände ihres Kompetenzbereiches verfassungsrechtlich befugt.

Staatlicherseits kamen die zunächst von *Erzberger*, dann von Reichskanzler *Wirth* betriebenen Verhandlungen über ein Reichskonkordat ins Stocken, da die kirchlichen Wünsche, die namentlich in der Schulfrage auf eine Restitution der geistlichen Schulaufsicht hinausliefen, sowohl auf den energischen Widerstand Preußens[100] stießen, wie auch im Reichstag angesichts der kulturpolitischen Fronten kaum mehrheitsfähig waren. Sie provozierten zugleich heftige protestantische Reaktionen und rissen alte konfessionelle Gräben wieder auf. Diese Schwierigkeiten veranlaßten *Pacelli,* sich zunächst des stärkeren bayerischen Entgegenkommens zu versichern und hier ein "Musterkonkordat" im kurialen Sinne zu erreichen. Von ihm erhoffte er sich – wie sich zeigen sollte: nicht zu Unrecht – eine Präzedenzwirkung auf andere potentielle Partner.

---

99 Huber, Verfassungsgeschichte Bd. 4, S. 782 ff.; Bd. 5, S. 336 f.; Bd. 6, S. 909; *Scholder*, Kirchen u. Drittes Reich 1, S. 70 ff.
100 Unter der Drohung der Errichtung eines eigenen Saarbistums zeigte sich Preußen freilich dann in der Schulfrage kompromißbereit.

2. Die bayerischen Kirchenverträge (1924)[101]

Der Kabinettswechsel von 1920, der an die Stelle des Sozialdemokraten *Hoffmann* den konservativen *Gustav v. Kahr* (Bayer. Volkspartei) ins Amt des Ministerpräsidenten brachte, hatte die Weichen auch in der Konkordatsfrage gestellt. Unter *Kahrs* Nachfolgern *Graf Lerchenfeld* und *v. Knilling* kamen die Verhandlungen dann in ein konkretes Stadium. Das Kabinett *Held* (seit 1924) gewann durch Zusicherung einer paritätischen Behandlung schließlich auch die Evangelischen Kirchen für eine umfassende Vertragslösung. Trotzdem stieß namentlich das Konkordat auf erbitterten Widerstand von sozialistischer, liberaler und völkischer Seite. Dennoch gewann die Regierung schließlich eine deutliche Mehrheit im Landtag. Hierfür war nicht zuletzt eine einschränkende Regierungserklärung maßgebend, die freilich das alte bayerische Problem einer Diskrepanz zwischen Vertragstext und staatlichem Vorbehaltsrecht aufs neue belebte[102].

Inhaltlich[103] enthielten das Konkordat wie die Verträge mit den evangelischen Kirchen r. d. Rh. und der Pfalz neben einer Wiederholung der reichsverfassungsrechtlichen Garantien die Gewährleistung des Bekenntnisschulsystems (einschießlich der Bekenntnisbindung der Lehrkräfte)[104], der konfessionellen Lehrerbildung, des Erfordernisses kirchlicher Bevollmächtigung zur Erteilung des Religionsunterrichts und kirchlicher Zustimmungserfordernisse bei der Besetzung theologischer Professuren (auf evangelischer Seite abgeschwächt zu einer nicht unmittelbar verbindlichen gutachtlichen Stellungnahme). Auch das Beanstandungsrecht war allein den katholischen Bischöfen eingeräumt[105]. Auf besondere Kritik stieß die zugesagte Einrichtung von sog. Weltanschauungsprofessuren an zwei philosophischen Fakultäten[106]. Eingehende Regelungen enthielten

---

101 Dazu *Huber,* Verfassungsgeschichte Bd. 6, S. 912 ff.; *Scholder,* Kirchen u. Drittes Reich 1, S. 79 ff.; *Listl,* Bayer. Konkordat.
102 Dazu oben S. 50, 69 f.
103 Texte bei *Weber,* Konkordate u. Kirchenverträge I, S. 38 ff. (Konkordat); 152 ff. (rechtsrhein. ev. Kirchenvertrag); 162 ff. (Pfälzischer ev. Kirchenvertrag).
104 Die reichsrechtliche Zulässigkeit wurde vielfach bezweifelt, vgl. *Anschütz,* Reichsverf., Art. 78 Anm. 7 m. w. Nachw.
105 Zu den dadurch aufgeworfenen grundsätzlichen Problemen *Solte, Ernst-Lüder,* Theologie an der Universität, München (1971), S. 182 ff.; *v. Campenhausen, Axel,* Die Theologischen Fakultäten/Fachbereiche, in: *Flämig, C.,* u.a. (Hrsg.), Handbuch des Wissenschaftsrechts, 2 Bde., Berlin-Heidelberg-New York, 2. Aufl. (1996), II, S. 963 ff. (974 ff.) einerseits, meine Bespr. der Erstaufl. (1982) des letztgenannten Werkes (Zeitschr. f. evang. Kirchenrecht 28, 1983, S. 453 ff./456) andererseits.
106 Dabei handelte es sich um philosophische oder historische Ordinariate, bei denen gegen deren Inhaber hinsichtlich ihres "katholisch-kirchlichen Standpunktes keine Erinnerung zu erheben ist" (Art. 4 § 2 Konk.). "Wenigstens je ein" solcher Professor

alle Verträge über die Staatsleistungen. Im Gegenzug konzedierten die Kirchen, als Geistliche nur deutsche Staatsangehörige mit Reifezeugnis und ordnungsgemäßem Theologiestudium anzustellen[107]. Auf katholischer Seite war das Kapitelwahlrecht bei der Besetzung der Bischofssitze auf ein bloßes Vorschlagsrecht an den Hl. Stuhl reduziert, dem seinerseits die libera collatio zukommen sollte[108]. Die politische Klausel[109] bestimmte, daß vor der Publikation der Ernennung der Hl. Stuhl mit der Staatsregierung in Verbindung treten sollte, "um sich zu versichern, daß gegen den Kandidaten Erinnerungen politischer Natur nicht obwalten" (Art. 14 § 1 Konk.). Bindende Wirkung kam indes einem staatlichen Einspruch nicht zu. Ebensowenig war ein Bischofseid vorgesehen. Ein entsprechendes Verfahren galt bei der Ernennung des evangelischen Kirchenpräsidenten.

Eine Imparität bestand in der Rechtsnatur der Verträge. Die Regierung betrachtete das Konkordat (zutreffend) nicht nur als völkerrechtlichen Vertrag, sondern zugleich auch als Staatsvertrag i.S.d. § 50 S. 1 der Verfassung. Dagegen wurden die evangelischen Kirchenverträge nicht als Staats-, sondern als Staatsverwaltungsverträge qualifiziert, die in Bestimmungen mit Rechtssatzqualität freilich der Gesetzesform bedurften[110]. Diese Interpretation entsprach zwar einer verbreiteten Auffassung in der Staatsrechtslehre, war jedoch keinesfalls zwingend[111]. Preußen und Baden verwendeten aus Paritätsgründen dagegen eine einheitliche Zustimmungsformel.

---

sollte an den philosophischen Fakultäten Würzburg und München "angestellt" werden. Eine evangelische Parallelregelung war nicht vorgesehen.

107 Dazu *Link*, Staaatskirchenrechtliche Probreme der nicht-akademisch vorgebildeten Geistlichen, Zeitschr. f. evang. Kirchenrecht 17 (1972), S. 256 ff.

108 Dazu allg. *Link, Ludwig*, Besetzung der kirchlichen Ämter.

109 Dazu *Weber, Werner*, Die politische Klausel in den Konkordaten, Hamburg (1939); *Kaiser, Joseph H.*, Die politische Klausel der Konkordate, Berlin-Wien-München (1949).

110 MantelG v. 15.1.1925 (GVBl. S. 53) A I einerseits ("Das Konkordat ... wird als Staatsvertrag genehmigt".), A II andererseits ("Das Konkordat ..., sodann der Vertrag mit der Evangelisch-Lutherischen Kirche in Bayern rechts des Rheins ... sowie ... mit der protestantisch-evangelisch-christlichen Kirche der Pfalz ... werden im Hinblick auf die darin enthaltenen Rechtssätze als Ganzes in Gesetzesform beschlossen."); dazu Regierungsbegr. I (abgedr. bei *Weber*, Konkordate u. Kirchenverträge, I, S. 38, 52).

111 Dazu eingehend *Rust, Hendrik*, Die Rechtsnatur von Konkordaten und Kirchenverträgen unter besonderer Berücksichtigung der Bayerischen Verträge von 1924, Diss. München (1964) bes. S. 112 ff., 192 ff., 207 ff.; *Hollerbach* (FN 64), S. 17, 104 ff., beide m. Nachw.

3. Preußisches Konkordat und Preußischer Evangelischer Kirchenvertrag

a) Das bayerische Konkordat hatte nicht nur die Gemüter in besonderer Weise erhitzt, die Verträge enthielten auch eine verfassungsrechtlich bedenkliche Festlegung in der Schulfrage[112], die eine reichseinheitliche Lösung ausschloß. Gerade hier lag nun der neuralgische Punkt für die preußischen Konkordatsverhandlungen. Preußen hatte die weitgehenden Konzessionen Bayerns an die Kurie, aber auch die in den Positionspapieren des Reichsaußenministeriums anklingende Nachgiebigkeit des Reichs mit Argwohn verfolgt. Im Regierungsbündnis von SPD, DDP, DVP und Zentrum standen die drei erstgenannten Parteien dem Konkordatsgedanken teils überhaupt kritisch gegenüber, teils verlangten sie eine festere Behauptung staatlicher Positionen. Um einem dem Inhalt nach möglicherweise bedenklichen Reichskonkordat zuvorzukommen, gewann indes auch hier der Wunsch nach einer vertraglichen Regelung die Oberhand, wobei die Regierung *Braun* keinen Zweifel ließ, daß dies nur unter der Voraussetzung paritätischer Behandlung der Evangelischen Kirche in Betracht komme. Die nach der Berliner Nuntiaturerrichtung[113] angelaufenen Verhandlungen gelangten 1926 in eine konkrete Phase. Betrieben wurden sie – wie übrigens die parallelen Bemühungen um ein Reichskonkordat – maßgeblich von dem Zentrumspolitiker und Trierer Kanonisten *Ludwig Kaas*, der von der Fuldaer Bischofskonferenz *Pacelli* als sachkundiger Vertrauensmann attachiert war, später aber zugleich mehrfach als offizieller Berater der Reichsregierung fungierte[114]. Trotz starken Widerstands in der Öffentlichkeit – mit schrillen Tönen sowohl von kommunistischer wie von konfessionalistisch-protestantischer Seite – stimmte der Landtag in dritter Lesung am 9.7.1929 gegen die Stimmen der Rechtsparteien und der KPD bei Enthaltung der Sozialdemokraten dem Vertragswerk zu. In einer Resolution wurde jedoch die Regierung aufgefordert, unverzüglich Verhandlungen auch mit der Evangelischen Kirche aufzunehmen.

---

112 Vgl. dazu die in der Schrift "Das bayerische Konkordat und die Schule" 1925, enthaltenen Beiträge von *Piloty, Rothenbücher* und *Dyroff*; außerdem *Piloty, Robert,* Die bayerischen Konkordate von 1924, AöR NF 8 (1925), S. 324 ff.; *Oeschey, Rudolf,* Die Rechtsgrundlage der bayerischen Kirchenverträge, Bay. Verw. Blätter 74 (1926), S. 241 ff.; 273 ff., 289 ff. – Obwohl Reichskanzler *Marx* vor dem Vertragsschluß gegenüber der bayer. Staatsregierung erklärt hatte, daß reichsverfassungsrechtliche Bedenken nicht bestünden (*Huber*, Verfassungsgeschichte Bd. 6, S. 913), fürchtete Bayern bis zum Ende der Weimarer Verfassung eine staatsgerichtliche Überprüfung der Verfassungsmäßigkeit (*Scholder*, Kirchen u. Drittes Reich 1, S. 287).

113 Sie führte auch zu einer Amtssitzverlegung *Pacellis* von München nach Berlin.

114 *Scholder*, Kirchen u. Drittes Reich 1, S. 81 f., 482 ff.

Inhaltlich wich das Preußenkonkordat[115] in wichtigen Punkten vom bayerischen Vertrag ab. So war es der Kurie nicht gelungen, die Schulfrage in die Regelung einzubeziehen. Lediglich in einem staatlicherseits nicht amtlich publizierten Notenwechsel[116] stellte der Nuntius klar, daß dies nicht einen Verzicht auf seine dahingehenden Forderungen bedeutete, während der Ministerpräsident auf die andernfalls nicht zu erlangende parlamentarische Zustimmung verwies und erklärte, daß auch im Schulwesen die verfassungsmäßigen Rechte der Katholiken selbstverständlich gewahrt blieben und "zur Auswirkung" gebracht werden sollten[117]. Auch gelang es der Regierung, in der Frage der Bischofswahl Rom wenigstens ein Teilzugeständnis abzuringen: Die Domkapitel waren berechtigt, den Kandidaten aus einer Liste zu wählen, die vom Hl. Stuhl "unter Würdigung" von Vorschlägen der Bischöfe und des Kapitels aufzustellen war. Die Ernennung durch den Papst sollte nur nach Feststellung durch die Staatsregierung erfolgen, daß "Bedenken politischer Art" nicht bestanden. Preußen erntete insoweit die Früchte seines schon bei der Neubesetzung des Kölner Erzstuhls (1919/20) bewiesenen hartnäckigen Festhaltens am überkommenen Wahlmodus. *Pacelli* hatte hier die Weitergeltung der Bulle "De salute animarum" grundsätzlich anerkannt[118], so daß deren Regelungen damit später zur Grundlage der Vertragsverhandlungen wurden[119].

Wesentlich war auch die territoriale Neugliederung[120]. Nach dem Verlust von Gnesen-Posen war als einziger Metropolitansitz Köln verblieben. Nunmehr wurden Paderborn und Breslau zu Erzbistümern erhoben, wobei der Kirchenprovinz Breslau die Bistümer Ermland und (neuerrichtet) Berlin sowie die Freie Prälatur Schneidemühl[121] zugeteilt wurden, der Kirchenprovinz Paderborn das früher exemte Bistum Hildesheim und das bislang zur Oberrheinischen Kirchenprovinz gehörende Bistum Fulda. Zu Köln gehörten wie bisher die Bistümer Münster

---

115 Text bei *Weber,* Konkordate u. Kirchenverträge I, S. 67 ff.
116 Abgedr. bei *Weber,* Konkordate u. Kirchenverträge I, S. 86 ff.
117 Zur Bedeutung dieser Erklärung *Huber*, Verfassungsgeschichte Bd. 6, S. 923.
118 *Scholder*, Kirchen u. Drittes Reich 1, S. 37. – Zum älteren Rechtszustand s. o. S. 66 f.
119 Seine spätere Infragestellung der Fortgeltung stand deshalb auf schwachen Füßen.
120 Zur bisherigen Zirkumskription s. o. S. 65 f.
121 Die Praelatura nullius Schneidemühl umfaßte die bei Preußen verbliebenen territorialen Reste der alten (Erz)bistümer Gnesen-Posen und Kulm. Sie stellte eine bistumsähnliche Gebietskörperschaft dar, unterstand keinem Bischof, unterlag vielmehr unmittelbar dem Sonderrecht des Hl. Stuhls. Durch Schaffung eines derartigen Provisoriums sollte kirchlicherseits eine förmliche Anerkennung der neuen Staatsgrenzen vermieden werden. Dazu *Marschall, G.*, Die Praelatura nullius Schneidemühl als kirchliche Rechtsform der Grenzmark Posen-Westpreußen, Diss. Göttingen (1937).

und Trier, außerdem Osnabrück (bisher exemt), Limburg (bisher Oberrheinische Kirchenprovinz) und das neugeschaffene Bistum Aachen. In den übrigen Punkten entsprachen die konkordaten Regelungen in der Sache im wesentlichen denen des bayerischen Vertrags.

b) Im Unterschied zu Bayern hatte sich in Preußen die Regierung nicht um einen gleichzeitigen Abschluß der Verträge mit beiden Großkirchen bemüht. Zwar waren entsprechende Verhandlungen mit der evangelischen Seite schon 1926 unter Kultusminister *Becker* begonnen worden, versandeten aber zunächst und wurden erst nach dem Konkordatsabschluß wieder aufgenommen. In ein entscheidendes Stadium traten sie nach der Berufung des Kultusministers *Grimme* (1930)[122]. Auf staatlicher Seite trat als Verhandlungsführer der Bonner Staats- und Kirchenrechtslehrer *Johannes Heckel* auf, dem als eigentlichem Architekten des Kirchenvertrags ein besonderes Verdienst an der Überwindung aller Schwierigkeiten zukam. Anders als in Bayern war hier die Grundsatzfrage problematisiert worden, ob die Evangelische Kirche überhaupt als eine neben dem Staat stehende gesellschaftliche Macht in Erscheinung treten und analog zur katholischen eine umfassende Sicherung ihrer Positionen anstreben könne. Diese Frage führte ins Zentrum protestantischen Kirchenverständnisses und wurde gerade durch die seit den frühen zwanziger Jahren aufblühende völkische Theologie virulent, die die Kirche als geistliche Seite des Nationalstaats sah[123].

Auch das Problem kirchlicher Einflußnahme auf die Fakultäten provozierte eine überaus kontroverse Diskussion über die theologische Wissenschaftsfreiheit[124]. So stand die Regierung eher unter dem Druck der Landtagsmehrheit und ihres gegebenen Wortes als unter dem der protestantischen Öffentlichkeit.

Hauptstreitpunkt war indes die Politische Klausel[125]. Sie wurde einerseits als Zeichen unangebrachten staatlichen Mißtrauens, andererseits als Beschränkung

---

122 Dazu *Heckel, Johannes*, Der Vertrag des Freistaates Preußen mit den evangelischen Landeskirchen vom 11. Mai 1931 (1932), jetzt in: Ges. Aufs., S. 572 ff.; *Kübel, Johannes*, Der Vertrag der evangelischen Landeskirchen mit dem Freistaat Preußen, Berlin-Steglitz (1931); *Engelhardt, Helmut*, Der preußische evangelische Kirchenvertrag vom 11. Mai 1931 und sein Einfluß auf das bisher geltende Staatskirchenrecht in Preußen, Berlin-Steglitz (1932).

123 Ausführlich *Scholder*, Kirchen u. Drittes Reich 1, S. 124 ff., 180 f.; *Jacobs*, Kirche, Weltanschauung, Politik, S. 119 ff.

124 *Heckel* (FN 122), S. 584 ff.; *Huber, Wolfgang,* Kirche und Öffentlichkeit, Stuttgart (1973), S. 308 ff.; *Huber*, Verfassungsgeschichte Bd. 6, S. 926 f.

125 Art. 7 (Text des Kirchenvertrags bei *Weber*, Konkordate und Kirchenverträge I, S. 168 ff.). Betroffen waren Vorsitzende einer Behörde der Kirchenleitung oder einer höheren kirchlichen Verwaltungsbehörde sowie Inhaber eines kirchlichen Amtes, mit dem der Vorsitz oder die Anwartschaft auf den Vorsitz einer solchen Behörde verbunden waren. Dies sollte indes für synodale Ämter auch dann nicht gelten,

kirchlicher Ämterhoheit heftig attackiert. Zwar ließ sich die Regierung nicht auf das von der Kirche für den Konfliktsfall geforderte paritätisch besetzte Schiedsgericht ein[126], stellte aber im Schlußprotokoll klar, daß als "politische" Bedenken nur solche staatspolitischer, nicht aber kirchen- oder parteipolitischer Natur zu gelten hätten[127]. Im Kampflärm ging indes fast die entscheidende Tatsache unter, daß die evangelischen Kirchen Preußens erst jetzt in den Genuß einer nur noch wenig beschränkten Autonomie und Verwaltungshoheit kamen. Die Vereinbarung löste insoweit das Staatsgesetz vom 8.4.1924 ab, wonach für kirchliche Gesetze eine prinzipielle Vorlagepflicht an den Kultusminister bestand. Dieser konnte aus einer Vielzahl von Gründen Einspruch einlegen, der das Zustandekommen des Gesetzes hinderte. Einspruchsgrund war u.a. eine erforderliche staatliche Mitwirkung beim Gesetzesvollzug – eine Klausel, die extensiv dahingehend interpretiert wurde, daß eine "Mitwirkung" schon bei der Inanspruchnahme von Kirchensteuermitteln vorliegen sollte. Nunmehr unterlagen der Vorlagepflicht nur noch Rechtssätze, die die Ordnung der kirchlichen Vermögensverwaltung oder die vermögensrechtliche Vertretung regelten. Ein Einspruch war nur zulässig, wenn ein solches Gesetz die "ordnungsgemäße Geschäftsführung" nicht gewährleistete. In der Errichtung und Umwandlung kirchlicher Ämter sollte die Kirche künftig frei sein, soweit hierfür keine Staatsmittel in Anspruch genommen wurden[128]. Auch bei der Besetzung von Pfarrstellen fiskalischen Patronats sollte ein Einvernehmen mit der Kirche hergestellt und generell eine neue Vereinbarung getroffen werden[129]. Wenn die Höhe der Staatsdotationen auch nicht den kirchlichen Wünschen entsprach, so stellte der Vertrag doch diesen wichtigen Teil kirchlicher Subsistenzmittel auf einen gesicherten Rechtsboden. Bei der Besetzung theologischer Lehrstühle verblieb es bei einem konsultativen (nicht dezisiven) kirchlichen Votum, freilich mit der Besonderheit, daß im Falle von Bedenken gegen Bekenntnis und Lehre der Anzustellenden die jeweils zuständige Landeskirche in Konsultation mit den anderen preußischen Kirchen zu treten und deren Ergebnis im Gutachten mitzuteilen hatte[130].

---

wenn damit der Vorsitz in einer solchen Behörde verbunden war (Schlußprot. zu Art. 7, abgedr. bei *Weber*, a.a.O. S. 173 ff. [174]). – Dazu *Heckel* (FN 122), S. 579 ff.

126 Indes war für die Feststellung bestrittener Tatsachen eine gemischte Kommission vorgesehen (Schlußprot. zu Art. 7 Abs. 2).

127 Schlußprot. zu Art. 7 Abs. 2.

128 Art. 2. Im Streitfall sollte – wie bisher – das PrOVG entscheiden. Art. 3 traf eine entsprechende Regelung für Satzungen öffentlich-rechtlicher kirchlicher Verbände, Anstalten und Stiftungen.

129 Art. 10 – Dazu oben S. 67 f.

130 Schlußprot. zu Art. 11 Abs. 2 (3)

In dieser Form nahm der Landtag das Zustimmungsgesetz am 13. Juni 1931 in 3. Lesung an – gegen die Stimmen von NSDAP und KPD bei Stimmenthaltung der Sozialdemokraten[131]. Damit hatte sich "der wichtigste und eingreifendste Akt der kirchenpolitischen Selbstkonstituierung des deutschen Protestantismus in seinem Verhältnis zum Staat"[132] während des Geltungszeitraums der Weimarer Verfassung vollzogen.

4. Die badischen Kirchenverträge (1932)

Neben den fortlaufenden Bemühungen um ein Reichskonkordat als Hauptziel galt – nach Bayern und parallel zu Preußen – das besondere Interesse *Pacellis* einer Vereinbarung mit Baden[133]. Die Gründe dafür lagen einmal in der Simultanschultradition dieses Landes, in die der Nuntius eine Bresche zu schlagen hoffte, dann aber auch darin, daß Freiburg als Metropolitansitz eine besondere Bedeutung für den deutschen Katholizismus hatte. Auch hier waren die Verhandlungen zunächst ins Stocken geraten; der Tod des Freiburger Erzbischofs *Fritz* (Ende 1931) stellte beide Partner jedoch vor die Frage einer Fortgeltung der älteren paktierten Regelungen der Bulle "Provida sollersque" von 1821[134]. *Pacelli,* der deren Rechtswirksamkeit bestritt, brüskierte die Regierung mit der Mitteilung der einseitigen päpstlichen Ernennung eines Nachfolgers gem. can. 329 § 2 CIC. Der neue Erzbischof *Gröber,* eine vermittelnde Persönlichkeit, unterstützte den Konkordatsgedanken jedoch nachdrücklich. Auch hier stellte die Regierung klar, daß Voraussetzung für einen Konkordatsabschluß die paritätische Behandlung der Evangelischen Kirche sei und bestand (anders als Preußen) auch auf einem zeitlichen Konnex. An eine Einbeziehung der Schulfrage war angesichts der politischen Kräfteverhältnisse nicht zu denken. Gerade darin fand die Regierung Rückhalt auf protestantischer Seite, wo jede Infragestellung des Simultanschulprinzips auf gereizte Reaktionen stieß. Die ausdrückliche Ablehnung eines Konkordats durch Beschluß der Landessynode erschwerte der Kirchenleitung die Vertragsverhandlungen dagegen erheblich. – Nicht zuletzt diese kirchenpolitischen Auseinandersetzungen führten zum Zerbrechen der großen Regierungs-

---

131 6 Abgeordnete der DVP und der deutschen Fraktion stimmten gegen den Vertrag, für ihn aus den Reihen der Sozialdemokratie nur der Ministerpräsident *Braun* (*Huber*, Verfassungsgeschichte Bd. 6, S. 925).

132 *Heckel* (FN 122), S. 589.

133 Dazu u. zum folgenden: *Föhr, Ernst,* Geschichte des badischen Konkordats, Freiburg (1958); *Friedrich, Otto,* Der evangelische Kirchenvertrag mit dem Freistaat Baden, Lahr (1933); *Huber*, Verfassungsgeschichte Bd. 6, S. 928 ff.; *Scholder*, Kirchen u. Drittes Reich 1, S. 188 ff.

134 S. o. S. 72 f.

koalition und zum Ausscheiden der SPD. Die neue Koalition aus Zentrum, DVP und Wirtschaftspartei gewann nur eine hauchdünne Landtagsmehrheit für die Annahme der Verträge. Deren Inkrafttreten fiel unmittelbar mit dem Machtwechsel zusammen. Den Austausch der Ratifikationsurkunden vollzog auf staatlicher Seite der nationalsozialistische Reichskommissar *Robert Wagner* – bisher Führer der NS-Landtagsfraktion – als erste Amtshandlung des neuen Regimes.

Inhaltlich[135] hielten die badischen Verträge zwischen den bayerischen und preußischen eine gewisse Mittellinie. Für die Besetzung des Freiburger Erzstuhls galt eine der preußischen im wesentlichen entsprechende Regelung. Bestätigt wurde das Ausscheiden der Diözesen Fulda und Limburg aus der Oberrheinischen Kirchenprovinz, die nunmehr neben dem Freiburger Erzbistum nur noch die Suffraganbistümer Mainz und Rottenburg umfaßte. Die politische Klausel galt für beide Kirchen, auch hier beschränkt auf "allgemein-politische" Bedenken und mit ausdrücklichem Hinweis, daß bei deren Geltendmachung gleichwohl der Hl. Stuhl bzw. die Landeskirche in der Ernennung frei seien. Damit war ein staatliches Vetorecht, wie es in der Konsequenz der preußischen Verträge lag, ausgeschlossen[136]. In den Fakultätenartikeln war dem Erzbischof auch ein Beanstandungsrecht hinsichtlich der "Lehrbefähigung" der Kandidaten eingeräumt. Für die Evangelische Kirche band der Vertrag die Besetzung des Heidelberger Lehrstuhls für Praktische Theologie an das Einvernehmen der Kirchenleitung, gab ihr also insoweit das Recht eines Votum decisivum. Bemerkenswert ist, daß die Landessynode gleichwohl die Imparität hinsichtlich der übrigen Lehrstühle rügte, d.h. auch hier eine bindende Mitwirkung forderte[137]. Daneben wurden der katholischen Kirche wie in Bayern zwei "Weltanschauungsprofessuren" in Freiburg zugestanden. Im Schulbereich fand – wegen der unüberbrückbaren Differenzen in der Bekenntnisschulfrage – nur eine der Reichsverfassung entsprechende Garantie des Religionsunterrichts Erwähnung.

Wegen des politischen Umbruchs gewannen die badischen Kirchenverträge, die deutlich den Charakter eines für beide Seiten akzeptablen Kompromisses trugen, erst nach 1945 ihre eigentliche, die staatskirchenrechtliche Situation des Landes bestimmende Bedeutung.

---

135 Text bei *Weber*, Konkordate und Kirchenverträge I, S. 100 ff. (Bad. Konk.), 189 ff. (Ev. Kirchenvertrag).
136 Reg. Begr. zu Art. III KonK (*Weber*, Konkordate u. Kirchenverträge I, S. 121) bzw. zu Art. II Ev. Kirchenvertr. (*Weber*, a.a.O. S. 208).
137 Text dieser Resolution bei *Huber*, Verfassungsgeschichte Bd. 6, S. 933.

5. Die Bemühungen um ein Reichskonkordat

Bei alledem verfolgte *Pacelli* unbeirrt sein großes Ziel, den Abschluß eines Reichskonkordats, weiter. Seit 1920 hatte er darüber Verhandlungen mit Prälat *Kaas* und dem Vatikanreferenten im Auswärtigen Amt *Delbrück* geführt. Reichskanzler *Wirth* nahm dann die Fäden wieder auf, die weitgehenden Konzessionen in einem Konkordatsentwurf *Delbrücks*, namentlich in der Schulfrage, provozierten aber den Widerspruch Preußens. Die Bemühungen versandeten dann endgültig, als die Reichsregierung von den aktuellen politischen Problemen nahezu völlig absorbiert wurde. Immerhin hatte die Reichswehr auf ihr Interesse an einer Regelung der Militärseelsorge verwiesen, und *Pacelli* bemühte sich, dies als Hebel für umfassendere Vereinbarungen zu benutzen[138]. Erst die Kanzlerschaft *Brünings* schien wieder günstigere Auspizien anzuzeigen. Ein Vorstoß des Kardinalstaatssekretärs im März 1931 umriß einige der für die Kirche wichtigsten Forderungen: Bekenntnisschule, Sicherung eines einvernehmlichen Vorgehens bei der Ablösung der Staatsleistungen, Aufhebung der Strafbestimmungen des PStG für Geistliche bei vorangehender kirchlicher Trauung. Auch hier standen jedoch die bedrängenden anderweitigen Schwierigkeiten der sich verschärfenden Wirtschaftskrise einer ernsthaften Beschäftigung der Reichsregierung mit dem Konkordatsplan entgegen. Ende 1932 knüpfte *Pacelli* erneut an die Militärseelsorgefrage an und wiederholte die damit verbundenen Wünsche. Eine wohlwollende Antwort *Papens* verschleierte jedoch den Widerstand der verschiedenen befaßten Ressorts gegen wesentliche Konzessionen. Machtübernahme und Ermächtigungsgesetz überholten dann alle weiterführenden Erwägungen des Reichs. Gemäß einem abschließenden Vermerk des Vatikanreferenten im Auswärtigen Amt sollte von einer Beantwortung der Note des Kardinalstaatssekretärs wegen veränderter Sachlage "vorläufig Abstand genommen" werden[139].

Inzwischen war indes der Konkordatsgedanke – freilich mit grundverschiedenen politischen Zielvorstellungen – von einem anderen aufgenommen worden: von *Adolf Hitler*. Trotz zahlreicher sachlicher Ähnlichkeiten mit den Verträgen von Weimar wurde das Reichskonkordat daher zu einem ersten Markstein für die Kirchenpolitik des "Dritten Reiches".

---

138 Dazu *Volk*, Reichskonkordat, S. 40 ff.; *Scholder*, Kirchen u. Drittes Reich 1, S. 186 f.
139 Zit. bei *Scholder*, Kirchen u. Drittes Reich 1, S. 202 m. Nachw

Literatur

Anschütz, Gerhard, Die Verfassung des deutschen Reichs vom 11. August 1919, 14. Aufl., Berlin (1933) – Neudr. Berlin-Zürich (1968)
– Religionsfreiheit, in: *Anschütz, G./Thoma, R.* (Hrsg.), HdbDStR, Bd. 2, Tübingen (1932), S. 675 ff.
Apelt, Willibalt, Geschichte der Weimarer Verfassung, München (1946)
Bullinger, Adelheid, Das Ende des Landesherrlichen Kirchenregiments und die Neugestaltung der evangelischen Kirche, Zeitschr. f. evang. Kirchenrecht 19 (1974), S. 73 ff.
Bredt, Joh. Victor, Neues evangelisches Kirchenrecht für Preußen, 3 Bde, Berlin (1921-27)
– Die Rechte des Summus Episcopus, Warneck (1919)
v. Campenhausen, Axel, Staatskirchenrecht, 3. Aufl., München (1996)
Ebers, Godehard Josef, Staat und Kirche im neuen Deutschland, München (1930)
– Art. 137, 138, 140, 141 – Religionsgesellschaften, in: *Nipperdey, Hans-Carl* (Hrsg.), Die Grundrechte und Grundpflichten der Reichsverfassung, Bd. 2, Berlin (1930 – Nachdr. Frankfurt/M. 1975), S. 361 ff.
– Katholische Staatslehre und volksdeutsche Politik, Freiburg i. B. (1929)
Erler, Adalbert, Art. "Kirchenrecht, evangelisches" in: HRG II, Sp. 775 ff.
– Kirchenrecht, 5. Aufl., München (1983)
Feine, Hans Erich, Kirchliche Rechtsgeschichte. Die katholische Kirche, 5. Aufl., Köln-Graz (1972)
Forsthoff, Ernst, Die öffentliche Körperschaft im Bundesstaat, Tübingen (1931)
Giese, Friedrich, Das kirchenpolitische System der Weimarer Verfassung, AöR, NF 7 (1924), S. 1 ff.
– Staat und Kirche im neuen Deutschland, JöR 13 (1925), S. 249 ff.; 20 (1932), S. 116 ff.
Heckel, Johannes, Das blinde, undeutliche Wort "Kirche", Ges. Aufsätze, hrsg. v. *Grundmann, S.,* Köln-Graz (1964) (Die einschlägigen Aufsätze sind im Text zitiert)
Holstein, Günther, Die Grundlagen des evangelischen Kirchenrechts, Tübingen (1928)
Huber, Ernst Rudolf, Die Garantie der kirchlichen Vermögensrechte in der Weimarer Verfassung, Tübingen (1927)
– Verträge zwischen Staat und Kirche im Deutschen Reich, Breslau (1930)
– Deutsche Verfassungsgeschichte seit 1789, Bd. 5, 6 und 7, Stuttgart u.a. (1978/81/84)
Israel, Carl, Geschichte des Reichskirchenrechts, Berlin (1922)
Jacke, Jochen, Kirche zwischen Monarchie und Republik. Der preußische Protestantismus nach dem Zusammenbruch 1918, Hamburg (1976)
Jacobs, Manfred, Kirche, Weltanschauung, Politik. Die evangelischen Kirchen und die Option zwischen dem Zweiten und Dritten Reich, VfZ (1983), S. 108 ff.
Landé, Walter, Die Schule in der Reichsverfassung, Berlin (1929)
– Bildung und Schule, in: *Nipperdey,* Grundrechte ... (s. *Ebers*), Bd. 3, S. 1 ff.
– Die staatsrechtlichen Grundlagen des deutschen Unterrichtswesens, in: *Anschütz/Thoma* (s. *Anschütz*), Bd. 2, S. 690 ff.
Liermann, Hans, Deutsches evangelisches Kirchenrecht, Stuttgart (1933)
Lilienthal, A., Die Staatsaufsicht über die Religionsgesellschaften nach Art. 137 der Reichsverfassung, Berlin (1925)

Link, Ludwig, Die Besetzung der kirchlichen Ämter in den Konkordaten Papst Pius' XI., Bonn (1942)

Listl, Joseph, Sechzig Jahre Bayerisches Konkordat, in: *Schambeck, H.* (Hrsg.), Pro Fide et Justitia, Festschr. f. A. Kard. Casaroli, Berlin (1984), S. 257 ff.

Lutz, Heinrich, Demokratie im Zwielicht. Der Weg der deutschen Katholiken aus dem Kaiserreich in die Republik 1914-1925, München (1963)

Mirbt, Hermann, Glaubens- und Gewissensfreiheit, in: *Nipperdey,* Grundrechte ... (s. *Ebers*), Bd. 2, S. 319 ff.

Motschmann, Claus, Evangelische Kirche und preußischer Staat in den Anfängen der Weimarer Republik, Lübeck-Hamburg (1969)

Scheuner, Ulrich, Kirche und Staat in der neueren deutschen Entwicklung, Zeitschr. f. evang. Kirchenrecht 7 (1959/60), S. 225 ff.

– Schriften zum Staatskirchenrecht, hrsg. v. *Listl, J.,* Berlin (1973), S. 121 ff.

Schoen, Paul, Der Staat und die Religionsgesellschaften in der Gegenwart, VerwArch. 29 (1922), S. 1 ff.

– Das neue Verfassungsrecht der evangelischen Landeskirchen in Preußen, Berlin (1929)

Scholder, Klaus, Die Kirchen und das Dritte Reich, Bd. 1: Vorgeschichte und Illusionen, Frankfurt-Berlin-Wien (1977)

Spael, Wilhelm, Das katholische Deutschland im 20. Jahrhundert, Würzburg (1964)

Volk, Ludwig, Das Reichskonkordat vom 20. Juli 1933, Mainz (1972)

Weber, Werner, Staat und Kirche in der Gegenwart. Beiträge zum evangelischen Kirchenrecht und zum Staatskirchenrecht, hrsg. v. *v. Campenhausen, A.* u.a., Tübingen (1978), (Die einschlägigen Aufsätze sind im Text zitiert)

Wright, Jonathan R.C., "Über den Parteien". Die politische Haltung der evangelischen Kirchenführer 1918-1933, Göttingen (1977)

Zippelius, Reinhold, Staat und Kirche, München (1997), S. 148 ff.

Quellen

Ebers, Godehard Josef (Hrsg.), Reichs- und preußisches Staatskirchenrecht, München (1932)

Giese, Friedrich/Hosemann, Johannes (Hrsg), Die Verfassungen der Deutschen Evangelischen Landeskirchen, 2 Bde., Berlin (1927)

Koeniger, Albert M. (Hrsg.), Die neuen deutschen Konkordate und Kirchenverträge mit der preußischen Zirkumskriptionsbulle, Bonn u. Köln (1932)

Mirbt, Carl (Hrsg.), Quellen zur Geschichte des Papsttums und des römischen Katholizismus, 5. Aufl., Tübingen (1934)

Weber, Werner, (Hrsg.), Die deutschen Konkordate und Kirchenverträge der Gegenwart, Bd. 1, Göttingen (1962)

4. Kapitel
Staat und Kirche im Nationalsozialismus[*]

I. Die nationalsozialistische Kirchenpolitik

Die viel erörterte Frage nach Grundlagen und Zielen nationalsozialistischer Kirchenpolitik[1] läßt sich zwar für die Zeit nach 1936 relativ eindeutig beantworten, als das Regime unter der Parole "Entkonfessionalisierung" auf allen Ebenen zum offenen Kampf gegen die Kirchen antrat. Sein Ziel war die Verdrängung von Kirche und Religion aus dem öffentlichen Leben, die massive Durchsetzung des ideologischen Monopols jener schwer definierbaren, aber militanten "nationalsozialistischen Weltanschauung" deren verschwommene Substanz zwar partielle Identifikationsmöglichkeiten mit traditionellen Wertsystemen vorgaukelte, die aber als Ganzes zur "Legitimations"basis verbrecherischen Staatshandelns diente. Treten hier die brutalen Realitäten von Verfolgung, Repression und weitmöglicher Ausschaltung deutlich zutage, so bot sich den Zeitgenossen in den Jahren zwischen 1933 und 1935 ein differenzierteres Bild. Es wurde maßgeblich bestimmt durch zwei programmatische Aussagen, die Verständigungsbereitschaft mit den Kirchen, wenn nicht gar Berührungspunkte der beiderseitigen Anliegen signalisierten: Punkt 24 des Parteiprogramms der NSDAP forderte die Freiheit aller religiösen Bekenntnisse im Staat[2] und reklamierte für die Partei den "Standpunkt eines positiven Christentums" ohne bestimmte konfessionelle Bindung. Auch die kirchenpolitischen Teile der Regierungserklärung *Hitlers* vom 23. März 1933[3] waren dazu bestimmt, bestehende Vorbehalte in kirchlichen

---

[*] Aus: Jeserich/Pohl/v. Unruh (Hrsg.), Deutsche Verwaltungsgeschichte, Bd. 4, Stuttgart (1985), S. 1002-1016 (V. Kapitel: Staat und Kirchen).

[1] Dazu *Buchheim*, Glaubenskrise, S. 62 ff.; *Conway*, NS-Kirchenpolitik, S. 26 ff.; *Scholder*, Kirchen u. Drittes Reich, S. 93 ff.; *Meier*, Ev. Kirchenkampf, I S. 47 ff. – Eine instruktive Übersicht über den Meinungsstand bei *Winter*, Staatskirchenrecht i. Dritten Reich, S. 4 ff.

[2] Die bedrohlichen Aspekte des Zusatzes "Soweit sie nicht dessen Bestand gefährden oder gegen das Sittlichkeits- und Moralgefühl der germanischen Rasse verstoßen" wurden dagegen kaum wahrgenommen.

[3] "Die nationale Regierung sieht in den beiden christlichen Konfessionen wichtigste Faktoren der Erhaltung unseres Volkstums. Sie wird die zwischen ihnen und den Ländern abgeschlossenen Verträge respektieren; ihre Rechte sollen nicht angetastet werden. Sie erwartet aber und hofft, daß die Arbeit an der nationalen und sittlichen Erhebung unseres Volkes ... umgekehrt die gleiche Würdigung erfährt. Sie wird al-

Kreisen abzubauen. Diese Erklärung bildete nur den Höhepunkt eines "Vertrauensfeldzuges" (*Scholder*) der Partei, um auch die christlich geprägten Volksteile für die "nationale Erhebung" zu gewinnen. Er entsprang dem Kalkül, daß der Nationalsozialismus die Macht jedenfalls nicht gegen einen energischen kirchlichen Widerstand zu erobern vermochte[4]. Voraussetzung dafür war indes, daß die Partei nicht selbst als pseudoreligiöse Gemeinschaft in Erscheinung trat. Von daher wird die bereits in den zwanziger Jahren erfolgte Trennung von *Ludendorff* und der völkischen Glaubensbewegung außerhalb der Kirche verständlich. Nichts hatte – neben dem offenkundigen Straßenterror – so sehr zur kirchlichen Reserve gegen den Nationalsozialismus beigetragen, wie dessen Verquickung mit dem völkischen "Geist-Christentum" und seinen Protagonisten[5]. In all dem mag man – wie vielfach geschehen – taktisch motivierte Camouflage, ein Vernebeln des eigentlich verfolgten Endziels sehen. Sicherlich waren die vielfältigen kirchenfreundlichen Bekundungen – das zeigen die bald darauf einsetzenden Einschüchterungs- und Repressionsmaßnahmen – nicht zum Nennwert zu nehmen.

---

len anderen Konfessionen in objektiver Gerechtigkeit genübertreten ... Die nationale Regierung wird in Schule und Erziehung den christlichen Konfessionen den ihnen zukommenden Einfluß einräumen und sicherstellen. Ihre Sorge gilt dem aufrichtigen Zusammenleben zwischen Kirche und Staat ...". "Ebenso legt die Reichsregierung, die im Christentum die unerschütterlichen Fundamente des sittlichen Lebens unseres Volkes sieht, den größten Wert darauf, die freundschaftlichen Beziehungen zum Hl. Stuhl weiter zu pflegen und auszugestalten" (zit. nach *Buchheim*, Glaubenskrise, S. 81).

4 Dazu eingehend *Scholder,* Kirchen u. Drittes Reich, S. 110 ff., 279 ff.

5 Für das Weiterwirken derartiger pseudoreligiöser und antikirchlicher Strömungen auch innerhalb der Partei bildet *Alfred Rosenbergs* "Mythos des 20. Jahrhunderts" (1930) das herausragendste Zeugnis. Das Buch erschien auch nach der "Machtübernahme" in zahlreichen Auflagen. Zur schillernden Rolle des "Mythos" zwischen "Privatschrift" und offiziösem "Gemeingut der nationalsozialistischen Bewegung" s. *Meier,* Ev. Kirchenkampf III S. 30. – Wie sehr er als Anstoß auch in solchen bekenntnisgebundenen kirchlichen Kreisen wirkte, die dem Nationalsozialismus keineswegs pauschal ablehnend gegenüberstanden, zeigt *Walter Künneths* mutige "Antwort auf den Mythus" (1935, 1936[4]), die den Untertitel trug "Die Entscheidung zwischen dem nordischen Mythus und dem biblischen Christus" (Über *Künneth* und der von ihm geleiteten "jungreformatorischen Bewegung" *Scholder,* Kirchen u. Drittes Reich, S. 348 ff., 406 ff.; *Meier,* Ev. Kirchenkampf, I S. 34 f., 38, 92 f., 114 f. u.ö.). Auch auf katholischer Seite provozierte *Rosenberg* zahlreiche Repliken (die wichtigsten zusammengefaßt in: Studien zum Mythos des 20. Jhdts., hrsg. hrsg. v. Erzbischöfl. Generalvikariat, Amtl. Beilage z. kirchl. Anzeiger d. Erzdiözese Köln, 5 Teile, 1934-35). *Rosenberg* antwortete darauf mit den Kampfschriften "An die Dunkelmänner unserer Zeit" (1935) und "Protestantische Rompilger" (1937).

Plausibel ist jedoch die These, daß *Hitler* und die Partei 1933 nicht mit einem festumrissenen kirchenpolitischeh Programm antraten. "Die ersten, vom Nationalsozialismus inspirierten kirchenpolitischen Maßnahmen der Reichsregierung wirkten daher improvisiert, und waren durch mancherlei Zufälligkeiten bestimmt"[6]. Den gemeinsamen Nenner dieser "Zufälligkeiten" bildete die Notwendigkeit der Erringung und späteren Sicherung der noch keineswegs gefestigten Macht. Die Wege dazu waren vielfältig und wurden je nach taktischer Opportunität genutzt. Wie regelmäßig in totalitären Systemen gingen dabei Versuche innerer Unterwanderung der Kirchen einher mit einer Erneuerung staatskirchlicher Herrschaftsinstrumente, das Wecken trügerischer Hoffnungen auf institutionelle Absicherung mit offener Unterdrückung. Gleichwohl beruhte die verbreitete Unsicherheit auch auf den offensichtlich im Kreise der Parteiführer divergierenden kirchenpolitischen Leitvorstellungen. Die taktisch geschickte Zurückhaltung *Hitlers* in diesen Fragen ließ kirchenfeindliche Maßnahmen als Einzelerscheinungen, als Übergriffe örtlicher Dienststellen erscheinen, denen gegenüber man sich Abhilfe durch Intervention beim "Führer" erhoffte[7]. Erst als sich später zeigte, daß die Eingliederung der Kirchen in die ideologische Front nicht die gewünschten Erfolge zeitigte, als sich erwies, daß jedenfalls Teile von ihnen nicht bereit waren, sich dem Totalitätsanspruch der Partei zu unterwerfen, gewann die Kirchenpolitik des Regimes klarere Konturen. Gefördert durch *Hitlers* wachsendes Desinteresse an kirchlichen Fragen setzte sich zunehmend die namentlich von *Bormann* und *Heydrich* verfolgte Linie einer Verdrängung der Kirchen aus der Gesellschaft durch. Auf dem religionspolitischen Exerzierfeld des Warthegaus (teilweise aber auch in Österreich) wurde das Modell einer zukünftigen staatskirchenrechtlichen Ordnung erprobt: Abdrängung der Kirchen in das Vereinsrecht bei gleichzeitiger totaler Entchristlichung des öffentlichen Lebens.

---

6 *Weber, Werner*, Die staatskirchenrechtliche Entwicklung des nationalsozialistischen Regimes in zeitgenössischer Betrachtung, in: *ders.*, Staat und Kirche, S. 114 ff. (114). – Diese Abhandlung – 1952 in der Festgabe *Smend* erstmals publiziert – gibt in unveränderter Form einen Vortrag wieder, den *Weber* 1941 vor leitenden Kirchenjuristen gehalten hatte! Zur Würdigung einerseits *Winter*, Staatskirchenrecht i. Dritten Reich, S. 174 ff., bes. S. 183 ff., andererseits meine Bespr. des *Winter*schen Buches, ZRG Kan. Abt. 69 (1983), S. 445 ff. (449 f.). – Zum "verdeckten Pluralismus" im ideologischen Gefüge des Regimes auch *Stolleis, Michael*, Gemeinwohlformeln im nationalsozialistischen Recht, Berlin (1974), S. 299 ff.
7 Dazu *Böckenförde*, Auftrag u. Entscheidung, S. 108 u.ö.

II. Die Kirchen im Jahr 1933

1. Die Evangelischen Kirchen

Bis zur "Machtergreifung" hatten Kirchenleitungen und Pfarrerschaft ganz überwiegend der NS-Bewegung in deutlicher Reserve gegenübergestanden. Immerhin zeigte sich der traditionell stärker nationalem Gedankengut verbundene Protestantismus anfälliger für die Begeisterung des "nationalen Aufbruchs". Die distanzierte Haltung gegenüber Liberalismus und Rationalismus als Grundlagen des modernen pluralistischen und demokratischen Verfassungsstaats richtete sich auch gegen diesen selbst. Der an seine Adresse gerichtete Vorwurf eines institutionalisierten Individualismus, die Sehnsucht nach erfahrener Gemeinschaft – alles das wirkte, nicht zuletzt über die Jugendbewegung, auch weit in die evangelische Theologie hinein und ließ das Volk, in besonderem Maße das deutsche, zum eigentlichen Gegenstand des kirchlichen Auftrags werden. Volkskirchliche Bewegung und völkische Theologie markieren das Spektrum dieser verbreiteten Strömung[8]. Damit einher ging eine theologische Überhöhung gewachsener sozialer Strukturen, der "Ordnungen", die diese menschlicher Verfügbarkeit entzog und damit Front gegen liberales Autonomiepathos machte. Zugleich lag darin eine Affinität zu ständischen Ideologien, die demokratische Egalität durch einen "organischen" Staatsaufbau zu überwinden suchten. Hier zeigte sich eine offene Flanke des deutschen Protestantismus.

Die 1932 in Berlin auf Betreiben des NS-Fraktionsführers im preußischen Landtag *Kube* gegründete "Glaubensbewegung deutsche Christen (Nationalsozialisten)" (i. folg. DC) ging freilich in der Radikalität ihrer ideologischen Identifizierung mit der NS-Weltanschauung weit über die Intentionen der gemäßigten Vertreter einer völkischen Theologie hinaus[9]. Die DC, die kurze Zeit später zur Sturmtruppe bei der zeitweisen Eroberung der Kirche für den Nationalsozialismus werden sollte, bildete jedoch bis zur Machtergreifung keinen entscheidenden kirchenpolitischen Machtfaktor. Erst im Jahr 1933 erlebte sie einen dramatischen Aufschwung, der sie weit über ihre ursprüngliche Zielsetzung hinaustrug, als Parteigruppierung bei den altpreußischen Kirchenwahlen (Nov. 1932) aufzutreten. Ihr großer, wenn auch hinter den Erwartungen zurückbleibender Erfolg bei diesen Wahlen ließ sie für die Partei zunächst zum Instrument einer angestrebten Gleichschaltung der Landeskirchen werden. Der "Sportpalast-

---

8 S. o. S. 119 f., 125; eingehend dazu *Scholder,* Kirchen u. Drittes Reich, S. 124 ff.
9 Eine kurze Übersicht über die Entwicklung der DC bei *Meier,* Deutsche Christen, S. 1 f.; vgl. auch *Scholder,* Kirchen u. Drittes Reich, S. 239 ff., 701 ff.; zur deutsch-christlichen Theologie ausführlich und abgewogen *Sonne.*

skandal" vom Nov. 1933[10], wo ein führendes Mitglied Befreiung der Kirche von "jüdischer Lohnmoral" wie von der "Sündenbock- und Minderwertigkeitstheologie des Rabbiners Paulus" forderte, rief jedoch einen Proteststurm hervor, der zum Zerbrechen und fortschreitenden Verfall der DC führte.

Auch abseits der DC vermochte sich die Kirche der Faszination der "nationalen Revolution" nach dem 30. Januar nicht zu entziehen. Der Antibolschewismus *Hitlers*, die Hoffnung auf eine Art "christlichen Staat" im nationalsozialistischen Gewande, Loyalität gegenüber der neuen Obrigkeit i.S.v. Röm. 13, der Versuch, die Machthaber als eine Art pius magistratus in Pflicht zu nehmen, endlich die beruhigenden Zusagen *Hitlers* – alles das bewirkte einen Meinungsumschwung in weiten Teilen der kirchlichen Öffentlichkeit. Er beruhte letztlich auf einem folgenreichen Mißverständnis *Hitlers* und seiner Ziele. Eine besondere Rolle spielte dabei die von *Hitler* nachhaltig unterstützte Forderung der DC nach Schaffung einer Reichskirche, in deren Gestaltung Einheit und Führerprinzip sichtbaren Ausdruck finden sollten.

Gerade dies aber rief die Kirchenleitungen, namentlich aber den Deutschen Evangelischen Kirchenausschuß[11] unter seinem Präsidenten *Kapler* auf den Plan. Ihnen mußte es darum gehen, in dieser für den deutschen Protestantismus zentralen Frage, dem "Jahrhunderttraum", nicht der DC die Initiative zu überlassen. Ende April berief *Kapler* einen Ausschuß zur Vorbereitung einer Verfassungsreform im Sinne einer bündisch strukturierten "Deutschen Evangelischen Kirche" (DEK). Wenige Tage später ernannte *Hitler* seinerseits den Wehrkreispfarrer *Ludwig Müller* zum "Vertrauensmann des Führers". Dessen Aufgabe bestand gleichfalls darin, die Gründung einer Reichskirche voranzutreiben. Beide Seiten divergierten indes nicht nur in den Zielvorstellungen über die Gestalt dieser Reichskirche, sondern auch über deren personelle Spitze – denn mit dieser Pesonalfrage war zugleich die entscheidende kirchenpolitische Weichenstellung verbunden. Als Kandidaten für das neu zu schaffende Amt des Reichsbischofs nominierten die Landeskirchenvertreter mit überwältigender Mehrheit statt *Müllers* den Leiter der Betheler Anstalten *Friedrich v. Bodelschwingh*[12]. Mit diesem Votum für die kirchliche Unabhängigkeit war freilich der Konflikt mit Staat, Partei und DC vorprogrammiert. Einen Vorwand zum Kampf gegen *Bodelschwingh* bot die zweifelhafte Rechtslage, da die Verfassung, auf Grund derer die Wahl erfolgt war, noch nicht in Kraft stand. Dies und die sich steigernde deutschchristliche Agitation erschütterten zunehmend die Stellung *Bodelschwinghs*. Am 23.6.1933 ersetzte der preußische Kultusminister *Rust* den bis-

---

10 *Scholder,* Kirchen u. Drittes Reich, S. 702 ff.
11 Dazu oben S. 120.
12 Zu den dramatischen Vorgängen *Scholder,* Kirchen u. Drittes Reich, S. 413 ff.

herigen Leiter der Geistlichen Abteilung *Trendelenburg* durch den DC-Mann *August Jäger*[13]. Er wurde zugleich zum Staatskommissar für die preußischen Landeskirchen bestellt[14]. Am folgenden Tag beurlaubte *Jäger* den Vizepräsidenten und drei Generalsuperintendenten. Daraufhin resignierte *Bodelschwingh*. *Müller* betrieb nun energisch die Verfassungspläne, nachdem der Widerstand in den Landeskirchen erlahmte. Die Verfassung der DEK vom 11.7.1933 (als Reichsgesetz verkündet am 14.7.1933)[15] trug – trotz des Kompromißcharakters im ganzen – im Organisatorischen doch wichtigen Anliegen der DC Rechnung. Ihrer Intention nach bildete sie eine flankierende Maßnahme zur Gleichschaltung der Länder. Beherrscht wurde sie vom Führerprinzip. Dementsprechend stark war die Stellung des Reichsbischofs, dem ein Geistliches Ministerium (bestehend aus 3 nach Vorschlag der "Führer der Landeskirchen" vom Reichsbischof ernannten Mitgliedern und dem leitenden rechtskundigen Beamten im preußischen Oberkirchenrat) zur Seite stand. Da die letztgenannte Stelle im Einvernehmen mit dem Reichsbischof zu besetzen war[16], erlangte dieser auch ein unmittelbares Ingerenzrecht in die Leitung der wichtigsten Landeskirche. Die auf Grund der Verfassung für den 23.7. angesetzten Kirchenwahlen brachten der DC eine überwältigende Mehrheit. Die neugebildete Nationalsynode trat im September in Wittenberg zusammen und wählte *Müller* einstimmig zum Reichsbischof. Damit schien für *Hitler* der Kampf um die evangelische Kirche gewonnen.

2. Katholische Kirche und Reichskonkordat

Noch klarer als die evangelischen Kirchenleitungen hatte der katholische Episkopat bis zur Machtergreifung die Grenzen gegenüber der NS-Ideologie abgesteckt. Eine Fülle lehramtlicher Verurteilungen bekräftigte zugleich die Unvereinbarkeit aktiver Parteinahme für den Nationalsozialismus mit dem Glauben der Kirche. Auch hier änderte sich das Bild im Frühjahr 1933 sehr rasch. Ursache war – wie im protestantischen Bereich – eine Verkennung der eigentlichen Ziele

---

13 Über ihn *Scholder*, Kirchen u. Drittes Reich, S. 444 f.; nach seinem Scheitern wurde er 1934 zunächst zum Senatspräsidenten am Kammergericht ernannt, seit 1939 verfolgte er als Regierungspräsident und Stellvertreter des Gauleiters im Warthegau seine kirchenpolitischen Vorstellungen mit nunmehr durch keine politischen Rücksichten mehr gebremster Radikalität. 1949 wurde er wegen Kriegsverbrechen hingerichtet.

14 Anlaß war die nach dem Rücktritt *Kaplers* erfolgte provisorische Bestellung des rheinischen Generalsuperintendenten *Stoltenhoff* zum Präsidenten des preußischen Oberkirchenrats ohne die – nach Ansicht *Trendelenburgs* in diesem Fall entbehrliche – Anfrage an die Staatsregierung gem. Art. 7 PreußKirchenVertr.

15 Abgedr. bei *Weber*, StKR, S. 11 ff.

16 Art. 7 Abs. 4.

des Regimes, die beruhigenden, scheinbar Kooperation verheißenden ersten Verlautbarungen des neuen Reichskanzlers, theologische Bindungen gegenüber dem Amt der Obrigkeit, aber wohl auch – wie namentlich *Böckenförde*[17] deutlich gemacht hat – eine gewisse Hinneigung zu autoritären Staatsformen und die im Neuthomismus begründete Gefahr, Naturrechtsbindung mit einer Verteidigung des kirchlichen Binnenraums gleichzusetzen, d.h. Garantien für spezifisch kirchliche Anliegen (etwa im Schul- und Seelsorgebereich) Vorrang vor allen anderen Gemeinschaftswerten einzuräumen.

Gerade dies letzte erklärt, warum die Frage des Reichskonkordats zum Kristallisationspunkt einer zunächst über bloße Loyalität hinausgehenden Zustimmung des Episkopats wurde.

Hitlers Konkordatspläne lassen sich schon bis ins Jahr 1929 zurückverfolgen[18]. Die Lateranverträge hatten zu einem Ausgleich zwischen Kirche und faschistischem Staat geführt und den seit der Einigung Italiens schwelenden Dauerkonflikt in einer für die Kirche durchaus befriedigenden Weise beigelegt. Was *Hitler* daran faszinierte, war die dadurch bewirkte Ausschaltung einer politisch wirksamen katholischen Opposition gegen den neuen Staat. Die Kirche verfügte auch hierzulande im Zentrum über einen politischen Arm, der stark genug erschien, der Machtübernahme erhebliche Hindernisse in den Weg zu legen. Eine für *Hitler* entscheidende Bestimmung findet sich daher – an eher versteckter Stelle – in den Schlußartikeln des Reichskonkordats (i. folg. RK[19]). Darin verpflichtete sich die Kurie, auf Grund der "in Deutschland bestehenden besonderen Verhältnisse" und der durch das Konkordat geschaffenen "Sicherungen" zum Erlaß von Bestimmungen, "die für Geistliche und Ordensleute die Mitgliedschaft in politischen Parteien und die Tätigkeit für solche Parteien ausschließen". Da die Leitung des Zentrums fast durchweg in den Händen von Klerikern lag, bedeutete dies im Klartext eine institutionelle Distanzierung von dieser Partei. Das Junktim mit den "Sicherungen des vorstehenden Konkordats" war unmißverständlich. Freilich bedurfte es einer solchen Konzession zum Zeitpunkt des Inkrafttretens nicht mehr, da sich das Zentrum bereits aufgelöst hatte. Immerhin beruhte dessen Zustimmung zum Ermächtigungsgesetz[20] gerade auf den Zusicherungen im Hinblick auf die konkordatär zu gewährleistenden kirchlichen Rechte, die *Hitler* dem Vorsitzenden der Zentrumspartei, Prälat *Kaas* vor der

---

17 *Böckenförde*, Auftrag u. Entscheidung, S. 54 ff. – Zur ambivalenten Haltung der katholischen Soziallehre eingehend auch *Stolleis* (FN 6), S. 64 ff.

18 *Scholder*, Kirchen u. Drittes Reich, S. 202 ff.

19 Abgedr. bei *Weber*, Konkordate u. Kirchenverträge, I S. 13 ff.

20 A.A. *Volk*, Reichskonkordat, S. 80 ff.; *Repgen*, S. 67 f. – vgl. aber die Belege bei *Böckenförde*, Auftrag u. Entscheidung, S. 78 ff.

Abstimmung gegeben hatte und dann in seiner Regierungserklärung öffentlich bekräftigte.

Die dadurch entstandene neue Lage veranlaßte die Bischöfe, in zahlreichen Erklärungen die Katholiken zur Mitarbeit im neuen Staat aufzurufen[21]. In diesem Klima kam es seit dem 10. April zwischen Kardinalstaatssekretär *Pacelli* und Vizekanzler *v. Papen* und unter Mitwirkung von *Kaas* zu intensiven Verhandlungen. *Papen* reiste mehrfach selbst nach Rom. Bereits am 2.7.1933 stand der paraphierungsfähige Text fest. Er wurde am 14. vom Reichskabinett gebilligt, am 20.7.1933 von *Pacelli* und *Papen* im Vatikan unterzeichnet.

Damit hatte die Kurie in wenig mehr als drei Monaten von *Hitler* das erreicht, was ihr von der Republik ein Jahrzehnt lang verweigert worden war. Zu den ursprünglichen Motiven kam nun sicherlich auch der Wunsch, der deutschen Kirche gegen heraufziehende Gefahren einen stärkeren Schutz zu gewähren. Für *Hitler* ging es neben der Neutralisierung des politischen Katholizismus und der Gewinnung des katholischen Bevölkerungsteils nicht zuletzt um den enormen Zuwachs an außenpolitischer Reputation. Auch inhaltlich enthielt das Konkordat Zugeständnisse, die für die republikanischen Reichsregierungen undenkbar gewesen wären. Das galt namentlich für die Garantie der Beibehaltung und Neuerrichtung von Bekenntnisschulen (Art. 23). Für Notfälle war die der standesamtlichen vorangehende kirchliche Trauung zugelassen (Art. 26). Soweit nicht die (als fortgeltend bestätigten) Länderkonkordate anderes vorsahen[22], war das freie Besetzungsrecht für alle Kirchenämter gewährleistet. Freilich verpflichtete sich Rom in der politischen Klausel, Bischofsernennungen nicht bei Geltendmachung von "Bedenken allgemein politischer Natur" vorzunehmen (Art. 14 Nr. 2). Besondere Brisanz enthielt Art. 31, der den kirchlichen Vereinigungen und katholischen nichtpolitischen Organisationen Schutz zusicherte. Er führte in der Folgezeit zu vielfachen Abgrenzungsstreitigkeiten. An ihnen scheiterte die in Abs. 3 vorgesehene Zusatzvereinbarung über den Kreis der darunter fallenden Verbände. Gerade dies gab dem Regime einen Hebel, um unter dem Vorwand unzulässiger politischer Betätigung gegen katholische Organisationen vorzugehen. Neben einer Garantie für Fakultäten, bischöfliche Seminare, für Religions-

---

21 *Böckenförde*, Auftrag u. Entscheidung, S. 37 ff., 71 f., 82 ff.; *Scholder*, Kirchen u. Drittes Reich, S. 300 ff. – Charakteristisch für die abweichende Würdigung dieser bischöflichen Verlautbarungen in Teilen der katholischen Historiographie der "Exkurs" *Erwin Iserlohs*, in: *Kottje, R./Moeller, B.* (Hrsg.),Ökumenische Kirchengeschichte III, (s. Schrifttum unter *Scholder*) S. 285 ff., der sich gegen die Interpretation *Scholders*, ebda., S. 276 ff. wendet. Ebenso *Repgen*, Außenpolitik der Päpste, S. 69 ff. und die von *Böckenförde*, Auftrag u. Entscheidung (S. 66 ff.), referierten – teilweise polemischen – Reaktionen auf seinen ersten Aufsatz.

22 Dazu oben S. 124, 126.

unterricht sowie Anstalts- und Militärseelsorge wurden – wie in den Länderkonkordaten – die durch die WRV begründeten kirchlichen Freiheits- und Vermögensrechte[23] bestätigt.

Die unmittelbaren Folgen des Konkordats waren für die Kirche zweischneidig. Einerseits gewährte es ihr trotz zahlreicher flagranter Vertragsbrüche doch eine gewisse Sicherung gegenüber dem NS-Staat. Dies wird vor allem daran deutlich, daß *Hitler* kirchenpolitische Radikalkuren im Sinne *Bormanns* nur in den konkordatsfreien Gebieten (Österreich, Warthegau) zuließ. Andererseits erlaubte es der offenkundige Dissens über den Begriff des Politischen, alle kirchliche Opposition gegen Maßnahmen des Regimes mit dem Odium der Konkordatswidrigkeit zu behalten und ihre Unterdrückung damit auf einen scheinlegalen Rechtstitel zu gründen[24].

III. Der evangelische Kirchenkampf

Der Kampf um die Reichskirche schien zunächst für die DC gewonnen. Die Gleichschaltung der Landeskirchen bildete das nächste Etappenziel. Auch hier waren die kirchenleitenden Institutionen vielfach von der DC beherrscht. Nun ging es um die formelle "Eingliederung" der Landeskirchen in die DEK. Reichsbischof *Müller,* der zugleich als Landesbischof der altpreußischen Kirche amtierte, übertrug diese seine Befugnisse an die DEK. Die Eingliederung anderer Landeskirchen folgte (Sommer 1934). Dem widersetzten sich die Kirchen Bayerns, Württembergs und mit teilweisem Erfolg der Hannoversche Landesbischof. In Preußen war zuvor die überkommene landeskirchliche Struktur durch Errichtung von 10 Bistümern radikal umgestaltet worden. Der "Parlamentarismus" der Synoden wurde zugunsten des "Führerprinzips" beseitigt; ein Gesetz über die Rechtsverhältnisse von Geistlichen und Kirchenbeamten übernahm mit dem "Arierparagraphen" die Rassegesetzgebung in die Kirche. Andere Kirchen folgten darin bald nach.

Der Sportpalastskandal[25] überspannte indes den Bogen endgültig. Der nun einsetzende Verfall der DC fand im Rücktritt des Geistlichen Ministeriums der DEK ersten Ausdruck. Überall begann sich der Widerstand zu regen.

Der von *Martin Niemöller* gegründete "Pfarrernotbund" umfaßte bald nahezu die Hälfte der aktiven Pfarrerschaft. Daneben sammelte sich ein "Bund beken-

---

23 Zur inhaltlichen Begrenzung einer Ablösung von Staatsleistungen oben S. 109 ff.
24 Darauf stellt mit Recht *Scholder* bei seiner Bewertung des Konkordats ab (Ök. Kirchengeschichte, S. 278 f.).
25 Dazu oben S. 138 f.

nender Gemeinden". Das rabiate Vorgehen der DC-beherrschten Kirchenleitungen gegen die Opposition führte zu einer Fülle von Rechtsstreitigkeiten, in denen die Ordentlichen Gerichte ganz überwiegend gegenüber den kirchenverfassungsrechtlich nicht gedeckten Eingriffen Rechtsschutz gewährten[26]. Da sie in Prozessen um Gehaltsansprüche entlassener oder zwangspensionierter Amtsträger, um Hausrechte und Verfügungsbefugnisse über Kirchenvermögen inzident auch über die Rechtsmäßigkeit der gewaltsamen Verschiebungen im kirchlichen Organisationsgefüge zu entscheiden hatten, erlitten die DC-Kirchenleitungen verheerende Niederlagen. Um derartig unerwünschten Urteilen den Boden zu entziehen, übertrug das ReichsG vom 26.6.1935 die Entscheidung über die in solchen Prozessen auftauchende Zwischenfrage nach der Gültigkeit von seit dem 1.5.1933 in Landeskirchen oder DEK getroffenen Maßregeln einer staatlichen "Beschlußstelle in Rechtsangelegenheiten der Evangelischen Kirche". Sie wurde beim Reichsminister des Innern gebildet[27].

Die Bekennende Kirche (BK) formierte sich endgültig auf der Bekenntnissynode von Barmen. Die dort am 31.5.1934 beschlossene Barmer Theologische Erklärung hatte Bekenntnischarakter und beanspruchte, indem sie die deutschchristliche Theologie verwarf, für die Kirche auch die Freiheit zu einer am Bekenntnis ausgerichteten eigenständigen Ordnung. Wichtiger noch war, daß sie zwar dem Staat die schuldige Achtung gewähren wollte, alle Totalitätsansprüche aber zurückwies. Sie wurde damit – ungewollt – zum ersten Zeugnis eines auch über den kirchlichen Binnenraum hinausgreifenden Widerstands. Die Bekenntnissynode von Dahlem im Herbst 1934 vollzog dann den formellen Bruch mit den DC-Kirchenleitungen und bestellte unter Berufung auf ein kirchliches Notrecht eigene Leitungsorgane, denen sich die Gemeinden unterstellen sollten.

Die BK trat von nun an mit dem Anspruch auf, allein die wahre evangelische Kirche zu repräsentieren. Damit war zugleich der zunächst lebhaft diskutierte Weg in die "Freikirche" verworfen. Der zunehmende Verfall der DC führte im Oktober 1934 auch zum Zusammenbruch der von ihr getragenen Kirchenpolitik.

---

26 Eine Übersicht gibt *Volkmann*, Rechtsprechung, S. 103 ff.; er spricht von einer "niederschmetternden" Rechtsprechung für "die von Partei und Staat unterstützten amtlichen Kirchenleitungen" (S. 107). – Das düstere Bild, das *Volkmann* im übrigen von der Judikatur in Kirchensachen zeichnet, wird durch den von ihm selbst erhobenen Befund keineswegs in dieser Pauschalität bestätigt. Dazu *meine* Bespr. in: Zeitschr. f. Neuere Rechtsgesch. (1982), S.217 ff.

27 Abgedr. bei *Weber*, StKR, S. 31 f. Die Angelegenheiten der Beschlußstelle wurden später dem Reichsminister für die kirchlichen Angelegenheiten übertragen (§ 2 der 2. DVO v. 27.7.1935 – *Weber*, StKR, S. 34). Den Vorsitz führte seitdem Minister *Kerrl*, Beisitzer waren die Professoren *W. Weber* und *G. Dahm* sowie die Sachbearbeiter für kirchliche Verfassungsfragen im Ministerium, Ministerialrat *Dr. Stahn* und Konsistorialrat *Dr. Ruppel*.

Die Eingliederungen mußten rückgängig gemacht werden. Die Streitigkeiten in der Kirche ließen auch *Hitlers* Interesse erlahmen. Andererseits verschärfte die sich steigernde antikirchliche Propaganda die Spannungen. Die Eroberung der Kirche von innen hatte nicht den gewünschten Erfolg gebracht. Außerhalb der sog. "intakten Kirchen" (Bayern, Württemberg, Hannover) standen Organe der BK den DC-beherrschten Kirchenleitungen mit konkurrierendem Leitungsanspruch gegenüber. Mit der unter Vorsitz des hannoverschen Landesbischofs *Marahrens* gebildeten "Vorläufigen Kirchenleitung der DEK" (Nov. 1934) erfaßte das Schisma auch die Reichskirche. Vornehmlich im Rheinland, in Westfalen, Ostpreußen und Brandenburg vermochte sich die BK weitgehend durchzusetzen[28].

Eine neue Lage trat ein, als aufgrund des preußischen Gesetzes über die Vermögensverwaltung in den evangelischen Landeskirchen[29] vom 11.3.1935 und der dazu ergangenen Durchführungsverordnungen durch das Ministerium Finanzabteilungen bei den obersten Kirchenleitungen eingerichtet wurden, die zwar de jure als kirchliche, d.h. mit kirchlichen Beamten besetzte Behörden amtierten, aber dem Staat für die ordnungsgemäße Vermögensverwaltung verantwortlich waren. Sie setzten nicht nur Haushaltsplan und Umlagen fest, in ihren Händen lag auch die gesamte Vermögens- und Kirchensteuerverwaltung. Ihre Tätigkeit kam daher einer staatlichen Zwangsetatisierung sehr nahe. Diese Finanzverwaltung wurde später auch auf die DEK[30] und andere Landeskirchen ausgedehnt.

Durch Erlaß über die Zusammenfasung der Zuständigkeiten des Reichs und Preußens in Kirchenangelegenheiten vom 16.7.1935[31] war ein eigenes Kirchenministerium geschaffen worden, an dessen Spitze *Hitler* den bisherigen Minister ohne Geschäftsbereich *Kerrl*[32] berief. Sein Auftrag war es, die innerkirchlichen Wirren beizulegen, die Partei und Staatsführung in wachsendem Maße irritierten. Es ist deshalb wohl anzunehmen, daß *Kerrl* seine Eingriffe zumindest auch als staatliche Treuhandmaßnahmen, als eine Art von Rechtshilfe für die handlungsunfähig gewordenen Kirchen verstand. Die Grundlage bildete das Gesetz zur

---

28 Zur Entwicklung des Kirchenkampfs in den einzelnen Landeskirchen *Meier*, Ev. Kirchenkampf, I S. 261 ff., II S. 155 ff., III S. 181 ff.

29 Abgedr. bei *Weber*, StKR, S. 26 ff.

30 1. DVO zum G zur Sicherung der DEK v. 3.10.1935 (abgedr. bei *Weber*, StKR, S. 36 ff./37). Dazu *Brunotte, Heinz*, Die Entwicklung der staatlichen Finanzaufsicht über die DEK von 1935-1945, Zeitschr. f. evang. Kirchenrecht 3 (1953/54), S. 29 ff.

31 RGBl. I S. 1029; dazu und zum Reichskirchenministerium sowie zu dessen Kompetenzabgrenzungen grundlegend *Schröcker*, Der Staat 20 (1981), S. 424 ff.

32 Über ihn *Schröcker*, Der Staat 20 (1981), S. 433 f.; *Conway*, NS-Kirchenpolitik, S. 148 ff.

Sicherung der DEK vom 24.9.1935, das dem Minister "zur Wiederherstellung geordneter Zustände in der DEK und in den evangelischen Landeskirchen" ein sachlich nicht begrenztes Verordnungsrecht verlieh[33]. Die auf Grund dieses Gesetzes zwischen 1935 und 1938 ergangenen 18 Durchführungsverordnungen bildeten fortan "die staatskirchenrechtliche Grundlage der Evangelischen Kirche"[34].

Als wichtigste Befriedungsmaßnahme sollte die Berufung eines Reichskirchenausschusses sowie von Landes- und Provinzialkirchenausschüssen in Preußen, später auch in anderen "zerstörten" Landeskirchen[35] dienen. Ihnen kam – mit Verordnungsrecht in innerkirchlichen Angelegenheiten – die Leitung und Vertretung der jeweiligen Kirche zu. Da es *Kerrl* gelang, vermittelnde und angesehene Persönlichkeiten für diese Kirchenausschüsse zu gewinnen, spaltete sich die BK an der Frage der Zusammenarbeit mit ihnen, namentlich mit dem Reichskirchenausschuß. Die Kirchenausschüsse gerieten damit unter einen doppelten Druck, von seiten des "radikalen" Flügels der BK auf der einen, von seiten zunehmend kirchenfeindlicher agierender Parteikreise auf der anderen Seite. 1937 trat der Reichskirchenausschuß zurück.

Damit war die Konzeption einer "Staatskirche im kirchenfeindlichen Staat" (*Erler*) in der Sache gescheitert – trotz ihrer Fortführung in der Folgezeit. *Hitler* verlor jedes Interesse an der Kirchenpolitik, widersetzte sich aber den besonders von *Bormann* vorgeschlagenen Radikalkuren, um nicht vor und zu Kriegsbeginn ein zusätzliches Unruhepotential zu schaffen. Das sang- und klanglose Ende des kurzlebigen Ausschusses für Religionsrecht (1938-1940) bei der "Akademie für Deutsches Recht" spiegelt exemplarisch diese Wende[36]. In der evangelischen Kirche blieb indes der Konflikt ungelöst und belastete auch die Nachkriegszeit nicht unerheblich.

IV. Verfolgung, Anpassung und Widerstand

Die Unangreifbarkeit der Verfassungsstrukturen und der relative Schutz durch das RK bewahrten die katholische Kirche vor vergleichbaren inneren Wirren. Je mehr jedoch *Kerrls* Bemühen um die Gewinnung loyaler kirchlicher Unterstützung für den neuen Staat an Boden verlor, je mehr sich die antikirchliche Propa-

---

33 Abgedr. bei *Weber*, StKR, S. 35 f.
34 *Scholder*, Ök. Kirchengeschichte, S. 289.
35 Jedoch nicht in den besonders extrem DC-beherrschten Kirchen Mecklenburgs und Thüringens.
36 *Winter*, Staatskirchenrecht im Dritten Reich, S. 67 ff.; dazu der Besprechungsaufsatz von *Schröcker*, Die Wissenschaft vom Staatskirchenrecht im Dritten Reich, Der Staat 20 (1981), S. 270 ff. und meine Rez. ZRG Kan. Abt. 69 (1983), S. 445 ff.

ganda der Partei verschärfte, um so stärker trat der andere Aspekt der NS-Kirchenpolitik in den Vordergrund: Die offene und verdeckte Repression. Sie traf beide Kirchen in ähnlicher Weise.

1. Die beiden Großkirchen

Eine abgestimmte, in den einzelnen Gebieten unterschiedlich rasch verlaufende Kampagne führte zwischen 1934 und 1938 zur Beseitigung der Konfessionsschulen[37]. Der Gleichschaltungsprozeß im Schulwesen erfolgte über massive Propagandaaktionen und Einschüchterungen der Eltern zur Wahl der Gemeinschaftsschule. Z.T. waren (Württemberg) die "Abstimmungen" landesweit organisiert. Das Vorgehen zeigte exemplarisch die Taktik, konkordatäre Rechtspositionen ohne formellen Vertragsbruch[38] bis zur Substanzlosigkeit auszuhöhlen. Auch die kirchlichen Privatschulen wurden durch Subventionsstreichung und durch das Verbot an Geistliche, außerhalb des Religionsunterrichts schulische Funktionen wahrzunehmen, ihrer materiellen und personellen Basis beraubt. Die Folge waren Schließungen oder Verstaatlichungen. – Eine Fülle administrativer Maßnahmen richtete sich gegen den Religionsunterricht: Verlegung auf Eckstunden, Reduzierung der Stundenzahl, vor allem aber Druck auf Lehrer und Schüler zur Niederlegung bzw. Abmeldung. Zugleich war die Partei bestrebt, ihn inhaltlich zur Indoktrinationsveranstaltung für die NS-Ideologie zu verbiegen. Diesem Ziel diente namentlich die Anordnung (1937), Religionsunterricht grundsätzlich nur noch durch Lehrer erteilen zu lassen. Im März 1940 wurde er an allen höheren Schulen mit Ausnahme Bayerns "aus Kriegsgründen" eingestellt. – Die Theologischen Fakultäten sahen sich gleichfalls einem steigenden Druck ausgesetzt. Vakante Lehrstühle blieben unbesetzt. Die beabsichtigte Aufhebung zahlreicher Fakultäten kam jedoch nur im "konkordatsfreien" Österreich (Innsbruck, Graz, Salzburg) zur Ausführung. Predigerseminare der BK und viele Priesterseminare wurden 1937/38 – teilweise mit gewalttätiger GeStaPo-Unterstützung – geschlossen.

---

37 Dazu und zum folgenden *Conway*, NS-Kirchenpolitik, S. 194 ff. – *Pacelli* protestierte mehrfach gegen die Ausschaltung der Konfessionsschulen: Abdruck d. Noten d. Kardinalstaatssekretärs a. d. deutschen Botschafter bei *Albrecht*, Notenwechsel, I S. 176 ff. (Hessen), S, 207 ff. (Bayern), S. 331 f. (Württemberg), S. 359 (Berlin), II S. 87 (Preußen), allgemein I S. 375, II S. 10 ff., 118 (126), 276 ff., 288 ff., 320 ff., 346 ff. – später stehen Klagen über das Schicksal der Privatschulen, die Bedrängung katholischer Lehrer, die Gestaltung des Religionsunterrichts, die Maßnahmen gegen Theologische Fakultäten und die Schließung von Priesterseminaren im Vordergrund.

38 In diesem Sinn die Antwortnoten des Botschafters (*Albrecht*, Notenwechsel, I S. 239 ff. – Hessen, S. 338 ff. – Bayern).

Die kirchlichen Sozialwerke Innere Mission und Caritas blieben zwar erhalten, wurden aber in ihrer Wirksamkeit erheblich beschränkt[39]. Kirchliche Kindergärten, Krankenpflegestationen, Ausbildungsseminare etc. gingen in die Hand der NSV über. In beiden Konfessionen, vor allem aber im protestantischen Bereich führte dies zu einer stärkeren Verkirchlichung der Diakonie, d.h. zu einer engeren Verflechtung mit den verfaßten Kirchen. Der Kampf gegen die Vernichtung "lebensunwerten Lebens" wurde gerade hier mit Nachdruck und persönlichem Einsatz geführt. Auch das kirchliche Vereins- und Verbandswesen konnte sich nur teilweise gegen wachsende Repressionsmaßnahmen und gegen die Eingliederungstendenzen in entsprechende staatliche Organisationen behaupten. Soweit nicht Jugendverbände direkt in die HJ überführt wurden[40], unterlagen sie dem strikten Verbot jeder "nicht rein kirchlich-religiösen" Betätigung[41]. Als Rechtsgrundlage für das Vorgehen gegen derartige Verbände diente die VO zum Schutz von Volk und Staat vom 28.2.1933, deren weitreichende Ziele damit auch in diesem Bereich deutlich zutage traten.

Besonders betroffen waren die Kirchen auch von der rigorosen Handhabung des "Kanzelparagraphen"[42], von der zunehmenden Anwendung des Gesetzes "gegen heimtückische Angriffe auf Staat und Partei und zum Schutz der Parteiuniformen" vom 20.12.1934[43] gegen mißliebe Äußerungen von Geistlichen, vom prinzipiellen Verbot aller Sammlungen außerhalb der Kirchenmauern[44] und

---

39 Zur Lage auf katholischer Seite *Gatz, Erwin*, Karitas im totalitären Staat, in: *Jedin/Repgen*, Handbuch Kirchengeschichte, VII (s. Schrifttum unter *Repgen*), S. 448 f.; zum evangelischen Bereich *Liermann, Hans*, Rechtsgutachten über Recht und Rechtsstellung des Diakonischen Werkes – Innere Mission und Hilfswerk – der EKD (1968), jetzt in: *ders.*, Der Jurist und die Kirche, Ausgew. Aufsätze, hrsg. v. *Heckel, M./Obermayer, K./Pirson, D.*, München 81973), S. 425 ff. (430 ff.); *v. Campenhausen, Axel*, Staat – Kirche – Diakonie, in: *ders./Erhardt, H.-J.* (Hrsg.), Kirche – Staat – Diakonie, Hannover (1982), S. 10 ff. (16 ff.).

40 Am 19.12.1933 hatte Reichsbischof *Müller* – gegen den erklärten Willen der Mehrzahl der evangelischen Jugendführer – das Evangelische Jugendwerk eigenmächtig der HJ eingegliedert. Dazu und zu den Neugründungen der BK *Meier*, Ev. Kirchenkampf, I S. 146 ff.

41 Vgl. etwa Preuß. PolVO gegen die konfessionellen Jugendverbände v. 23.7.1935 (abgedr. bei *Weber*, StKR, S. 175 f.). Verboten war nicht nur das Tragen von Abzeichen, uniformähnlicher Kleidung und Wimpeln, sondern auch das "geschlossene Aufmarschieren, Wandern und Zelten".

42 Dazu oben S. 86. Zur Judikatur nach 1935: *Volkmann*, Rechtsprechung, S. 60 ff.

43 RGBl. I S. 1269, abgedr. bei *v. Münch/Brodersen*, Gesetze NS-Staat, S. 75 ff.; *Hirsch/Majer/Meinck*, Recht, Verwaltung, Justiz, S. 286 ff., dort auch das Protokoll einer Referentenbesprechung (1939) im Geheimen Staatspolizeiamt Berlin (S. 530 f.); dazu und zur einschlägigen Rechtsprechung *Volkmann*, Rechtsprechung, S. 51 ff.

44 G zur Regelung der öffentlichen Sammlungen und sammlungsähnlichen Veranstaltungen (SammlungsG) v. 5.11.1934 (RGBl. I S. 1086) – zur Handhabung *Volk-*

durch § 48 Abs. 2 u. 3 TestG[45], der letztwillige Verfügungen für nichtig erklärte, die dem "gesunden Volksempfinden" widersprachen[46] oder durch Ausnutzung der Todesnot veranlaßt waren[47].

Eine Welle von Anklagen gegen Pfarrer wegen Devisen- und Sittlichkeitsdelikten – begleitet von einer Propagandawelle – sollte das Ansehen der Kirchen in der Öffentlichkeit diskreditieren.

Beide Kirchen setzten sich gegen die zunehmende Verfolgung mit wachsendem Protest zur Wehr. Die berühmten Adventspredigten Kardinal *Faulhabers* (1933)[48] eröffneten eine Reihe von Kundgebungen, Hirtenbriefen, Verlautbarungen und Eingaben des Episkopats an die staatlichen Machthaber, die ihren Höhepunkt in der Enzyklika *Pius' XI.* über die Lage der katholischen Kirche im Deutschen Reich v. 14.3.1937 ("Mit brennender Sorge") fanden[49]. Sie beruhte in wesentlichen Teilen auf einem Entwurf *Faulhabers* und nannte die Unterdrückungsmaßnahmen schonungslos beim Namen. Weder das Verbot *Kerrls* noch Beschlagnahmen der Texte durch die GeStaPo konnten die Publikation verhindern. Offensichtlich traf *Hitler* dieser spektakuläre Schritt des Papstes ganz unvorbereitet. – Während sich die Enzyklika im wesentlichen auf die Einforderung der klassischen kirchlichen Rechte beschränkte, griff die Denkschrift der 2. Vorläufigen Kirchenleitung der DEK vom 28.5.1936 mit ihrer Verurteilung von Judenhaß, Rassenwahn, allgemeiner Rechtlosigkeit und KZ-Terror noch deutlich darüber hinaus. Zwar gelangte sie wohl nicht in die Hände des "Führers" als eigentlichem Adressaten, ihre Veröffentlichung im Ausland erregte aber beträchtliches Aufsehen[50]. Die Zahl der Zeugen kirchlichen Widerstands ist groß. Genannt seien die mutigen Predigten Graf *Galens,* des Bischofs von Münster. Der evangelische Theologe *Dietrich Bonhoeffer* und der Jesuitenpater *Alfred Delp* bezahlten neben vielen anderen Christen ihre aufrechte Haltung mit dem Leben. Tausende von Geistlichen beider Konfessionen wanderten in Ge-

---

mann, Rechtsprechung, S. 77 ff. – Es traf besonders hart die BK und die Sozialwerke der Kirchen.

45 G über die Errichtung von Testamenten und Erbverträgen v. 31.7.1938 (RGBl. I S. 973).

46 Die Anwendung dieser Bestimmung auf Zuwendungen an Religionsgesellschaften stieß in der Rspr. jedoch auf Widerstände: *Volkmann,* Rechtsprechung, S. 35 ff.

47 Die amtl. Begründung nannte als Beispielsfall auch die "Ausnutzung der Angst des Sterbenden vor einer Bestrafung im Jenseits durch Religionsdiener".

48 Dazu *Böckenförde,* Auftrag u. Entscheidung, S. 93 f.

49 Abgedr. mit Hinweisen zur Entstehungsgeschichte und einer synoptischen Gegenüberstellung von endgültigem Text und *Faulhaber*schem Entwurf bei *Albrecht,* Notenwechsel, I S. 402 ff.

50 Dazu *Meier,* Ev. Kirchenkampf, II S. 145 f.; eine detaillierte inhaltliche Wiedergabe bei *Geiger, Max,* Der deutsche Kirchenkampf 1933-1945, Zürich (1965), S. 56 ff.

fängnisse und Konzentrationslager (darunter Pastor *Niemöller*). – Aber daneben stehen auch in der Folgezeit Dokumente der Anpassung, Loyalitätsaufrufe und Beschwichtigungen. Namentlich zu Beginn des Krieges rückte immer wieder das vermeintliche nationale Interesse in den Vordergrund. Die Mahnungen zu Treue und Gehorsam gegen den Führer kamen aus beiden Kirchen und aus allen Lagern in ihnen[51]. Zur innenpolitischen Entlastung strebte *Hitler* 1940 eine Art Burgfrieden an, der freilich von einflußreichen Parteichargen um *Bormann*[52] und *Heydrich* immer neu in Frage gestellt wurde[53]. Trotz ermutigender Ausnahmen zeigte insbesondere die kirchliche Reaktion auf die Judenverfolgung – auch dort, wo es um die getauften Mitglieder ging[54] – im ganzen ein beschämendes Taktieren. So ist die Rolle der Kirchen im "Dritten Reich" ebenso wie die anderer Gruppen gekennzeichnet durch die Dialektik von Anpassung und Widerstand – als Teil der differenzierten Wirklichkeit einer totalitären Diktatur, die sich aus sicherem historischen Abstand nur schwer dem gerechten Urteil erschließt.

2. Die kleinen Religionsgesellschaften, die israelitischen Kultusgemeinden, die Sekten und Weltanschauungsgemeinschaften

a) Während andere kleine christliche Religionsgemeinschaften[55] den Zusammenstoß mit dem NS-Staat vermeiden konnten, kam es zu erheblichen und opfervollen Auseinandersetzungen innerhalb der russisch-orthodoxen Exilkirchen[56]. Hier ergriff das Regime aus politischen Gründen Partei für die dezidiert antibolschewistische Russisch-orthodoxe Auslandskirche (ROAK) und unterdrückte gewaltsam die konkurrierende Organisation der im Reichsgebiet bis dahin vorherrschenden Pariser Jurisdiktion. Durch Beschluß des Preußischen Staatsministeriums vom 14.3.1936 wurden der "Russisch-Orthodoxen Diözese des orthodoxen Bischofs von Berlin und Deutschland" als Gliederung des ROAK die öffentlichen Körperschaftsrechte verliehen. Das Reichsgesetz über den

---

51 Dazu *Böckenförde*, Auftrag u. Entscheidung, S. 106 ff.; *Scholder*, ÖK. Kirchengeschichte, S. 298 ff.
52 Zum Geheimerlaß *Bormanns* von 1941 *Erler*, S. 28.
53 Zu den 1941 erneut einsetzenden Unterdrückungs- und "Entkonfessionalisierungs"-maßnahmen *Conway*, NS-Kirchenpolitik, S. 269 ff.
54 *Brunotte, Heinz*, Die Kirchenmitgliedschaft nichtarischer Christen im Kirchenkampf, Zeitschr. f. evang. Kirchenrecht 13 (1967/68), S. 140 ff. – allg. *Conway*, NS-Kirchenpolitik, S. 275 ff.; *Scholder*, ÖK. Kirchengeschichte, S. 301 f.
55 Dazu *Weber*, Die kleinen Religionsgemeinschaften im Staatskirchenrecht des nationalsozialistischen Regimes (1955), jetzt in: Staat und Kirche, S. 226 ff.
56 Dazu ausführlich *Link*, Die Russisch-Orthodoxen Exilkirchen in Deutschland und ihr Kirchengut, Zeitschr. f. evang. Kirchenrecht 23 (1978), S. 89 ff. (96 ff.).

Grundbesitz der Russisch-Orthodoxen Kirche in Deutschland vom 25.2.1938[57] ermächtigte den Reichskirchenminister, die Vermögensverhältnisse unter Ausschluß des Rechtsweges mit rechtsverbindlicher Kraft zu regeln. In Verfolg dessen wurde das der Pariser Metropolie unterstehende Kirchengut zwangsweise auf die ROAK übertragen. Gegen diejenigen orthodoxen Priester und Laien, die der – kanonisch legitimen – Pariser Jurisdiktion die Treue hielten, begann eine Welle brutaler Verfolgungsmaßnahmen.

b) Unter den privatrechtlichen Sekten und Weltanschauungsvereinigungen hatten insbesondere die "Ernsten Bibelforscher" unter einer von keinen taktischen Rücksichten gehemmten Verfolgung zu leiden. Aber auch die übrigen Gemeinschaften wurden ab 1935 systematisch aufgelöst, zunächst noch auf Landesebene, später von Reichs wegen durch den Reichsführer SS und Chef der deutschen Polizei[58].

c) Die staatskirchenrechtliche Behandlung der israelitischen Kultusgemeinden war als flankierende Maßnahme des allgemeinen Vernichtungsfeldzugs gegen das Judentum angelegt. Durch das Reichsgesetz über die Rechtsverhältnisse der jüdischen Kultusvereinigungen vom 28.3.1938[59] wurden sie ihrer öffentlich-rechtlichen Korporationsqualität beraubt und auf Vereinsstatus herabgestuft – freilich unter Vorbehalt weitreichender staatsaufsichtlicher Genehmigungsvorbehalte. 1939 übertrug ihnen die 10. VO zum Reichsbürgergesetz zugleich politische Funktionen als Zweigstellen der Reichsvereinigung der Juden in Deutschland[60]. Schon vor 1938 entzogen ihnen die Gerichte (teilweise) durch Nichtanwendung von Steuerbefreiungstatbeständen wesentliche Teile ihrer wirtschaftlichen Grundlagen[61].

3. Staat und Kirche in Österreich nach dem "Anschluß"

Das in einer gewissen Parallele zum RK zwischen dem Hl. Stuhl und dem österreichischen Ständestaat 1933/34 geschlossene Konkordat wurde nach dem "Anschluß" sowohl von der Reichsregierung wie von der Kurie als hinfällig angesehen[62]. Gedankenspiele im "Ausschuß für Religionsrecht" über ein Eintritts-

57 RGBl. I S. 223.
58 Eine Übersicht über Auflösungsdekrete bei *Weber* (FN 55), S. 234 ff.
59 RGBl. I S. 338.
60 Dazu *W. Weber* (FN 55), S. 231 ff.
61 Eine Übersicht über diese Judikatur bei *Volkmann*, Rechtsprechung, S. 174 ff.
62 *Weinzierl-Fischer, Erika,* Die österreichischen Konkordate von 1855 und 1933, München (1960), S. 240 ff.; *Scholder*, Österreichisches Konkordat und nationalsozialistische Kirchenpolitik 1938/39, Zeitschr. f. evang. Kirchenrecht 20 (1975), S. 230 ff. – Zum Streit um die Erstreckung der Zuständigkeit des Reichskirchen-

recht des Reiches griff *Hitler* nicht auf[63]. Ebensowenig war an eine Ausdehnung des Geltungsbereichs des RK auf Österreich gedacht. Der damit entstandene konkordatsfreie Herrschaftsbereich befreite das Regime von taktischen Rücksichten und eröffnete ein staatskirchenrechtliches Experimentierfeld. Obwohl die Bischöfe zur Stimmabgabe für den Anschluß aufgerufen hatten und der Evangelische Oberkirchenrat überschwenglich die "Heimkehr ins Reich" feierte[64], wurde nicht nur der Schulkampf mit besonderer Heftigkeit geführt. Die Aufhebung der katholischen Organisationen und vieler Klöster, die Beschlagnahme von Teilen des Kirchenvermögens und die massive staatliche Kirchenaustrittspropaganda führten bald zu scharfen Konfrontationen.

Besonders einschneidend traf beide Kirchen das Gesetz über die Erhebung von Kirchenbeiträgen im Lande Österreich vom 28.4.1939 (KBG)[65]. Das ältere österreichische Recht kannte praktisch kaum eine Verpflichtung der Kirchenglieder zur Leistung von Abgaben. Die katholische Kirche wurde überwiegend aus Kirchenvermögen, aus öffentlichen Patronaten, vor allem aber aus dem sog. Religionsfonds[66], finanziert, die evangelische Kirche als Staatskirche weitgehend aus öffentlichen Mitteln erhalten. Hier schien die Achillesferse der österreichischen Kirchen zu liegen. Das KBG führte nicht ein Kirchensteuersystem nach deutschem Vorbild ein, sondern gewährte der katholischen, evangelischen und altkatholischen Kirche ein Beitragserhebungsrecht. Dies bedeutete den Aufbau eines völlig kircheneigenen Finanzierungssystems. Rückständige Beiträge konnten nur vor den Zivilgerichten eingeklagt werden (dies beruhte auf einer persönlichen Anordnung *Hitlers*). Voraussetzung dafür war der Erlaß staatlich genehmigter kirchlicher Beitragsordnungen, wie überhaupt das KBG ein nahezu lückenloses staatliches Kontroll- und Aufsichtsinstrumentarium bereithielt. Diese

---

ministeriums Schröcker, Der Staat 20 (1981), S. 442 ff. – Der Text des österr. Konkordats bei *Weber*, NStKR, S. 69 ff.

63 *Winter*, Staatskirchenrecht im Dritten Reich, S. 82 ff.
64 *Meier*, Ev. Kirchenkampf, III S. 547 ff.
65 GBl. f. d. L. Ö. Nr. 543/1939: abgedr. mit DVOen bei *Klecatsky, Hans/Weiler, Hans,* Österreichisches Staatskirchenrecht, Wien (1958), S. 153ff. (dort auch Judikatur der NS-Zeit). Dazu *Plöchl, Willibald,* Zur Vorgeschichte und Problematik des Kirchenbeitragsgesetzes in Österreich, in: Festschr. f. Joh. Heckel, Köln – Graz (1959), S. 108 ff.; *Klecatsky, Hans,* Lage und Problematik des österreichischen Kirchenbeitragssystems, Essener Gespr. z. Thema Staat u. Kirche 6 (1972), S. 54 ff.; *Link,* Zur Problematik der österreichischen Kirchenfinanzierung, Theolog. Quartalsschr. 156 (1976), S. 210 ff., *ders.,* Bemerkungen zum Verhältnis von Staat und Kirche in Österreich, in Festschr. F. Zerbst, Wien (1979), S. 228 ff. (238 f.); allg. *Gampl, Inge,* Österreichisches Staatskirchenrecht, Wien – New York (1971), S. 119 ff.
66 *Link,* Die habsburgischen Erblande, (s. o. 2. Kap. FN 199), S. 540.

"vereins-privatrechtliche Konstruktion"[67] sollte die Kirchen finanziell ruinieren. Mit heuchlerischer Ironie wurden nämlich den Kirchen "im Hinblick auf die durch dieses Gesetz eröffneten Einnahmequellen"[68] alle öffentlichen Mittel gestrichen, der Religionsfonds aufgelöst und zum Reichsvermögen eingezogen[69]. Eingestandenermaßen erhoffte sich die Gauleitung davon einen "vernichtenden Schlag gegen die Kirchenorganisation" nämlich durch eine Austrittswelle der beitragsungewohnten Österreicher. Diese Hoffnung erfüllte sich nicht. Das KBG gilt – nach Abbau der Kontrollmechanismen – noch heute und bildet die Rechtsgrundlage der österreichischen Kirchenfinanzierung[70].

4. Das Modell Warthegau

Die eigentlichen Ziele der Partei enthüllte die NS-Kirchenpolitik im "Reichsgau Posen" (seit 1940: "Reichsgau Wartheland"[71]). Die dort getroffenen Maßnahmen standen einerseits im Kontext der Kolonisationsstrategie gegenüber Polen. Daneben aber – das zeigt die Behandlung der stark volksdeutsch eingestimmten evangelischen Kirchen – sollten sie eine allgemeine religionsrechtliche Ordnung nach Kriegsende vorwegnehmen, und so wurden sie auch von den Kirchenführern des Altreichs verstanden. In einem 13-Punkte-Plan[72] entwickelte 1940 Reichsstatthalter *Greiser* mit Rückendeckung durch *Bormann* und *Heydrich* sein Programm: Verlust der Korporationseigenschaft und Abstufung der Kirchen zu privatrechtlichen, staatlicher Konzession bedürftigen Vereinen, deren Mitgliedschaft nur durch ausdrückliche Beitrittserklärung Volljähriger begründet werden konnte, Verbot aller konfessionellen Jugendorganisationen, Eliminierung von Konfirmandenunterricht und religiöser Unterweisung aus der Schule, Unterbrechung aller Verbindungen zu kirchlichen Institutionen außerhalb des Reichsgaus, Zuweisung des kirchlichen Eigentums durch den Reichsstatthalter unter

---

67 *Klecatsky* (FN 65), S. 55.

68 § 5 KBG.

69 3. DVO zum KBG v. 29.3.1940 – abgedr. bei *Klecatsky-Weiler* (FN 65), S. 165 ff. – § 1.

70 Ein Kuriosum mit tragischem Hintergrund: Die israelitischen Kultusgemeinden besaßen vor dem "Anschluß" das (steuerähnliche) Recht, Kultusbeiträge im Verwaltungszwang beizutreiben. Da diese Gemeinden nach 1938 ausgerottet, nicht ihre Finanzierung geregelt werden sollte, wurden sie nicht in den Geltungsbereich des KBG einbezogen. Das Ergebnis ist, daß sie diesem Umstand, mithin ausgerechnet der Gesetzgebung des "Dritten Reiches" den Fortbestand ihres einer Steuer angenähenen Finanzierungssystems (das sog. Privilegium hebraicum) verdanken.

71 Dazu vor allem *Gürtler*, Ev. Kirche im Warthegau, *Conway*, NS-Kirchenpolitik, S. 326 ff.; *Meier*, Ev. Kirchenkampf, III S. 114 ff.

72 *Conway*, NS-Kirchenpolitik, S. 332 f.

Beschränkung auf das Kultusvermögen, Untersagung aller kirchlichen Wohlfahrtstätigkeit, Auflösung der Stifte und Klöster, Eigenfinanzierung durch kirchliche Beiträge ohne Zwangsbeitreibung und Einstellung aller Staatszuschüsse. Diese als "Trennung von Staat und Kirche" ausgegebene Konzeption gewährte den Kirchen gleichwohl keine Freiheit, sondern stellte sie unter eine alle Details kirchlichen Lebens erfassende Staatskuratel[73]. Die VO über religiöse Vereinigungen und Religionsgesellschaften im Reichsgau Wartheland vom 13.9.1941[74] goß dann diese Programmatik in Rechtssatzform um. Als Vereine anerkannt wurden nur die Kirchen deutscher Nationalität. Die polnische katholische Kirche erfuhr, nach mehreren Verhaftungswellen gegen Priester und Ordensleute, schließlich eine beschränkte faktische Duldung[75].

Auch sonst verschärfte sich die Repression: In den Warthegau versetzte Reichsbeamte wurden zur Unterzeichnung eines Reverses über den Kirchenaustritt genötigt, Lehrer als "automatisch" konfessionslos erklärt. Das Verbot von Karfreitagsgottesdiensten unter Hinweis auf den "Karfreitag der Partei" (9. November 1923) scheiterte freilich am Widerstand der Bevölkerung.

Der Blutzoll, den vor allem der polnische katholische Klerus zu entrichten hatte, war erschreckend. In Dachau etwa bildete er die größte Gefangenengruppe. Die Proteste der Kirchenleitungen des Altreichs, des Episkopats und des Vatikans blieben wirkungslos. Appelle an *Hitler* provozierten lediglich die lakonische Mitteilung, der Führer billige die getroffenen Maßnahmen. Im Warthegau erwies sich die Hoffnung auf eine Symbiose der Kirchen mit dem totalitären Regime des Nationalsozialismus endgültig als das, was sie immer gewesen war: als eine verhängnisvolle Illusion.

Literatur

Neben den oben S. 130 f. genannten übergreifenden Werken von *v. Campenhausen*, Erler, *Feine, Jacobs, Spael* und *Wright:*
Albrecht, Dieter (Hrsg.), Katholische Kirche im Dritten Reich. Eine Aufsatzsammlung, Mainz (1976)
Böckenförde, Ernst Wolfgang, Kirchlicher Auftrag und politische Entscheidung, Freiburg (1973). (Die hier im 2. Kap. zusammengefaßten 3 Aufs. aus "Hochland" und "Der

---

73 Betretensverbote deutscher Kirchen für Polen, Beschränkungen der Gottesdienste und Beichten, Untersagung der polnischen Sprache im sakralen Bereich etc.
74 Text bei *Gürtler*, Ev. Kirche im Warthegau, S. 260 ff.
75 Beschränkt auf eine Kirche und zwei Priester in jedem Kreis (*Conway*, NS-Kirchenpolitik, S. 338 f.) – Allg. und grundlegend dazu jetzt *Smigiel, Kazimierz*, Die katholische Kirche im Reichsgau Wartheland 1939-1945 (dt.) Dortmund (1984), mit umfassender Auswertung der Diözesanarchive.

Staat" zur Haltung der kath. Kirche im Dritten Reich werden aus Raumgründen nur nach den Seitenzahlen dieses Sammelbandes zitiert.)

Buchheim, Hans, Glaubenskrise im Dritten Reich, Stuttgart (1953)

Conway, John S., Die nationalsozialistische Kirchenpolitik 1933-1945, München (1969)

Duchrow, Ulrich/Huber, Wolfgang (Hrsg.), Die Ambivalenz der Zwei-Reiche-Lehre in lutherischen Kirchen des 20. Jahrhunderts, Gütersloh (1976)

Huber, Ernst Rudolf, Verfassungsrecht des Großdeutschen Reiches, 2. Aufl., Hamburg (1939), S. 490 ff.

Jestaedt, Rudolf, Das Reichskonkordat vom 20. Juli 1933 in der nationalsozialistischen Staats- und Verwaltungspraxis, unter bes. Berücksichtigung d. Art. 1, Archiv f. kath. Kirchenrecht 124 (1949/50), S. 335 ff.

Lewy, Guenter, Die katholische Kirche und das Dritte Reich, (dt.) München (1965)

Luchterhandt, Otto, Die Rechtsstellung der Religionsgemeinschaften im totalen Staat, ein Vergleich zwischen Sowjet- und NS-Staat, Zeitschr. f. evang. Kirchenrecht 24 (1979), S. 111 ff.

Meier, Kurt, Die Deutschen Christen, Halle/S. (1965)

– Der evangelische Kirchenkampf, 3 Bde., Göttingen (1976-1984)

Morsey, Rudolf, Der Untergang des politischen Katholizismus. Die Zentrumspartei zwischen christlichem Selbstverständnis u. "Nationaler Erhebung" 1932/33, Stuttgart/Zürich (1977)

Repgen, Konrad, Die Außenpolitik der Päpste im Zeitalter der Weltkriege, in: *Jedin, H./ Repgen, K.* (Hrsg.), Handbuch der Kirchengeschichte VII, Freiburg – Basel – Wien (1979), S. 36 ff.

Ruppel, Erich, Die Behandlung der Religionsgesellschaften als Körperschaften des öffentlichen Rechts in der Gesetzgebung, Archiv f. evang. Kirchenrecht 5 (1941), S. 1 ff.

Schmidt, Kurt-Dietrich (Hrsg.), Arbeiten zur Geschichte des Kirchenkampfs, Göttingen (1958 ff.) [daraus u.a. *Gürtler, Paul,* Nationalsozialismus und evangelische Kirche im Warthegau (Bd. 2 – 1958); *Luther, Christian,* Das kirchliche Notrecht, seine Theorie und seine Anwendung im Kirchenkampf 1933-1937 (Bd. 21 – 1969); *Kater, Horst,* Die deutsche evangelische Kirche in den Jahren 1933 und 1934 (Bd. 24 – 1971)]

Scholder, Klaus, Die Kirchen im Zeichen der Machtergreifung Hitlers (1933-34), Der Kampf um die Kirchen (1935-45), in: *Kottje, Raymund/Moeller, Bernd* (Hrsg.), Ökumenische Kirchengeschichte III, Mainz u. München (1974), S. 269 ff., 288 ff.

– Art. "Kirchenkampf" in: Evang. Staatslexikon, 2. Aufl. Stuttgart – Berlin (1975), Sp. 1177 ff.

– Die Kirchen und das Dritte Reich, I, Frankfurt/M. – Berlin – Wien (1977 – Lit.)

Schröcker, Sebastian, Die Praxis des Staatskirchenrechts im Dritten Reich, Der Staat 20 (1981), S. 423 ff.

Sonne, Hans-Joachim, Die politische Theologie der Deutschen Christen, Göttingen (1982)

Volk, Ludwig, Das Reichskonkordat vom 20. Juli 1933, Mainz (1972)

Volkmann, Klaus J., Die Rechtsprechung staatlicher Gerichte in Kirchensachen 1933-1945, Mainz (1978)

Weber, Werner, Staat und Kirche in der Gegenwart. Rechtswissenschaftliche Beiträge aus vier Jahrzehnten, Tübingen (1978)

Winter, Jörg, Die Wissenschaft vom Staatskirchenrecht im Dritten Reich, Frankfurt/M. – Bern – Las Vegas (1979)

Wolf, Ernst, Das Problem der Rechtsgestalt der Kirche im Kirchenkampf, Zeitschr. f. evang. Kirchenrecht 8 (1961/62), S. 1 ff.

Zahn, Gordon C., Die deutschen Katholiken und Hitlers Kriege, (dt.) Graz – Köln (1965).

Quellen

Albrecht, Dieter (Bearb.), Der Notenwechsel zwischen dem Hl. Stuhl und der Deutschen Reichsregierung, 2 Bde., Mainz (1965/69)

Hirsch, Martin/Majer, Diemut/Meinck, Jürgen (Hrsg.), Recht, Verwaltung und Justiz im Nationalsozialismus, Köln (1984)

v. Münch, Ingo/Brodersen, Uwe, Gesetze des NS-Staates, 2. Aufl., Paderborn u.a. (1982)

Weber, Werner, Staatskirchenrecht, München u. Berlin (1936 – zit. StKR)

– Neues Staatskirchenrecht, ebda. (1938 – zit. NStKR)

– Die deutschen Konkordate und Kirchenverträge der Gegenwart I, Göttingen (1962).

5. Kapitel
Die Neuordnung des Verhältnisses von Staat und Kirche nach 1945*

I. Neubeginn und alte Frontstellungen

Der Zusammenbruch der deutschen Staatsgewalt hat naturgemäß auch die Stellung der Kirchen im öffentlichen Leben entscheidend bestimmt. Im Vakuum der unmittelbaren Nachkriegszeit bildeten sie zunächst die einzige relativ intakte gesellschaftliche Ordnungsmacht. Kirchenkampf und zunehmend einsetzende Verfolgung in der Endphase des "Dritten Reiches"[1] ließen sie moralisch weniger kompromittiert erscheinen als andere Organisationen. Hinzu kam, daß die internationalen Verflechtungen der Kirchen nicht nur zu Brücken vielfältiger materieller Hilfen wurden, sie durchbrachen auch als erste die politische und moralische Isolation Deutschlands. Einen wichtigen Schritt gerade auf diesem Wege bedeutete das Stuttgarter Schuldbekenntnis[2] der Evangelischen Kirchen vom 19. Oktober 1945, das im Ausland starken Widerhall fand. Versöhnung nach innen und außen – zu dieser dringenden Aufgabe sahen sich die Kirchen in besonderem Maße berufen. Diese ihre Bedeutung ließ das überkommene, von Mißtrauen, Schranken- und Trennungsdenken bestimmte staatskirchenrechtliche Instrumentarium als Anachronismus erscheinen.

Gleichwohl brachen zunächst die alten kulturpolitischen Fronten wieder auf, freilich nicht annähernd mit der Schärfe von 1919. Nachdem der Alliierte Kontrollrat das NS-Staatskirchenrecht aufgehoben hatte[3], war an sich die von diesem nur überlagerte Schicht der Weimarer Ordnung wieder freigelegt. Damit wurde aber auch der 1919 vom "Kulturkompromiß"[4] nur mühsam überbrückte Graben erneut sichtbar. Freilich ging es nun nicht mehr um die Stellung der Kirche selbst, vielmehr vor allem um ihre Rolle im Unterrichtswesen. Namentlich an der Frage einer Restaurierung der Bekenntnisschule schieden sich die Geister.

---

* Aus: *Jeserich/Pohl/v. Unruh* (Hrsg.), Deutsche Verwaltungsgeschichte, Bd. 5, Stuttgart (1987), S. 994-1011 (XV. Kapitel: Staat und Kirchen).
1 Dazu näher oben S. 143 ff.
2 Dazu jetzt eindringlich *Besier, Gerhard/Sauter, Gerhard,* Wie Christen ihre Schuld bekennen, Die Stuttgarter Erklärung 1945, Göttingen (1985).
3 Einzelheiten bei *Hesse,*Rechtsschutz, S. 9 f.
4 S. o. S. 104 ff.

Mit Ausnahme Bayerns[5] und der Länder mit einer gefestigten Simultanschultradition spiegelten die neugeschaffenen Landesverfassungen das Ergebnis dieses Ringens wider. Damit war aufs engste die Frage nach der Fortgeltung des Reichskonkordats (RK) verknüpft.

Sie blieb bis zum Konkordatsurteil des BVerfG vom 26.3.1957[6] offen. Darin bestätigte das Gericht zwar die fortdauernde Gültigkeit des RK, stellte aber gleichzeitig fest, daß die 1949 eingetretene verfassungsrechtliche Kompetenzverschiebung zugunsten der Kulturhoheit der Länder diese (auch unter dem Gesichtspunkt der Bundestreue) innerstaatlich nicht zu einer Beachtung der vom Reich eingegangenen schulpolitischen Bindungen[7] verpflichte.

Wo zunächst eine bekenntnismäßige Gliederung der Grund- und Hauptschulen erfolgt war, erzwangen spätere Schulkämpfe in den 60er Jahren teilweise eine Korrektur[8]. Heute ist die Gemeinschaftsschule fast überall Regelschule, Bekenntnisschulen auf Antrag der Erziehungsberechtigten sind – in unterschiedlichen Spielarten – noch in Nordrhein-Westfalen und Niedersachsen vorgesehen[9]. In den anderen Bundesländern bestehen die Volksschulen entweder als christliche oder nicht religiös geprägte Gemeinschaftsschulen. Auch das alte Problem einer Konfessionalität der Lehrerbildung ist zwischenzeitlich durch die fast durchgängige Umwandlung konfessioneller pädagogischer Hochschulen in solche mit Simultancharakter überholt. In keinem Bundesland bestehen heute noch ausschließlich konfessionelle Lehrerbildungsanstalten[10]. Als Rechtsinstitution hat die Bekenntnisschule deshalb ihre Sicherung überwiegend im Bereich eines staatlich subventionierten und voll anerkannten Privatschulsystems erfahren.

---

5 Hier erhob die SPD zunächst keinen Widerspruch gegen eine Bekenntnisschullösung.
6 BVerfGE 6, 309.
7 S. o. S. 142 f.
8 So führte etwa in Bayern ein Volksbegehren 1968 zur Änderung der Landesverfassung, die ihrerseits eine Neufassung der Kirchenverträge nach sich zog (GVBl. 1968 S. 398, 401).
9 In Nordrhein-Westfalen werden Grundschulen nach Wahl der Eltern als Bekenntnis- oder Gemeinschaftsschulen errichtet, bei den Hauptschulen ist die Gemeinschaftsschule Regelschule (§§ 17 f. SchOG). In Niedersachsen können Bekenntnisschulen lediglich auf Antrag der Erziehungsberechtigten errichtet werden – mit Erleichterungen f. d. Landesteil Oldenburg (§§ 129 ff. SchG). In Bayern können mit Zustimmung der Eltern an den Volksschulen Klassen mit Kindern gleicher Bekenntniszugehörigkeit gebildet werden, in denen nach den Grundsätzen dieses Bekenntnisses unterrichtet wird (Art. 7 II EUG, jeweils Art. 6 BayKonK bzw. EvKV n.F.). Einzelheiten bei *Link, Christoph*, Art. Gemeinschaftsschule, in: Ev. Staatslexikon, 3. Aufl. Stuttgart (1987), I, Sp. 1053 ff.
10 Damit ist auch die Frage des Zugangs anderskonfessioneller Bewerber zu derartigen Ausbildungseinrichtungen (vgl. BVerwGE 10, 136) nicht mehr aktuell.

II. Das Staatskirchenrecht der Landesverfassungen

Soweit die Landesverfassungen – erste Zeugnisse des Wiederauflebens deutscher Staatlichkeit – die Rechtsstellung der Kirchen überhaupt regelten, geschah dies in deutlicher Anlehnung an das Vorbild der WRV[11]. Dies gilt namentlich für die Verfassungen der amerikanischen (Bayern, Hessen, Württemberg-Baden) und französischen Besatzungszone (Baden, Württemberg-Hohenzollern, Rheinland-Pfalz). Im Bereich der englischen Zone enthielten nur die Verfassungen von Nordrhein-Westfalen und Bremen staatskirchenrechtliche Bestimmungen. Auch die Berliner Verfassung von 1950 klammerte diesen Bereich aus.

Freilich zeigen sich charakteristisch Nuancen[12]. Während Bremen und Hessen stärker das Trennungsprinzip akzentuierten, erkannten die übrigen Verfassungen (auch die des Saarlands von 1947) ausdrücklich oder implizit den kirchlichen Auftrag als wesentlichen Dienst an der Gemeinschaft an[13]. Z.T. finden sich Bestimmungen über die Fortgeltung des älteren Vertragskirchenrechts[14], über Mitwirkung in Schule, Erziehung[15] und über die Theologischen Fakultäten[16]. Auch die Freiheit kirchlichen Handelns wird teilweise präziser gefaßt[17] – in Hessen und Bremen freilich im Sinne einer erkennbaren Distanzierung[18]. Die nach Inkrafttreten des GG beschlossenen Verfassungen von Nordrhein-Westfalen und Baden-Württemberg erklärten dessen staatskirchenrechtliche Regelun-

---

11 Dies galt im übrigen auch für die Landesverfassungen der (damaligen) SBZ, sämtlich von 1947, die im übrigen in Sinngehalt und Formulierung weitgehend übereinstimmten (Sachsen: Art. 89-94; Sachsen-Anhalt: Art. 89-95; Thüringen: Art. 73-79; Mark Brandenburg: Art. 62-68; Mecklenburg: Art. 86-97). Ergänzend finden sich Bestimmungen über den Kirchenaustritt und – vom ReichsG über die religiöse Kindererziehung 1924 z.T. abweichend – über die Religionsmündigkeit. Bemerkenswert ist, daß hier auch die Gewährleistungen von Anstaltsseelsorge und Kirchensteuer (Ausn.: Mark Brandenburg) wiederholt wurden, wie auch die Ablösung der Staatsleistungen durch Gesetz vorgesehen war. Der Religionsunterricht wurde dagegen zur Sache der Kirchen erklärt, wofür freilich Schulräume in Anspruch genommen werden konnten (Nur die thür. Verf. nannte den Religionsunterricht nicht). Die sächs., thür., brandenbg. u. mecklenbg. Verf. enthielten zudem ein Verbot des Mißbrauches von "Kirche und Religionsausübung" bzw. "kirchlicher Einrichtungen und Handlungen zu (partei-)politischen Zwecken".
12 Dazu eingehend *Hesse,* Rechtsschutz, S. 15 ff.
13 Ba.-Wü. Art. 4 Abs. 2; Rh.-Pf. Art. 41 Abs. 1; im Hinblick auf die Diakonie: Ba.-Wü. Art. 6; Nordrh.-Westf. Art. 6 Abs. 3.
14 Ba.-Wü. Art. 8; Nordrh.-Westf. Art. 23; Saarld. Art. 35 Abs. 2.
15 Bay. Art. 127; Ba.-Wü. Art. 12 Abs. 2; Rh.-Pf. Art. 26; Saarld. Art. 26 Abs.3.
16 Ba.-Wü. Art. 10.
17 Ba.-Wü. Art. 4 Abs. 1; Bay. Art. 142 Abs. 3; Rh.-Pf. Art. 41 Abs. 2; Saarld. Art. 35.
18 Bremen Art. 59 Abs. 1; deutlicher Art. 50 Hess. Verf. mit einem gegenseitigen Einmischungsverbot.

gen daneben zugleich zum Landesverfassungsrecht[19]. Durch die insgesamt stärker ausgebaute Landesverfassungsgerichtsbarkeit erhielten diese Bestimmungen in der Folgezeit eine nicht unerhebliche praktische Bedeutung[20].

III. Die Entstehung der staatskirchenrechtlichen Bestimmungen des Grundgesetzes

Im Parlamentarischen Rat war ein gemeinsamer Antrag von CDU/CSU, Zentrum und DP, den Herrenchiemseer Entwurf um einen neukonzipierten Artikel[21] über die Rechtsstellung der Kirchen zu erweitern, an föderalistischen Bedenken ebenso gescheitert, wie an der Warnung vor einem Überfrachten der als Provisorium gedachten Verfassung. Schließlich fand ein Vorschlag der Abgeordneten *Heuß* und *Süsterhenn* Zustimmung, die Art. 136-139 und 141 WRV dem GG zu inkorporieren[22]. Umstritten war die Frage eines Elternrechts auf Bestimmung der Schulform. Auch hierin vermochten sich die Unionsparteien nicht durchzusetzen[23]. Lediglich die Garantie des Religionsunterrichts fand mit einem Vorbehalt zugunsten derjenigen Länder Aufnahme, in denen er am 1. Januar 1949 nicht ordentliches Lehrfach war (Art. 141)[24]. In der Gewährleistung der Religionsfreiheit (Art. 4) entfiel die Schrankenziehung durch die allgemeinen Staats-

---

19 Nordrh.-Westf. Art. 22; Ba.-Wü. Art. 5.
20 Dazu *Campenhausen, A. v.*, Das Staatskirchenrecht in der Rechtsprechung der Landesverfassungsgerichte, in: *Starck, Christian/Stern, Klaus* (Hrsg.), Landesverfassungsgerichtsbarkeit, Teilbd. III, Baden-Baden (1983), S. 403 ff.
21 Wortlaut bei *v. Doemming, Klaus-Berto/Füßlein, Rudolf Werner/Matz, Werner*, Entstehungsgeschichte der Artikel des GG, in: JöR 1 (1951), S. 899 f.
22 Dazu näher *v. Doemming/Füßlein/Matz*, (FN 21), S. 900 ff.
23 Auch hiergegen wurde der darin liegende Eingriff in die Kulturhoheit der Länder ins Feld geführt, daneben aber auch die Verfestigung konfessioneller Gegensätze und die Gefahr zu hoher finanzieller Belastung, *v. Doemming/Füßlein/Matz* (FN 21), S. 102 ff.; *Hesse*, Rechtsschutz, S. 14 f.
24 Die sog. "Bremer Klausel" hatte Bedeutung auch für Berlin und für einige andere Bundesländer, in denen nicht für alle Schularten Religionsunterricht rechtlich vorgesehen war (dazu *Link*, Religionsunterricht, in: Handbuch d. Staatskirchenrechts der Bundesrepublik Deutschland, 2 Bde., 2. Aufl. Berlin 1994/95 – i. folg. HdbStKR[2]) II, S. 439 ff. (439 f.) In Bremen wird seit dem 19. Jh. – dazu oben S. 82 – ein bekenntnismäßig nicht gebundener Unterricht in Biblischer Geschichte erteilt. – Das BVerfG hat im Konkordatsurteil die Gültigkeit der Bremer Klausel bestätigt (BVerfGE 6, 309/354).

gesetze. Trotz der Verlegenheitslösung einer Bezugnahme auf die WRV[25] hat sich das Staatskirchenrecht der Bundesrepublik deutlich von seiner Weimarer Handhabung emanzipiert und ist – unter Entwicklung freiheitlicherer Strukturen – zu einem eigenständigen, verfassungsrechtlich gewährleisteten Ordnungsbereich geworden. Maßgeblich daran beteiligt war die abgewogene höchstrichterliche Judikatur, vor allem des BVerfG[26] und des BVerwG.

IV. Kirchenvertragsrechtliche Grundlagen

1. Evangelische Kirchenverträge

In der Geschichte der Bundesrepublik standen eindeutig vertragliche Regelungen mit den Evangelischen Kirchen im Vordergrund. Dies lag zunächst daran, daß die katholische Kirche auf der Fortgeltung des Reichskonkordats bestand, später aber auch an einem kirchenpolitischen Klimawechsel, in dem die einzige umfassende konkordatäre Neuregelung, das Niedersächsische Konkordat, im Jahre 1965 bereits auf nicht unerhebliche Kritik stieß. Ungeachtet dessen haben insbesondere die evangelischen Kirchenverträge eine Pionierfunktion bei der Neubestimmung des staatskirchenrechtlichen Systems übernommen und auf seiten beider Vertragspartner ein gewandeltes Verständnis der überkommenen Verfassungsgrundlagen dokumentiert[27].

Anstöße kamen einmal aus dem Bedürfnis nach Rechtsvereinheitlichung dort, wo die territoriale Neugliederung nach 1945 zur Existenz mehrerer Landeskirchen im Landesgebiet geführt hatte, deren staatskirchenrechtliche Grundlagen differierten[28]. Zum anderen aber ging es darum, unter dem Eindruck des NS-Mißbrauchs staatlicher Eingriffsbefugnisse das Staatskirchenrecht insgesamt

---

25 Daß die inkorporierten Artikel der WRV vollgültiges Verfassungsrecht darstellen und gegenüber den anderen Normen des GG nicht etwa minderen Rang besitzen, hat das BVerfG bereits in E 19, 206 (218 f.) klargestellt.

26 Dazu *Hollerbach, Alexander*, Das Staatskirchenrecht in der Rechtsprechung des Bundesverfassungsgerichts (I), in: AöR 92 (1967), S. 99 ff.; (II) ebda., 106 (1981), S. 218 ff.

27 Dazu u. zum folgenden grundlegend *Hollerbach*, Verträge; *ders.*, Die vertragsrechtlichen Grundlagen des Staatskirchenrechts, in: HdbStKR[2] (FN 24) I, S. 253 ff. (S. 258 ff.); *v. Campenhausen*, Staatskirchenrecht, S. 153 ff.

28 Dabei gingen die Landesregierungen von einem Fortgelten der älteren Kirchenverträge aus, soweit dies nicht bereits verfassungsrechtlich festgeschrieben war. Die neuen KV.e überlagern daher nur das Vertragsrecht der Weimarer Zeit, das subsidiär daneben anwendbar bleibt.

auf eine neue Basis zu stellen[29]. Als solches Fundament sollte unter Abweisung doktrinärer Trennungsideologien – der Grundsatz vertrauensvoller Kooperation und gemeinsamer Verantwortung für die evangelische Bevölkerung dienen. Dementsprechend findet der kirchliche Öffentlichkeitsauftrag ebenso ausdrückliche Anerkennung, wie die Eigenständigkeit der Kirchen[30]. Im Bereich der klassischen Konkordatsmaterien wurden die staatlichen Aufsichts- und Genehmigungsvorbehalte weitgehend abgebaut, z.T. auf bloße Vorlagepflichten reduziert. Dies alles entsprach der einhelligen Auffassung vom Wegfall der älteren Staatskirchenhoheit[31].

Daneben erfolgte eine Entflechtung auf dem Gebiet des Liegenschaftsrechts und eine ziffernmäßige, mit Gleitklauseln versehene Festlegung der Staatsleistungen. Die politische Klausel[32] sollte nur noch für solche Besetzungen der leitenden geistlichen Ämter gelten, die nicht auf Wahl durch die Synoden beruhen. Da dies überall der Fall ist, kommt seither nur noch eine Anzeigepflicht in Betracht.

a) Zum Prototyp dieser Vertragsart wurde der Niedersächsische (Loccumer) KV vom 19.3.1955[33], modifiziert nach Abschluß des niedersächs. Konkordats aus Paritätsgründen durch einen Ergänzungsvertrag vom 4.3.1965[34]. An seinem Vorbild orientierten sich die Verträge in Schleswig-Holstein[35], Hessen[36], Rheinland-Pfalz[37]. Dagegen hat der Vertrag des Landes Nordrhein-Westfalen mit der Lippischen Landeskirche[38] i.w. nur die Erstreckung des preuß. KV auf diese Kirche zum Gegenstand. Der saarländische KV[39] regelt lediglich die Rechtsver-

---

29 So die Reg.begr. zum Nieders. KV (*Weber, W.,* Konkordate u. Kirchenverträge I, S. 220 f.).

30 Präambel z. Nieders. KV (*Weber, W.,* Konkordate u. Kirchenverträge I, S. 212 f.).

31 Dazu *Link, Christoph,* Staatskirchenhoheit, in: Zeitschr. f. evang. Kirchenrecht 20 (1975), S. 1 ff. – mit krit. Vorbehalten.

32 Dazu oben S. 124 ff.

33 GVBl. S. 159 (abgedr. mit Zusatzvereinbarung vom gleichen Tag – MBl. S.438 – bei *Weber, W.,* Konkordate und Kirchenverträge I, S. 212 ff., 227 ff.).

34 GVBl. 1966, S. 4 (abgedr. m. Abschl. Protokoll und Reg.begr. bei *Weber, W.,* Konkordate u. Kirchenverträge II, S. 175 ff.).

35 v. 23.4.1957 (GVBl. S. 73 – *Weber, W.,* Konkordate u. Kirchenverträge I, S. 234 ff.).

36 v. 18.2.1960 (GVBl. S. 54 – *Weber, W.,* Konkordate und Kirchenverträge I, S. 271 ff.).

37 v. 31.3.1962 (GVBl. S. 173 – *Weber, W.,* Konkordate u. Kirchenverträge II, S. 195 ff.).

38 v. 6.3.1958 (GV NW S. 205) mit Ergänzung v. 26.11.1959 (GV NW 1960 S. 246 – *Weber, W.,* Konkordate u. Kirchenverträge I, S. 258 ff., 268 ff.).

39 v. 30.11./5.12.1967 (GVBl. 1968, S. 476 – *Weber, W.,* Konkordate und Kirchenverträge II, S. 224).

hältnisse des an der Saarbrücker Universität bestehenden Theologischen Lehrstuhls. – Eine Sonderstellung nehmen die Vereinbarungen des Berliner Senats mit dem Konsistorium (West) der Evang. Kirche von Berlin-Brandenburg und dem Bischöflichen Ordinariat Berlin v. 2.7.1970 ein[40]. Hier wurde bewußt auf einen förmlichen Vertrag verzichtet und die Form einer Verwaltungsvereinbarung ohne Ratifikation durch die zuständigen Legislativorgane gewählt. Ausschlaggebend dafür war einmal die komplizierte politische, vor allem aber kirchliche Situation Berlins. Indes zeichnete sich darin – zumindest auf evangelischer und staatlicher Seite – auch eine bewußte Distanzierung von überkommenen Koordinationsvorstellungen ab. An deren Stelle sollte eher die Anerkennung einer pluralistischen Ordnung treten, in der auch die Kirchen unter Wahrung ihrer Eigenständigkeit ihren Platz finden[41].

Seit Mitte der sechziger Jahre ist so die Welle der Globalabkommen abgeebbt. Ob damit das "Ende der Konkordate"[42] gekommen ist, muß die Zukunft lehren. An ihre Stelle sind eine Fülle von Einzelvereinbarungen[43] über gemeinsam interessierende Fragen getreten (namentlich im Schul- und Diakoniebereich). Wo die Entwicklung über vertragsgesicherte Positionen der Kirchen hinweggegangen war, sind zwischenzeitlich einvernehmliche Änderungen erfolgt. Neue Anstöße zur Weiterentwicklung des kirchenpolitischen Systems sind in den letzten Jahren jedenfalls nicht mehr vom Vertragskirchenrecht ausgegangen.

b) Auf Bundesebene ist es – ensprechend der grundgesetzlichen Kompetenzverteilung – nur zum Militärseelsorgevertrag vom 22.7.1957[44] gekommen, auf dessen Grundlage dann das G über die Militärseelsorge vom 26.7.1957[45] erlassen wurde. Dieser Vertrag bildete später den Vorwand zur erzwungenen Trennung der Evangelischen Kirchen der DDR von der EKD.

---

40 *Weber, W.,* Konkordate und Kirchenverträge II, S. 47 ff., 158 ff.
41 Dazu *Herzog, Roman,* Die Berliner Vereinbarung zwischen Staat und Kirchen, in: Zeitschr. f. evang. Kirchenrecht 16 (1971), S. 268 ff.; *Link,* Neuere Entwicklungen, S. 40 ff.
42 So der damalige Kultusminister von Baden-Württ., *Hahn,* zit. bei *Hollerbach,* Die Kirchen unter dem Grundgesetz, in: VVDStRL 26 (1968), S. 57 ff. (76).
43 Eine Übersicht über die mit beiden Kirchen geschlossenen Vereinbarungen bis 1965 bei *Hollerbach,* Verträge, S. 24 ff.; fortgeschrieben bis heute in: *ders.,* HdbStKR[2] (FN 27) I, S. 253 ff. (262 ff.)
44 BGBl. II S. 702 (*Weber, W.,* Konkordate u. Kirchenverträge I, S. 132 ff.).
45 BGBl. II S. 701 (*Weber, W.,* Konkordate u. Kirchenverträge I, S. 130 f.). Gem. Art. 2 dieses Gesetzes waren die beamtenrechtlichen Bestimmungen des MilSeelV.s auf katholische Militärgeistliche sinngemäß anzuwenden. Diese Regelung wurde ergänzt durch die aufgrund von Art. 27 Abs. 4 RK neu erlassenen päpstlichen "Statuten für die Kath. Militärseelsorge in der Deutschen Bundeswehr" v. 31.7.1965 (*Weber, W.,* Konkordate u. Kirchenverträge II, S. 13 ff.).

2. Konkordate und Vereinbarungen mit der katholischen Kirche

Auf katholischer Seite beendete das Niedersächsische Konkordat vom 1. Juli 1965[46] einen von kirchlicher Seite mit Erbitterung über mehr als ein Jahrzehnt geführten "kleinen Kulturkampf". Den Anlaß bildete auch hier die Schulfrage. Das nds. SchulG von 1954 hatte die Gemeinschaftsschule zur Regelschule erklärt[47] und (mit Ausn. Oldenburgs) die Zulassung von Bekenntnisschulen an erschwerende Bedingungen geknüpft. Der Vertragsschluß erfolgte daher in einer kulturpolitisch gereizten Atmosphäre und führte zum Zerbrechen der SPD/FDP-Koalition. Erst unter einer großen Koalition unter CDU-Führung kam die Ratifizierung zustande. Konkordat und die damit verbundene Schulgesetznovelle erleichterten die Bekenntnisschulerrichtung nicht unerheblich. Im übrigen wurden nunmehr auch die überkommenen Konkordatsinhalte[48] durch neue Materien ergänzt: Erwachsenenbildung, Programmgrundsätze und angemessene Sendezeiten im Rundfunk[49]. Der evangelische Ergänzungsvertrag sicherte diese Rechtspositionen dann auch den Evangelischen Kirchen zu.

Das Niedersächsische Konkordat sollte – sieht man von den bereits genannten Berliner Vereinbarungen[50] ab – das bisher und wohl auf absehbare Zeit einzige Globalabkommen bleiben. Auch hier stehen daneben indes eine Fülle von Einzelverträgen und einvernehmlichen Modifizierungen älteren Konkordatsrechts.

V. Neue und alte Wege in der staatskirchenrechtlichen Literatur

1. Partnerschaft und Koordination

Daß die historisch so konfliktträchtigen Beziehungen von Staat und Kirche nach 1945 mit einem neuen Geist erfüllt wurden, war zunächst das gemeinsame Verdienst von Kirchenverträgen und Wissenschaft. Beide haben aufeinander eingewirkt: Die Gestaltung der frühen Verträge wäre ohne die prinzipielle Neube-

---

46 GVBl. S. 192 (*Weber, W.,* Konkordate u. Kirchenverträge II, S. 67 ff.).
47 Eine Normenkontrollklage der Bundesregierung führte zum Konkordatsurteil des BVerfG (s. o. S. 158). Die Verfassungsmäßigkeit der niedersächs. Regelung wurde damit bestätigt.
48 Die vorgesehene Errichtung einer Katholisch-Theologischen Fakultät in Göttingen ist noch nicht erfolgt.
49 Dazu *Link, Christoph/Pahlke, Armin,* Kirchliche Sendezeiten in Rundfunk und Fernsehen, in: AöR 108 (1983), S. 248 ff.
50 S. o. S. 163.

stimmung dieser Beziehung in der Literatur nicht denkbar gewesen, umgekehrt haben die dort vorgenommenen Positionsbestimmungen ihrerseits die wissenschaftlichen Bemühungen der Folgezeit entscheidend mitbestimmt.

Bahnbrechend wirkte ein Aufsatz von *Rudolf Smend* aus dem Jahre 1951[51], in dem er mit dem Satz: "wenn zwei Grundgesetze dasselbe sagen, so ist es nicht dasselbe" einen Bedeutungswandel der rezipierten staatskirchenrechtlichen Artikel der WRV diagnostizierte. Er sah, daß die Erfahrungen einer totalitären Staatsgestaltung eine Anknüpfung an solche älteren Vorstellungen verwehrten, die die Kirchen "in Distanz und Beliebigkeit" nur negativ als Objekte von Schranken- und Ausgrenzungsregelungen zur Kenntnis nahmen. Vielmehr müsse der Staat die kirchliche Freiheit gerade um der ungehinderten Erfüllung ihres Auftrags willen gewährleisten und schützen. Die Folge sei das Gebot loyaler Partnerschaft, einer positiven Zusammenarbeit bei der Bewältigung der gemeinsamen Aufgaben. Die öffentlich-rechtliche Korporationsqualität enthalte so einen über das bisherige Verständnis hinausgehenden Anspruch, der durch die Anerkennung des kirchlichen Öffentlichkeitsanspruchs eingelöst werde[52].

Diese Sicht, die ältere Ansätze, namentlich von *Johannes Heckel* und *Godehard Josef Ebers* aufnahm und fortbildete, erhielt auf evangelischer Seite ihr Widerlager in einem gewandelten Verständnis kirchlichen Rechts. Mit unterschiedlicher theologischer Begründung im einzelnen hatten namentlich *Friedrich Brunstäd*[53], *Johannes Heckel*[54], *Erik Wolf*[55] und *Hans Dombois*[56] das Kirchenrecht nicht nur als eigenständigen Autonomiebereich einer gesellschaftlichen Großorganisation bestimmt, sondern als eigengeartete, bekenntnisbestimmte, vom weltlichen Recht nach Wesen, Geltungsgrund und -anspruch unterschiedene Ordnung[57]. Demgemäß lösten sich auch Kirchenverfassungen und -gesetze der Folgezeit zunehmend von säkularen Vorbildern und waren bemüht, ihre Rege-

---

51 Staat und Kirche nach dem Bonner Grundgesetz, S. 4 ff., jetzt in: *ders.*, Staatsrechtl. Abh., S. 411 ff.

52 Dazu auch *Smend, Rudolf*, Grundsätzliche Bemerkungen zum Korporationsstatus der Kirchen, in: Zeitschr. f. evang. Kirchenrecht 16 (1971), S. 241 ff.

53 Die Kirche und ihr Recht, Halle (1935). *Brunstäds* These stand unmittelbar in Zusammenhang mit der Aussage der Barmer Theologischen Erklärung von 1934, daß in der Kirche eine Scheidung der äußeren Ordnung vom Bekenntnis nicht möglich sei (dazu oben S. 144).

54 Vor allem: Lex charitatis, hrsg. v. *Heckel, Martin*, 2. Aufl., Köln/Graz (1973).

55 Ordnung der Kirche (1961).

56 Das Recht der Gnade, 3 Bde., Witten/Bielefeld (1961-1983, Bd. 1 in 2. Aufl. 1969).

57 Zu dieser Diskussion die Übersicht bei *Grundmann*, Abhandlungen, S. 18 ff.; *Steinmüller, Wilhelm*, Evangelische Rechtstheologie, 2, Bde., Köln/Graz (1968); Neuerdings wichtig *Schlaich, Klaus*, Kirchenrecht und Kirche, in: Zeitschr. f. evang. Kirchenrecht 28 (1983), S. 337 ff.

lungen auf das Fundament genuin kirchlicher Ordnungsprinzipien zu stellen. Kirchliche Freiheit bedeutete nunmehr für beide Großkirchen auch und gerade die Gewährleistung, den Vollzug ihres Gemeinschaftslebens aus ihrem Selbstverständnis heraus zu gestalten – frei von staatlicher oder gesellschaftlicher Ingerenz. Sie umschloß darüber hinaus die Freiheit ihres Dienstes in der Welt und die Anerkennung ihrer gesamtgesellschaftlichen Verantwortung im demokratischen Prozeß.

Auf katholischer Seite erhielt demgegenüber die ältere Konzeption einer Koordination von Staat und Kirche neue Impulse aus Staatsrechtslehre und Judikatur[58]. Mehr noch als bei der Bestimmung des Staat-Kirche-Verhältnisses im Sinne einer partnerschaftlichen Kooperation mußte hier der Vertrag als einziges sachgerechtes Regelungsinstrument zur Ordnung der Beziehungen zwischen zwei in ihrer Sphäre souveränen und mit unabgeleiteter Gewalt begabten Gemeinwesen erscheinen. Eine solche Deutung sah sich indes nicht nur dem Vorwurf des "Institutionenpaktierens" ausgesetzt[59], sondern mußte auch historische Animositäten einer stärker an Souveränitätsvorstellungen orientierten Staatsauffassung herausfordern[60].

2. Rückkehr zur "Juristischen Methode"?

Dieser Einspruch war gegenüber dem staatskirchenrechtlichen Überschwang der Nachkriegszeit insofern im Recht, als er angesichts einer pluralistischen Minimierung des demokratischen Verfassungsstaats dessen unverzichtbare Gemeinwohlverantwortung ebenso in Erinnerung rief, wie das im säkularen Bereich (freilich grundrechtsgebundene) finium regundorum iudicium, d.h. das verfas-

---

58 Vgl. oben S. 56; – *Peters, Hans,* Die Gegenwartslage des Staatskirchenrechts, in: VVDStRL 11 (1954), S.177 ff. (187); *Mikat,* Kirchen u. Religionsgemeinschaften, S. 133; *Albrecht,* Koordination, bes. S. 41 ff. – sie fand auch auf ev. Seite Befürworter: *Grundmann,* Abhandlungen, S. 311; aus der Rspr. bes. BGHZ 46, 96. – Krit. modifizierend dazu *Scheuner,* Schriften zum Staatskirchenrecht, S. 247 f.; *Marré, Heiner,* Zur Koordination von Staat und Kirche, in: DVBl. (1966), S. 13; *Heckel,* Staat – Kirche – Kunst, S. 251 ff.; *Hollerbach,* Kirchen (FN 42), S. 73 f., 78 ff.; *Schlaich,* Neutralität, S. 191; *Link,* in: *Gampl/Link,* S. 38 ff., *v. Campenhausen,* Staatskirchenrecht, S. 420.

59 *Heckel, M.,* in: VVDStRL 26 (1968), S. 11.

60 Vgl. *Weber, Werner,* Spannungen und Kräfte im westdeutschen Verfassungssystem, 3. Aufl. Berlin (1970), S. 44 ff. u.ö.; *Krüger, Herbert,* Rez. über K. Hesse, Der Rechtsschutz ..., jetzt in: *Quaritsch/Weber,* Staat und Kirchen, S. 139 ff.; *ders.,* Ex factis ius oritur, jetzt ebda., S. 230 ff.; *Quaritsch, Helmut,* Kirchen und Staat, jetzt ebda., S. 265 ff.; *ders.,* Neues und Altes über das Verhältnis von Kirchen und Staat, jetzt ebda., S. 358 ff.; *Obermayer, Klaus,* Staatskirchenrecht im Wandel, jetzt ebda., S. 382 ff.; *Weber, Hermann,* Religionsgemeinschaften, bes. S. 35 ff.

sungsrechtlich unverzichtbare Recht der Grenzziehung durch das für "alle geltende Gesetz". In seiner Überbetonung formaler Souveränitätspositionen erscheint er indes allzusehr einer "vergangenen Staatsherrlichkeit" (Scheuner) verhaftet. Er trägt damit gerade der grundgesetzlichen Intention regiminaler Selbstbeschränkung und grundrechtsgesicherter Freiheit nicht hinreichend Rechnung. Hinzu kommt, daß hier durch Inanspruchnahme eines Monopols auf die "juristische Methode" eine keineswegs zwingende spezifische Verfassungsinterpretation bereits im Vorfeld der Diskussion verabsolutiert wurde.

3. Trennung von Staat und Kirche als Systemgrundlage?

Schärfer war die Kritik, die seit den 60er Jahren an den Systemgrundlagen des Staatskirchenrechts namentlich aus Kreisen der "Humanistischen Union" geübt wurde. Danach sollte das GG vom Vorverständnis einer prinzipiellen Trennungskonzeption aus interpretiert werden[61]. Alle entgegenstehenden Regelungen einer fortdauernden Verbindung erschienen demgemäß als systemwidrige, eng auszulegende wenn nicht gar abzuschaffende Relikte eines überkommenen Staatskirchentums. Als Angelpunkt galt die vorwiegend negativ verstandene Religionsfreiheitsgewährleistung in Art. 4 GG. Es versteht sich von selbst, daß von diesem Ansatz eine Vielzahl einfachgesetzlich und vertraglich begründeter kirchlicher Rechtspositionen mit dem Odium der Verfassungswidrigkeit behaftet schienen. Hier wurde eine Linie des Grundgesetzes als die allein maßgebliche behauptet und ihr alle gegenläufigen Verfassungsentscheidungen untergeordnet.

4. Staatskirchenrecht als Ordnung grundrechtsgesicherter Freiheit

Die Kritik, in der ein sich konsolidierendes Staatsbewußtsein, aber auch gesellschaftliche Trends Ausdruck fanden, blieb nicht ohne Wirkung. Manche vorgeschobenen Frontlinien in der staatskirchenrechtlichen Literatur wurden zurückgenommen. Dies nicht nur unter dem Eindruck einer sich verstärkenden Säkularisierung. Unüberhörbar wurde auch die Frage, ob nicht den Kirchen der statuslegitimierende volkskirchliche Mantel zu weit geworden sei[62]. Eine Antwort

---

61 Vor allem *Fischer,* Trennung von Staat und Kirche, in diese Richtung auch die Thesen der Jungdemokraten und das FDP-Kirchenpapier ("Freie Kirche im freien Staat") 1973, abgedr. bei *Rath, Peter* (Hrsg.), Trennung von Staat und Kirche, Hamburg (1974), S. 11 ff., 14 ff.

62 Dazu noch immer eindrucksvoll *Hesse, Konrad,* Freie Kirche im demokratischen Gemeinwesen, in: Zeitschr. f. evang. Kirchenrecht 11 (1964/65), S. 337 ff.; jetzt *Maier, Hans,* Staat und Kirche in der Bundesrepublik Deutschland. Die politischen und gesellschaftlichen Grundlagen, in: HdbStKR[2] (FN 24) I, S. 85 ff. (95 ff.).

darauf sollte der Verzicht auf eine verfassungsrechtliche Sonderstellung und die Akzeptierung einer Rolle als Verband unter Verbänden sein. Die staatskirchenrechtliche Verfassungsordnung begründet danach nicht Privilegien, sondern bildet insgesamt gleichsam eine Mustersatzung für andere zu einem öffentlichen Status tendierende Organisationen (Parteien, Gewerkschaften)[63]. Insofern verliert das Staatskirchenrecht seinen Exklusivcharakter, es wird zum "Pionier" eines freiheitlichen, grundrechtsgesicherten Verbandsrechts – allerdings grundrechtskonform zugeschnitten auf die Eigenarten des Verbands Kirche.

Hier wird man freilich Zweifel anmelden müssen, ob sich öffentliches Wirken der Kirchen wirklich so ohne Rest auf das Verbandsmodell verrechnen läßt. – In der staatskirchenrechtlichen Literatur steht jedoch der (auch in der eben beschriebenen Konzeption zentrale) Gedanke im Vordergrund, daß sich die Freiheit kirchlichen Handelns nicht auf dyarchische Ordnungsvorstellungen gründet, sondern auf die Grundrechtsgewährleistungen des demokratischen Verfassungsstaats[64]. Dies freilich nicht als freiwillige Selbstbegrenzung einer als prinzipiell omnipotent gedachten Staatsgewalt, wie es älteren Staatsanschauungen entsprach. Säkularität und weltanschauliche Neutralität des modernen freiheitlichen Staates schließen vielmehr schon nach dessen Selbstverständnis seine Regelungskompetenz auf religiösem und kirchlichem Gebiet aus. Dabei verweist allerdings die Freiheitsschranke des "für alle geltenden Gesetzes" (Art. 137 Abs. 3 WRV/140 GG) auf den unverzichtbaren Gemeinwohlvorbehalt, für den um des Schutzes anderer Rechtsgüter willen auch der säkulare Staat als Friedensordnung einzustehen hat. Entgegen einer doktrinären Engführung des Neutralitätsbegriffs bedeutet Freiheit indes nicht etwa Ausgrenzung des Religiösen und Weltanschaulichen aus der Staatlichkeit, bedeutet also nicht verfassungsrechtlich verordnete Gleichgültigkeit gegenüber diesem zentralen Lebensbereich. Pluralistische Offenheit und kulturstaatlich intendierte "Grundrechtsvorsorge" gebieten vielmehr Freiheit für die Grundrechtswahrnehmung in den staatlichen Institutionen (Schule!) ebenso, wie sie die Förderung grundrechtlichen Handelns legitimieren. Das staatskirchenrechtliche "System" der Bundesrepublik ist deshalb weder vom Leitprinzip strikter Trennung noch von dem einer fortdauernden

---

63 So dazu vor allem *Schlaich*, Neutralität, bes. S. 178 ff.; *ders.*, Der Öffentlichkeitsauftrag der Kirchen, in: HdbStR[2] II (FN 24), S. 131 ff.; *Meyer-Teschendorf*, Staat und Kirche, bes. S. 83 ff. (dazu meine Bespr. in: NJW, [1980], S. 1564).

64 In diesem Sinne – mit Nuancierungen im einzelnen – vor allem *Heckel* (FN 59), S. 5 ff.; *ders., Staat – Kirche – Kunst*, bes. S. 188; *Mikat, Paul*, Gegenwartsaspekte im Verhältnis von Kirche und Staat in der Bundesrepublik Deutschland, in: Festg. Scheuermann, Paderborn (1968), S. 79 ff., *Hollerbach*, Kirchen (FN 42), S. 57 ff., *ders.* (FN 27), S. 215 ff.; *v. Campenhausen*, Staatskirchenrecht, S. 419 ff. u.ö.

Verbindung her zu interpretieren, sondern allein von dem eines "Optimums an positiver Freiheit" (*Erwin Stein*).

VI. Die aktuelle Bedeutung der staatskirchenrechtlichen Gewährleistung des GG

1. Die Religionsfreiheit

Das BVerfG hat im Grundrecht der Religionsfreiheit (Art. 4 Abs. 1 und 2 GG) mit Recht eine der zentralen Freiheitsgewährleistungen der Verfassung erblickt und daraus das Gebot ihrer extensiven Auslegung abgeleitet[65]. Entgegen einer Überbetonung der negativen Komponente ("Dissidentengrundrecht") stellte es gleichwertig daneben den positiven Gehalt, das Recht zum aktiven, religiös bestimmten Handeln einzeln und in der Gemeinschaft der Gläubigen. Dieser kollektive Aspekt hat klargestellt, daß sich auch Kirchen und Religionsgemeinschaften auf Art. 4 GG berufen können, ebenso wie Vereinigungen, die sich nicht die allseitige, sondern nur die partielle Pflege des religiösen oder weltanschaulichen Lebens ihrer Mitglieder zum Ziel gesetzt haben[66]. Für die individuelle wie gemeinschaftliche Religionsfreiheit gilt, daß sie alle Äußerungen des religiösen oder weltanschaulichen Lebens umfaßt, namentlich auch die Freiheit zur Entfaltung und Wirksamkeit in der Welt; für die Kirchen umschließt sie darüber hinaus die Anerkennung ihrer historisch gewordenen Gestalt und das Handeln gemäß ihrem Auftrag[67]. Bei alledem hat eine Bestimmung dessen, was als Religionsausübung anzusehen ist, vom Selbstverständnis der Kirchen auszugehen.

---

65 BVerfGE 24, 236 (246). Dazu und zum folgenden *Listl*, Religionsfreiheit; *ders.*, Glaubens- Bekenntnis- und Kirchenfreiheit, in: HdbStKR[2] I (FN 24), S. 439 ff.; *v. Campenhausen*, Staatskirchenrecht, S. 60 ff.

66 Das hat nicht nur materiellrechtlich, sondern – wegen Art. 93 Abs. 1 Nr. 4a GG, § 90 Abs. 1 BVerfGG – auch eine wesentliche prozessuale Bedeutung. Da die Kirchenartikel des GG nicht zu den dort genannten Grundrechten zählen, ist den Kirchen bei Rüge einer Grundrechtsverletzung aus Art. 4 i.V.m. Art. 19 Abs. 3 GG das Verfassungsbeschwerdeverfahren eröffnet. Das BVerfG hat mehrfach betont, daß das "Statusverhältnis" der Kirchen aus Art. 140 GG in seinem Kernbereich auch durch Art. 4 GG geschützt wird (E 18, 385/386; 19, 1/5; 19, 129/132 ff.; 42, 312/321 ff.). Da das Gericht in st. Rspr. dann, wenn eine Verfassungsbeschwerde den Anforderungen des § 90 BVerfGG entspricht, seine Prüfungskompetenz auch auf die Verletzung sonstigen Verfassungsrechts durch den angefochtenen Rechtsakt erstreckt, hat es wiederholt auch einen Eingriff in das verfassungsrechtlich verbürgte Selbstbestimmungsrecht der Kirchen (Art. 140 GG/137 Abs. 3 WRV) festgestellt.

67 BVerfGE 42, 312 (323).

Das GG hat die Garantie der Religionsfreiheit insofern verstärkt, als es sie nicht mehr (wie in Art. 135 WRV) unter den Vorbehalt der allgemeinen Staatsgesetze stellte. Gleichwohl kann sich nicht jedes religiös motivierte Handeln auf Art. 4 GG berufen. Eine immanente Schranke ergibt sich zunächst aus dem Begriff der Religion selbst. Hier stellt das BVerfG auf diejenige Glaubensbetätigung ab, die sich "bei den heutigen Kulturvölkern auf dem Boden gewisser übereinstimmender sittlicher Grundanschauungen im Laufe der geschichtlichen Entwicklung herausgebildet hat". Im übrigen wird das Grundrecht durch konkurrierende Wertentscheidungen der Verfassung begrenzt[68]. Dies gilt auch für institutionelle Garantien wie Religionsunterricht, Kirchensteuer, Theologische Fakultäten u.ä. Sie beschränken den Raum individueller Freiheitsbetätigung in dem Maße, wie es der verfassungsintendierte Zweck derartiger Gewährleistungen erfordert. Allerdings schränkt auch hier die Individualgarantie des Art. 4 GG die Ausgestaltung insofern ein, als der Staat den Kirchen keine Hoheitsbefugnisse gegenüber Nichtmitgliedern verleihen darf[69].

2. Das Verbot der Staatskirche

Art. 140 GG/137 Abs. 1 WRV hat über den ursprünglichen Sinngehalt hinaus[70] durch die stärkere Akzentuierung seiner positiven Aussage Bedeutung erlangt[71]. Sie liegt einmal darin, daß durch diesen Grundsatz die auch aus anderen Normen des GG herzuleitende Bestimmung des demokratischen Verfassungsstaats als eines religiös und weltanschaulich neutralen Gemeinwesens[72] bestätigt wird. Der Staat, den das GG konstituiert, soll Heimstatt aller Bürger ohne Unterschied von Religion und Weltanschauung sein[73]. Und er ist es dadurch, daß er sich selbst weder mit einer Religion noch mit einer Weltanschauung identifiziert. Diese freiheitliche Intention wirkt auch zugunsten der Kirchen, denn ihr Recht der Selbstbestimmung beruht nicht mehr auf einem freiwilligen – und darum prekären – staatlichen Souveränitätsverzicht, sondern folgt aus dem Selbstverständnis des grundrechtssichernden Staates als säkularer Ordnungsmacht. Darin liegt zugleich die prinzipielle Absage an ein System der Staatskirchenhoheit, wie es noch im Geltungszeitraum der WRV behauptet wurde.

---

68 BVerfGE 12, 1 (4).
69 BVerfGE 19, 206 (216).
70 S. o. S. 105 f.
71 Dazu *Link, Christoph*, Verfassungsrechtliche Fragen zur Aufhebung der "Staatskirche" in: Bayer. Verwaltungsblätter (1966), S. 297 ff.; *v. Campenhausen*, Staatskirchenrecht, S. 94 ff.
72 Dazu grundlegend *Schlaich*, Neutralität, S. 129 ff., 236 ff.
73 BVerfGE 19, 206 (216).

3. Das kirchliche Selbstbestimmungsrecht

Art. 140 GG/137 Abs. 3 WRV gewährleistet den Religionsgemeinschaften das Recht, ihre Angelegenheiten innerhalb der Schranken des für alle geltenden Gesetzes selbständig zu ordnen und zu verwalten. Diese lex regia des deutschen Staatskirchenrechts (*M. Heckel*) begründet nicht nur eine auf staatlicher Verleihung beruhende Autonomie, sondern erkennt das Selbstordnungsrecht der Kirchen als ein originäres an. Sie ermöglicht es damit den Kirchen, ihre bekenntnisgeprägten Verfassungsgrundlagen auch in der weltlichen Rechtsordnung zur Geltung zu bringen[74]. Dies gilt nicht nur für den Innenbereich ihres geistlichen Lebens, sondern darüber hinaus auch dort, wo kirchenrechtliche Regelungen in den staatlichen Rechtsraum hineinragen und dort Wirkungen entfalten wollen.

In neuerer Zeit ist dies etwa auf dem Gebiet des Arbeits- und Sozialrechts bedeutsam geworden. Den Kirchen muß es darum gehen, an die Loyalität ihrer Arbeitnehmer andere Ansprüche stellen zu können, als "weltliche" Arbeitgeber; sie sind bestrebt, eigene arbeitsrechtliche Konfliktregelungsmechanismen zu finden, die zwar die herkömmliche einseitige Regelung durch Kirchengesetz überwinden, ohne indes das säkulare Modell einer Kampfparität von Tarifpartnern zu übernehmen[75]. Von daher haben sie auch eigene Formen betrieblicher Mitbestimmung zu entwickeln versucht. Die jeweiligen staatlichen Normierungen (etwa für die Krankenhausorganisation) stehen häufig dem Anliegen der Kirchen entgegen, in ihrem Bereich dem kirchlichen Auftrag auch durch die Gestaltung der rechtlichen Rahmenbedingungen Ausdruck zu geben[76]. Ähnliches gilt für das kirchliche Amtsrecht. Auch dort, wo Kirchen Geistliche in das

---

74 Dazu *Hesse, Konrad*, Das Selbstbestimmungsrecht der Kirchen und Religionsgemeinschaften, in: HdbStKR[2] I (FN 24) S. 521 ff.; *Scheuner, Ulrich*, Begründung, Gestaltung und Grenzen kirchlicher Autonomie, in: Festschr. f. A. *Füllkrug*, Neuwied u. Darmstadt (1979), S. 1 ff.; *v. Campenhausen*, Staatskirchenrecht, S.105 ff.; aus der Rspr. des BVerfG zuletzt E 66, 1 (19 ff.).

75 Zum sog. Dritten Weg im Bereich der Arbeitsrechtsregelung *Schlaich, Klaus*, Der "Dritte Weg" – eine kirchliche Alternative zum Tarifvertragssystem?, in: JZ 1980, S. 209 ff.; *Pahlke, Armin*, Kirche und Koalitionsrecht, Tübingen (1983), allg. *Rüfner, Wolfgang*, Das kirchlich rezipierte Dienst- und Arbeitsrecht ..., in: HdbStKR[2] (FN 24), II, S. 877 ff., *ders.*, Individualrechtliche Aspekte des kirchlichen Dienst- und Arbeitsrechts, ebda. S. 901 ff.; *Richard, Reinhard*, Das kollektive kirchliche Dienst- und Arbeitsrecht, ebda. S. 927 ff.: *Mayer-Maly, Theo*, Das staatliche Arbeitsrecht und die Kirchen, in: Essener Gespr. z. Thema Staat u. Kirche 10 (1976), S. 127 ff.; *Leisner, Walter*, Karitas – innere Angelegenheit der Kirchen?, in: DÖV (1977), S. 475 ff.; *Richardi, Reinhard*, Arbeitsrecht in der Kirche, 2. Aufl., München (1992).

76 BVerfGE 46, 73; 53, 366; 57, 220. – Zum Kündigungsrecht jetzt BVerfG in: DÖV (1985), S. 975.

System der Sozialversicherung überführen, muß ihnen die Freiheit zur bekenntnismäßigen Ausgestaltung der Amtsverhältnisse ohne versicherungsrechtliche Nachteile bleiben[77]. Die Unversehrtheit des kirchlichen Amtes legitimiert kirchliche Beurlaubungsregelungen für den Fall der Übernahme eines politischen Mandats durch Pfarrer[78].

Gerade in diesen Bereichen stellt sich damit die Frage besonders dringlich, wo die Autonomiegrenze des "für alle geltenden Gesetzes" verläuft. Rechtsprechung und Literatur hatten zunächst weitgehend die bereits von 1932 von *Johannes Heckel*[79] entwickelte Formel rezipiert, wonach als notwendige Schranke nur das "für die Gesamtnation als politische Kultur- und Rechtsgemeinschaft unentbehrliche Gesetz" anzusehen sei. Ihre Problematik lag darin, daß einerseits der Staat – wie die historische Erfahrung lehrt – auch solchen Gesetzen zentrale Bedeutung beimessen kann, die dem kirchlichen Bekenntnis diametral widerstreiten. Zum anderen sind die Kirchen sicherlich an eine Vielzahl von (etwa bau-, polizei-, zollrechtlichen) Normen gebunden, deren Unentbehrlichkeit für die Gesamtnation nur schwer begründbar ist.

Dahinter stand jedoch das um effektiver Grundrechtsgewährleistung willen unverzichtbare Anliegen, Kirchenfreiheit und schrankensicherndes Gesetz zueinander in eine wertende Beziehung zu setzen. Das BVerfG hat dem durch eine andere Formel Rechnung zu tragen versucht. Danach sollen solche Gesetze nicht als "allgemeine" i.S.d. Art. 137 Abs. 3 WRV gelten, die die Kirche nicht wie den "Jedermann" treffen, sondern "in ihrer Besonderheit als Kirche härter, ihr Selbstverständnis, insbesondere ihren geistig-religiösen-Auftrag beschränkend, also anders als den normalen Adressaten"[80]. Dagegen läßt sich freilich einwenden, daß es dem gemeinwohlverpflichteten Staat nicht verwehrt sein kann, durch spezielle Gesetze gerade auch den staatskirchlichen Bereich zu regeln – also durch Normen, die möglicherweise durchaus mit dem naturgemäß geistig-religiösen Selbstverständnis der Kirchen kollidieren (Kirchenaustrittsgesetzgebung, Zivilehe)[81]. Sachgerechter erscheint es darum, das durch das schrankenziehende Gesetz geschützte Rechtsgut im Einzelfall gegen das Maß kirchlicher Freiheitsbeeinträchtigung abzuwägen. Das freiheitsbeschränkende Gesetz ist "im Lichte" der betroffenen Grundrechtsgarantie zu sehen. Diese "Wechsel-

---

77 Vgl. die widersprüchliche Judikatur BSGE 54, 247 einerseits, BSGE 55, 19; BSG SGb 1984, S. 521 andererseits.

78 BVerfGE 42, 312.

79 Das staatskirchenrechtliche Schrifttum der Jahre 1930 und 1931, jetzt in: *Heckel, Johannes,* Ges. Aufs., S. 590 ff. (593); dazu bereits oben S. 107.

80 BVerfGE 42, 312 (334); 66, 1 (20).

81 Krit. dazu *Hollerbach, Alexander* (FN 26), AöR 106 (1981), S. 218 ff. (239); *v. Campenhausen,* Staatskirchenrecht, S. 119.

wirkung von Kirchenfreiheit und Schrankenzweck"[82] bildet keineswegs ein staatskirchenrechtliches Sondergut, sondern entspricht einem vom BVerfG in ständiger Rechtsprechung zu anderen Grundrechten mit Gesetzesvorbehalt entwickelten Auslegungsprinzip[83]. Für Art. 137 Abs. 3 WRV hat sie zur Folge, daß Gesetze die Kirchenfreiheit dort nicht wirksam einzuengen vermögen, wo sie zum Schutz – im Vergleich mit dem kirchlichen Selbstbestimmungsrecht – eher peripherer Rechtsgüter einschneidend in den verfassungsrechtlich gewährleisteten Freiheitsraum eingreifen[84].

4. Die Kirchen als Körperschaften des öffentlichen Rechts

Die Verfassungsentscheidung für den Korporationsstatus (Art. 140 GG/137 Abs. 5 WRV)[85] geht über eine rein rechtstechnische Statusbestimmung hinaus. Sie steht in unauflösbarer Wechselbeziehung mit Art. 137 Abs. 1 WRV – zwischen beiden Polen spannt sich das Gefüge des deutschen Staatskirchenrechts. Es steht damit in einem dialektischen Verhältnis von Trennung und Zuordnung. Art. 137 Abs. 5 WRV garantiert deshalb nicht nur einen historisch überkommenen Privilegienbestand, sondern eröffnet den Kirchen ein "im öffentlichen Recht anerkanntes Feld freier Wirksamkeit"[86]. Der demokratische Verfassungsstaat schützt

---

82 BVerfGE 53, 366 (400 f.); 66, 1 (22).

83 Seit BVerfGE 7, 198 (208 f.).

84 Problematisch erscheint allerdings die Auffassung des BVerfG, die Kirchen seien – da der Staat in ihre inneren Angelegenheiten nicht eingreifen dürfe – im innerkirchlichen Bereich an die "allgemeinen Gesetze" nicht gebunden (E 18, 385/386 ff.; 42, 312/334). Gerade der Anlaßfall – Teilung einer Kirchengemeinde – zeigt, daß solche Maßnahmen durchaus über den kirchlichen Binnenraum hinauswirken können (Vertretungsregelungen, Vermögensträgerschaft). Krit. dazu *Grundmann*, Abhandlungen, S. 331 ff.; *Hollerbach*, (FN 26) AöR 92 (1967), S. 99 ff. (108 f.); *v. Campenhausen*, Staatskirchenrecht, S. 118 ff.

85 Dazu *Weber, H.*, Religionsgemeinschaften; *Kirchhof, Paul*, Die Kirchen und Religionsgemeinschaften als Körperschaften des öffentlichen Rechts, in: HdbStKR² (FN 24), S. 651 ff.; *Smend, Rudolf*, Zur Gewährung der Rechte einer Körperschaft des öffentlichen Rechts an Religionsgesellschaften gem. Art. 137 WRV, in: Zeitschr. f. evang. Kirchenrecht 2 (1952/53), S. 374 ff.; *ders.* (FN 52), S. 241 ff.; *Hollerbach, Alexander*, Die Kirchen als Körperschaften des öffentlichen Rechts, in: Essener Gespr. z. Thema Staat u. Kirche I (1969), S. 46 ff.; *Mahrenholz, Ernst Gottfried*, Kirchen als Korporationen, in: Zeitschr. f. evang. Kirchenrecht 20 (1975), S. 43 ff.; *Meyer-Teschendorf, Klaus*, Der Körperschaftsstatus der Kirchen, in: AöR 103 (1978), S. 289 ff.; *v. Campenhausen*, Staatskirchenrecht, S. 139 ff.

86 *Scheuner*, Schriften zum Staatskirchenrecht, S. 153; vgl. auch *Smend* (FN 85), S. 376 f.

und respektiert das Wirken der Kirchen in Erfüllung ihres Auftrags als ein öffentliches, das auf die Gesellschaft als Ganzes bezogen bleibt.

Säkularität und weltanschauliche Neutralität des demokratischen Gemeinwesens schließen es freilich aus, die Körperschaftsqualität im Sinne einer bloßen Selbstverwaltung bei organschaftlicher Eingliederung in den Staatsverband zu verstehen. Von daher impliziert diese abkürzende Kennzeichnung die absolute Inkommensurabilität mit anderen Korporationen, die Träger mittelbarer oder unmittelbarer Staatsverwaltung sind. Sie umschreibt – über die genannte Bestätigung der besonderen öffentlichen Bedeutung ihres Handelns hinaus – die Fähigkeit, Träger öffentlich-rechtlicher Kompetenzen und Pflichten zu sein. Während den "altkorporierten" Religionsgemeinschaften, ihren Untergliederungen und Zusammenschlüssen diese Rechtsstellung von Verfassungs wegen zukommt, können andere sie auf Antrag dann erwerben, wenn sie durch Verfassung und Mitgliederzahl die Gewähr der Dauer bieten. Das Landesrecht legt hierfür – teilweise sehr großzügige – Maßstäbe fest. Damit ist das, was bis zum Inkrafttreten der WRV als Privileg der Großkirchen erscheinen konnte, nunmehr auf alle religiösen und weltanschaulichen Gemeinschaften erstreckt[87].

Die wichtigsten aus der Korporationsqualität folgenden Rechte sind – neben einer Reihe von Einzelbefugnissen[88] und bestimmten Steuer- und gebührenrechtlichen Begünstigungen, die z.T. aus der Gemeinnützigkeit kirchlichen Wirkens folgen – vor allem zwei:

a) Das kirchliche Besteuerungsrecht[89]. Die Kirchensteuer – in Art. 137 Abs. 6 WRV/140 GG sowie in zahlreichen Länderverfassungen und Kirchenverträgen garantiert – wird i.w. als Zuschlag zu staatlichen Maßstabsteuern (vor allem Lohn- und Einkommenssteuer) erhoben und fast überall von den Finanzämtern eingezogen. Dieses Verfahren befreit einerseits die staatliche Finanzverwaltung davon, "bürgerliche Steuerlisten" (Art. 137 Abs. 6 WRV/140 GG) anlegen zu müssen, andererseits gewährleistet es ein hohes Maß an Rationalisierung und Effektivität. Dies indem der Staat einen Anteil an den Einnahmen erhält (2-5, meist 4 %), der seinen tatsächlichen Verwaltungsaufwand überkompensiert, die Kir-

---

87 S. dazu oben S. 109 ff.

88 Eine detaillierte Übersicht bei *Weber, H.,* Religionsgemeinschaften, S. 108 ff.

89 Aus der reichen Lit. *Engelhardt, Hanns,* Die Kirchensteuer in der Bundesrepublik Deutschland, Bad Homburg v.d.H./Berlin/Zürich (1968); *Marré, Heiner,* Das kirchliche Besteuerungsrecht, in: HdbStKR² I (FN 24), S. 1101 ff.; *Link, Christoph,* Art. Kirchensteuer, in: Evang. Staatslexikon, 3. Aufl., Stuttgart (1987), I Sp. 1695 ff.; *v. Campenhausen,* Staatskirchenrecht, S. 256 ff.; *Isensee, Josef,* Die Finanzquellen der Kirchen im deutschen Staatskirchenrecht, in: JuS 1980, S. 94 ff.; zuletzt *Hollerbach, Alexander,* Kirchensteuer und Kirchenbeitrag, in: *Listl/Schmitz* (Hrsg.), Handbuch des katholischen Kirchenrechts (HdbKathKR), 2. Aufl., Regensburg (1999), S. 1078 ff.

chen aber von den sonst erheblich höheren Kosten eines eigenen Apparates weitgehend entlastet. Dadurch werden sie in die Lage versetzt, in Unabhängigkeit von privaten "Mäzenen" über ihre rein geistlichen Aufgaben hinaus auch solche der gesellschaftlichen Diakonie (Kindergärten, Schulen, Behindertenanstalten, Krankenhäuser etc.) zu übernehmen. Hinzu kommt, daß dieses System ein Höchstmaß an Steuergerechtigkeit sicherstellt und die Belastung der Einzelnen relativ niedrig bleibt. Der Religionsfreiheit ist dadurch Rechnung getragen, daß sich jedes Mitglied der Kirchensteuerpflicht durch Kirchenaustritt entziehen kann. Dort, wo sie ursprünglich über den Kreis der Kirchenmitglieder hinausgriff (Badische Kirchenbausteuer[90], zu der bestimmte Wirtschaftsunternehmen herangezogen wurden; Halbteilungsgrundsatz in glaubensverschiedenen Ehen[91]), ist dies vom BVerfG in grundlegenden Entscheidungen für unzulässig erklärt worden. Im übrigen hat das BVerfG die Kirchensteuerregelungen als verfassungsgemäß bestätigt[92].

b) Die sog. "Dienstherrnfähigkeit". Sie bezeichnet das Recht der Kirchen, die Dienstverhältnisse ihrer Geistlichen und Kirchenbeamten in Analogie zum staatlichen Beamtenrecht zu ordnen und sie damit dem Regelungsbereich des staatlichen Arbeits- und Sozialversicherungsrechts zu entziehen. Naturgemäß wird diese Befugnis nur von denjenigen Religionsgemeinschaften wahrgenommen, die über eine entsprechend formierte Organisationsstruktur verfügen. Auf die damit verbundenen komplizierten Rechtsfragen kann hier nicht näher eingegangen werden[93]. Sie stellen sich namentlich dort, wo Kirchen von herkömmlichen Dienstrechts- und Versorgungsgestaltungen abgewichen sind.

5. Die Kirchengutsgarantie

Art. 138 Abs. 2 WRV/140 GG schützt das Kirchengut nicht nur in seiner Substanz, sondern darüber hinaus in seiner Funktion[94]. Es bildet so das materielle Substrat der Kirchenfreiheit. Damit ist auch die Kirchengutsverwaltung integrie-

---

90 BVerfGE 19, 206 ff.
91 BVerfGE 19, 268 ff.
92 Vgl. etwa BVerfGE 30, 423 ff.; 44, 59 ff.
93 Dazu *Weber, H.*, Religionsgemeinschaften, S. 112 ff.; *Frank* (FN 75), S. 679 ff.
94 Dazu noch immer grundlegend *Heckel, Johannes*, Kirchengut u. Staatsgewalt, jetzt in: ders., Ges. Aufs., S. 328 ff.; *Heckel, M.*, Staat – Kirche – Kunst, S. 238 ff.; *Wehdeking, Thomas Pieter*, Die Kirchengutsgarantien und die Bestimmungen über Leistungen der öffentlichen Hand an die Religionsgemeinschaften ..., München (1971); *Busch, Wolfgang*, Die Vermögensverwaltung und das Stiftungsrecht im Bereich der Katholischen Kirche, in: HdbStKR² I (FN 24), S. 947 ff.; *Meyer, Christian*, die Vermögensverwaltung und das Stiftungsrecht im Bereich der evangelischen Kirche, in: HdbStKR² I (FN 24), S. 907 ff.; *v. Campenhausen*, Staatskirchenrecht, S. 310 ff.

render Bestandteil des religionsgemeinschaftlichen Selbstbestimmungsrechts[95].
Für die ältere Auffassung, Kirchenvermögensrecht sei Staatsrecht, ist deshalb
unter der Geltung des GG ebensowenig Raum, wie für staatliche Aufsichts- und
Genehmigungsvorbehalte[96].

Durch diese Funktionsgewährleistung reicht der Schutzbereich des Art. 138
Abs. 2/140 GG auch über denjenigen der allgemeinen Eigentumsgarantie des
Art. 14 GG hinaus. Er umschließt einmal ein generelles Säkularisationsverbot,
das für sog. res sacrae, d.h. unmittelbar dem Kultus gewidmete bewegliche und
unbewegliche Sachen auch nicht durch einen Enteignungsakt durchbrochen werden kann. Weniger streng sind die Anforderungen an Eingriffe in kirchliches
Verwaltungs- und Finanzvermögen. Die Abstufungen des Schutzes bestimmen
sich also nach der Nähe des jeweiligen Vermögensgegenstands zur Erfüllung des
kirchlichen Auftrags, nach dem Grad seiner Substituierbarkeit durch Enteig-
nungsentschädigung. Bedeutung gewinnt dieser Gesichtpunkt vor allem bei der
Auslegung der Gemeinwohlklausel (Art. 14 Abs. 3 S. 1 GG). Hier bedarf es im
Einzelfall einer sorgfältigen Abwägung zwischen dem Enteignungszweck auf
der einen, dem Grad der Beeinträchtigung des Schutzgutes auf der anderen Seite.

Die in Art. 138 Abs. 1 WRV/140 GG vorgesehene Ablösung der Staatsleistungen[97] ist bisher nicht erfolgt. Im Gegenteil haben Kirchenverträge und Konkordate derartige Staatsleistungen – wenn auch vielfach im Wege einer vereinfa-
chenden Flurbereinigung – auf neue Rechtstitel gegründet. Auch soweit keine
Vertragsbindung besteht, errichtet das Ablösungsgebot eine Schranke gegen jede
einseitige Streichung überkommener Dotationsverpflichtungen. Praktisch bedeuten vor allem die Zuschüsse zur Pfarrerbesoldung einen wesentlichen kirchlichen
Etatposten.

6. Die gemeinsamen Angelegenheiten

Hier handelt es sich um Bereiche, in denen kirchliches und staatliches Handeln
miteinander verbunden und aufeinander bezogen sind. Sie erfordern daher eine
sachbezogene, die Eigenart des jeweils anderen Teils respektierende Kooperation[98]. Neben der bereits erwähnten Kirchensteuer gehören hierher

---

95 Vgl. jetzt vor allem BVerfGE 66, 1 ff.
96 Dazu oben S. 107 f.
97 Aus der Lit. *Isensee, Josef,* Staatsleistungen an die Kirchen und Religionsgemeinschaften, in: HdbStKR² I (FN 24), S. 1009 ff.; *Brauns, Hans-Jochen,* Staatsleistungen an die Kirchen und ihre Ablösung, Berlin (1970).
98 *v. Busse, Franz-Georg,* Gemeinsame Angelegenheiten von Staat und Kirche, München (1978).

a) der in Art. 7 Abs. 2 u. 3 GG gewährleistete Religionsunterricht[99]. Obwohl er staatliche Veranstaltung und auf den Bildungsauftrag der öffentlichen Schule bezogen ist, vermag doch das weltanschaulich neutrale Gemeinwesen seine Inhalte nicht selbst zu bestimmen. Seine Erteilung "in Übereinstimmung mit den Grundsätzen der Religionsgemeinschaften" ist daher sachlich geboten. Auch hier wird den unverzichtbaren Anforderungen der Religionsfreiheit auf seiten der Schüler durch ein Abmelde-, auf seiten der Lehrer durch ein Niederlegungsrecht Rechnung getragen.

b) Anders als in der WRV (Art. 149 Abs. 3) enthält das GG keine ausdrückliche Bestandsgarantie für die Theologischen Fakultäten[100]. Diese Lücke wird weitgehend durch kirchenvertragliche Regelungen geschlossen[101]. Besonderheiten ergeben sich hier einerseits aus der kulturstaatlichen Verantwortung für die Gesamtheit der universitas literarum, andererseits auf der im kirchlichen Selbstverständnis begründeten Bestimmung der Theologie als Funktion der Kirche. Beides ist in dem traditionellen Instrumentarium kirchlicher Mitwirkungs- und Beanstandungsbefugnisse zu einem – freilich nicht immer spannungsfreien – Ausgleich gebracht. Es findet seine Legitimation darin, daß der freiheitssichernde neutrale Staat auf die normative Vorgabe eines bestimmten Wissenschaftsbegriffs ("Voraussetzungslosigkeit") verzichtet. Diese Offenheit läßt Raum auch für gegenstandsgebotene Bindungen im personellen und sachlichen Bereich. Konflikte sind hier regelmäßig durch schonende Kompensationsregelungen unter Wahrung der persönlichen Rechtsstellung des Betroffenen (etwa Transferierung

---

99 Dazu näher *Link, Christoph*, Religionsunterricht, in: HdbStKR² II (FN 24), S. 439 ff. (Lit.).

100 *Solte, Ernst-Lüder*, Theologie an der Universität, München (1971); *Hollerbach, Alexander*, Theologische Fakultäten und staatliche Pädagogische Hochschulen, in: HdbStKR² II (FN 24),S. 549 ff.; *Mussinghoff, Heinz*, Theologische Fakultäten im Spannungsfeld von Staat und Kirche, Mainz (1979); *v. Campenhausen, Axel*, Theologische Fakultäten, in: Flämig u.a. (Hrsg.), 2. Aufl., Berlin etc. (1996) Handb. d. Wissenschaftsrechts II, S. 963 ff.; *Scheuner, Ulrich*, Die Rechtsfolgen der konkordatsrechtlichen Beanstandung eines Theologen, Berlin (1980); *Hollerbach, Alexander*, Die Theologischen Fakultäten und ihr Lehrpersonal im Beziehungsgefüge von Staat und Kirche, in: Essener Gespr. z. Thema Staat und Kirche 16 (1982), S. 69 ff. – Grundlegend jetzt *Heckel, Martin*, Die theologischen Fakultäten im Weltlichen Verfassungsstaat, Tübingen (1986).

101 Mit Recht weist *Hollerbach* (FN 100), S. 72 ff. indes auf die indirekten Gewährleistungen des GG in Art. 4 Abs. 1, 5 Abs. 3 S. 1, 7 Abs. 3, 123 Abs. 2 und 140 GG/137 Abs. 3 WRV hin. – Dort auch (S. 71 f.) zu den Einzelheiten der landesverfassungsrechtlichen Garantien.

in eine andere Fakultät) in der Sache – wenn auch nicht emotional – mindestens teilweise entschärft worden[102].

c) Neben den überkommenen weiteren gemeinsamen Angelegenheiten der Militär- und Anstaltsseelsorge sowie der kirchlichen Friedhöfe ist in den letzten beiden Jahrzehnten vor allem die Interdependenz kirchlicher und staatlicher Aufgabenstellung im sozial-karitativen Bereich in den Vordergrund des Interesses gerückt. Probleme stellen sich dabei in mehrfacher Hinsicht: Zum einen gebieten sozialstaatliche Gemeinwohlverantwortung und Schutz unverzichtbarer religiöser Aufgabenerfüllung auch hier einen behutsamen Ausgleich. Dieses Bemühen findet in der Einräumung eines gewissen Vorrangs der freien Wohlfahrtsverbände Ausdruck[103]. Andererseits fordern Kirchen- und Religionsfreiheit die Respektierung der spezifischen Eigenart kirchlichen diakonischen Dienstes auch durch die staatliche Rechtsordnung. Ähnliches gilt für das kirchliche Privatschulwesen. Die Freiheit zu einem am kirchlichen Auftrag ausgerichteten Wirken darf schließlich auch nicht durch selektive Förderung verkürzt werden[104]. Gerade die Neutralität des demokratischen Verfassungsstaates verbietet es, von einer derartigen Förderung solche Institutionen auszunehmen, die ihre Arbeit aus religiöser Intention leisten.

In neuerer Zeit haben darüber hinaus Fragen gesamtgesellschaftlichen Engagements der Kirchen in den Massenmedien an Bedeutung gewonnen. In den öffentlich rechtlichen Rundfunkanstalten geht es dabei nicht nur um die Beteiligung an den Aufsichtsgremien, sondern auch um die Wahrung der allgemeinen Programmgrundsätze und um die Einräumung besonderer Sendezeiten. Namentlich in den zuletzt genannten Bereichen haben sich gelegentlich Spannungsfelder gezeigt[105]. Aktuelle Probleme zeichnen sich beim Zugang der Kirchen zu den

---

102 Dazu – mit teilweise abweichendem Ergebnis – jetzt *Mahrenholz, Ernst Gottfried*, Staat und staatliches katholisch-theologisches Lehramt, in: Der Staat 25 (1986), S. 79 ff.

103 Vgl. §§ 8 Abs. 2 S. 2, 10 Abs. 4, 93 Abs. 1 S. 2 BSHG, 5 Abs. 3 S. 3 JWG, dazu BVerfGE 22, 180 ff.; *Wegener, Roland*, Staat und Verbände im Sachbereich Wohlfahrtspflege, Berlin (1978), *v. Campenhausen, Axel*, Staat – Kirche – Diakonie, in: *ders./Erhardt, Hans-Jochen*, (Hrsg.), Kirche – Staat – Diakonie, Hannover (1982), S. 10 ff.

104 Dazu *Müller, Friedrich/Pieroth, Bodo/Fohmann, Lothar*, Leistungsrechte im Normbereich einer Freiheitsgarantie, Berlin (1982); *Link, Christoph*, "Arme Träger" in: Zeitschr. f. evang. Kirchenrecht 29 (1984), S. 291 ff.

105 Näher *Link*, Der Anspruch der Kirchen auf Präsenz in den öffentlich-rechtlichen und privatrechtlichen Massenmedien des Rundfunks und des Fernsehens, HdbStKR[2] II (FN 24), S. 251 ff.; *ders.*, Die gesetzlichen Regelungen der Mitwirkung der Kirchen in den Einrichtungen des Rundfunks und Fernsehens, ebda. S. 285 ff.

sog. Neuen Medien ab[106]. Hier ist die Entwicklung noch im Fluß. In der im Entstehen begriffenen "gemischten Rundfunkverfassung" werden auch die Kirchen ihren Platz finden müssen.

VII. Staat und Kirchen in der DDR

Ganz anders verlief naturgemäß die Entwicklung im Bereich der DDR. Dabei erschien die rechtliche Ausgangslage zunächst ähnlich. Sowohl die Landesverfassungen von 1947[107] wie die DDR-Verfassung von 1949[108] knüpften in Inhalt und Formulierung ihrer staatskirchenrechtlichen Regelungen weitgehend an das Vorbild von Weimar an. Bald erwies sich indes, daß das prinzipiell abweichende Verfassungsverständnis der marxistisch-leninistischen Staatslehre mit diesen Gewährleistungen keinen eingriffsfesten Freiraum kirchlichen Wirkens abzustecken gewillt war. Die Religionspolitik der SED[109] entwertete sehr rasch viele dieser Verfassungsgarantien zu Makulatur.

Bereits 1953 wurde der Religionsunterricht in den Schulen praktisch unterbunden. Nachdem die Finanzämter schon früh den Kirchensteuereinzug verweigert hatten, beseitigte eine Rundverfügung des Ministeriums der Justiz vom 10.2.1956 die Klagbarkeit vor den Zivilgerichten. Damit hatte die Kirchensteuer den rechtlichen Charakter einer Naturalobligation erhalten. Ihre Verwaltung er-

---

106 Dazu *Link, Christoph/Pahlke, Armin,* Kirchen und privater Rundfunk, München (1985) mit eing. Nachw.

107 S. o. FN 11.

108 Art. 41-48: Gewährleistet wurden nicht nur Religionsfreiheit und kirchliches Selbstbestimmungsrecht, sondern auch öffentlich-rechtlicher Korporationsstatus, Kirchensteuer, Staatsleistungen aufgrund überkommener Rechtstitel, Anstaltsseelsorge sowie das Recht, zu Lebensfragen des Volkes Stellung zu nehmen (freilich nicht zu verfassungswidrigen oder parteipolitischen Zwecken). Für Religionsunterricht hatten zwar die Kirchen Sorge zu tragen, dafür sollten aber Schulräume zur Verfügung gestellt werden.

109 Dazu vor allem *Luchterhandt, Otto,* Die Gegenwartslage der Evangelischen Kirche in der DDR, Tübingen (1982); *ders.,* Die Rechtsstellung der Religionsgemeinschaften im totalen Staat, in: Zeitschr. f. evang. Kirchenrecht 24 (1979), S. 111 ff.; *Henkys, Reinhard* (Hrsg.), Die Evangelischen Kirchen in der DDR, München (1982); *Dähn, Horst,* Konfrontation oder Kooperation?, Das Verhältnis von Staat und Kirche in der SBZ/DDR, Opladen (1982); *Hollerbach, Alexander,* Das Verhältnis von Kirche und Staat in der DDR, in: HdbKathKR (FN 89), 1. Aufl., Regensburg (1983), S. 1072 ff. (Lit.). Aus der älteren Literatur noch immer wichtig: *Jacobi, Erwin,* Staat und Kirche nach der Verfassung der DDR, in: Zeitschr. f. evang. Kirchenrecht 1 (1951), S. 113 ff.; *ders.,* Die Zwangsbeitreibung der Kirchensteuern in der DDR, in: Festschr. f. *J. Heckel,* Köln/Graz (1959), S. 56 ff.

folgte seither durch die Kirchen selbst; die Veranlagung nach kircheneigenen Tarifen beruhte – da die staatlichen Unterlagen den Kirchen nicht zur Verfügung stehen – auf veralteten Unterlagen, Selbsteinschätzung der Mitglieder oder kirchlicher Schätzung. Die Staatsleistungen wurden in der Folgezeit unregelmäßig und meist in erheblich gekürztem Umfang gewährt, die Anstaltsseelsorge abgeschafft und der Korporationsstatus seines Inhalts beraubt. Die Verfassung von 1968/1974 erwähnt daher in ihrer einzigen staatskirchenrechtlichen Bestimmung (Art. 39) diese Rechtspositionen nicht mehr. – Bestehen blieben allerdings die sechs alten staatlichen Evangelisch-Theologischen Fakultäten (Sektionen)[110].

Gravierender war der politische Druck auf Kirchen und Kirchenglieder, vor allem gegen Junge Gemeinde und Studentengemeinden. Die Einführung und Durchsetzung der Jugendweihe, der Ausschluß christlicher Kinder von Oberschule und Studium, zahlreiche Verhaftungen u.a.m. schufen in den 50er Jahren ein Kulturkampfklima, das nur durch die Doppelstrategie der SED – Verdrängung der Kirchen aus der Öffentlichkeit einerseits, ihre politische Gleichschaltung und Indienstnahme andererseits – zeitweilig gemildert wurde. Demgemäß zeigten sich auch namentlich in den Evangelischen Kirchen der DDR gewisse Anpassungstendenzen, die sich allerdings nicht durchzusetzen vermochten.

Nach dem Mauerbau verstärkte sich der staatliche Druck in Richtung auf eine Kappung der gesamt-deutschen organisatorischen Bindungen in EKD, VELKD und Union. Für den Bereich der EKD wurde 1969 das Ausscheiden der DDR-Kirchen durch die Gründung eines eigenen "Bundes der evang. Kirchen in der DDR" besiegelt. Auch die Bildung einer Vereinigten Evang.-Luth. Kirche in der DDR (VELKDDR) und eines eigenen Regionalbereiches DDR der Evangelischen Kirche der Union (1970) trugen unausweichlich gewordenen Tatsachen Rechnung. Gleichwohl haben die DDR-Kirchen wieder den besonderen Charakter ihrer Verbindung mit den westdeutschen Kirchen betont. Auf katholischer Seite wurde das Bistum Berlin (das noch immer auch Westberlin umfaßte) als exemt aus dem Breslauer Metropolitanverband ausgegliedert. Für die sich auf DDR-Gebiet erstreckenden Teile westdeutscher Diözesen wurden vom Hl. Stuhl Apostolische Administratoren bestellt[111]. Das Drängen der DDR-Regierung richtete sich indes auch hier auf eine neue, den politischen Grenzen entsprechende Diözesanzirkumskription.

---

110 Daneben bestanden auf evang. Seite drei kirchliche Hochschulen (Naumburg, Leipzig, Berlin), auf kath. Seite ein Priesterseminar (Albertus-Magnus-Akademie) in Erfurt.
111 Dazu näher *Hollerbach* (FN 109), S. 1073 f.

Eine gewisse Entspannung bewirkte das nach langer Vorbereitung zustande-gekommene Spitzengespräch zwischen den leitenden Bischöfen des Kirchenbundes und dem Staatsratsvorsitzenden *Honecker* vom 6. März 1978, das eine Reihe konkreter Verbesserungen der kirchlichen Position[112] zur Folge hatte. Ob man in seiner Punktation eine "Rahmenvereinbarung ... von konkordatsähnlichem Charakter"[113] sehen konnte, erschien angesichts der staatsrechtlich-politischen Systemgrundlagen der DDR freilich zweifelhaft. Auf kirchlicher Seite bildete das seit den 60er Jahren entwickelte Modell der "Kirche im Sozialismus" die Basis für einen modus vivendi. Das Ergebnis war – bei aller massiven Durchsetzung der Staatsideologie – doch ein gewisser Freiraum für die Kirchen, der von den Gemeinden zunehmend genutzt wurde. Dabei darf allerdings weder übersehen werden, daß die volkskirchlichen Strukturen einem fortdauernden, staatlich geförderten Erosionsprozeß ausgesetzt waren[114], noch daß von Religions- und Kirchenfreiheit im westlichen Verfassungsverständnis keine Rede sein konnte. Namentlich die Diskriminierung von Christen im öffentlichen Leben ist kirchlicherseits immer wieder beklagt worden. Freilich zeigte die Alltagspraxis auch hier Differenzierungen in sachlicher und geographischer Hinsicht, Verschiebungen im Kalkül der Tagespolitik, die es insgesamt erschwerten, das kirchenpolitische System der DDR allein aus dem prinzipiellen Anspruch des marxistisch-leninistischen Weltanschauungsstaats heraus zu erklären.

Literatur

Schrifttum

Neben den Lehrbüchern und Kommentaren zum Grundgesetz vor allem:
Albrecht, Alfred, Koordination von Staat und Kirche in der Demokratie, Freiburg u.a. (1965)
v. Campenhausen, Axel, Staatskirchenrecht, 3. Aufl., München 1996
Essener Gespräche zum Thema Staat und Kirche, hrsg. v. *Heiner Marré* u. *Johannes Stüting,* bisher 33 Bde., Münster (1969-1999)
Fischer, Erwin, Trennung von Staat und Kirche, 3. Aufl., Frankfurt/M. (1984); 4. Aufl. unter d. Titel "Volkskirche ade!", Berlin-Aschaffenburg (1993)
Grundmann, Siegfried, Abhandlungen zum Kirchenrecht, Köln/Wien (1969)

---

112 Einzelheiten bei *Luchterhandt,* Gegenwartslage (FN 109), S. 40 ff.
113 So *Luchterhandt,* ebda., S. 56 f.
114 Gehörten 1946 von ca. 17 Mill. Einwohnern noch ca. 15 Mill. der evangelischen, 1,75 Mill. der katholischen Kirche an, so waren es 1983 nur noch 7,7 bzw. 1,2 Mill. bei einer Gesamtbevölkerung von 16,7 Mill.

Heckel, Johannes, Das blinde, undeutliche Wort "Kirche" Ges. Aufsätze, Köln/Graz (1964)

Heckel, Martin, Staat – Kirche – Kunst, Tübingen (1968)

– /*Hollerbach, Alexander*, Die Kirchen unter dem Grundgesetz, VVDStRL 26 (1968), S. 5 ff., 57 ff.

Hesse, Konrad, Der Rechtsschutz durch staatliche Gerichte im kirchlichen Bereich, Göttingen (1956)

– Die Entwicklung des Staatskirchenrechts seit 1945, in: JöR NF 10 (1961), S.3ff.

Hollerbach, Alexander, Verträge zwischen Staat und Kirche in der Bundesrepublik Deutschland, Frankfurt/M. (1965)

Huber, Wolfgang, Kirche und Öffentlichkeit, Stuttgart (1973)

Jurina, Josef, Der Rechtsstatus der Kirchen und Religionsgemeinschaften im Bereich ihrer eigenen Angelegenheiten, Berlin (1972)

Kästner, Karl-Hermann, Die Entwicklung des Staatskirchenrechts seit 1961, in: JöR NF 27 (1978), S. 239 ff.

Link, Christoph, Neuere Entwicklungen und Probleme des Staatskirchenrechts in Deutschland, in: *Gampl, Inge/Link, Christoph*, Deutsches und Österreichisches Staatskirchenrecht in der Diskussion, Paderborn (1973)

Listl, Josef, Das Grundrecht der Religionsfreiheit in der Rechtsprechung der Gerichte der Bundesrepublik Deutschland, Berlin (1971)

– /*Pirson, Dietrich* (Hrsg.), Handbuch des Staatskirchenrechts der Bundesrepublik Deutschland, 2 Bde., 2. Aufl., Berlin (1994/95) – zit.: HdbStKR[2].

– /*Schmitz, Heribert* (Hrsg.), Handbuch des Katholischen Kirchenrechts, 2. Aufl., Regensburg (1999).

Mahrenholz, Ernst Gottfried, Die Kirchen in der Gesellschaft der Bundesrepublik, 2. Aufl., Hannover (1972)

Meyer-Teschendorf, Klaus G., Staat und Kirche im pluralistischen Gemeinwesen, Tübingen (1979)

Mikat, Paul, Religionsrechtliche Schriften, 2 Bde., Berlin 1974 (darin Bd. I, S. 29 ff.: Kirchen und Religionsgemeinschaften, aus: *Bettermann/Nipperdey/Scheuner* [Hrsg.], Die Grundrechte, Bd. IV/1, Berlin (1960), S. 111 ff.)

Obermayer, Klaus, Staat und Religion, Berlin (1977)

Quaritsch, Helmut/Weber, Hermann (Hrsg.), Staat und Kirchen in der Bundesrepublik, Staatskirchenrechtl. Aufsätze 1950-1967, Bad Homburg v.d.H./Berlin/Zürich (1967)

Scheuner, Ulrich, Schriften zum Staatskirchenrecht, Berlin (1973)

Schlaich, Klaus, Neutralität als verfassungsrechtliches Prinzip, Tübingen (1972)

Smend, Rudolf, Staat und Kirche nach dem Bonner Grundgesetz, in: Zeitschr. f. evang. Kirchenrecht 1 (1951), S. 1 ff. (jetzt in: *Ders.*, Staatsrechtliche Abhandlungen, 3. Aufl., Berlin (1994) S. 411 ff.)

Weber, Hermann, Die Religionsgemeinschaften als Körperschaften des öffentlichen Rechts im System des Grundgesetzes, Berlin (1966)

– Grundprobleme des Staatskirchenrechts, Bad Homburg v. d. H./Berlin/Zürich (1970)

Weber, Werner, Staat und Kirche in der Gegenwart, Tübingen (1978)

Quellen

Liermann, Hans (Hrsg.), Kirchen und Staat, 2 Bde., München (1954/55)
Weber, Hermann (Hrsg.), Staatskirchenverträge, München (1967)
Weber, Werner, Die deutschen Konkordate und Kirchenverträge der Gegenwart, 2 Bde., Göttingen (1962/1971).

Rechtsprechung

Entscheidungen in Kirchensachen seit 1946, hrsg. von *H. Lentz/D. Pirson/M. Baldus*, bisher 34 Bde., Berlin/New York (1963-1999).

Abkürzungsverzeichnis

a.a.O.	am angegebenen Ort
a.F.	alte Fassung
ä.L.	ältere Linie
Abh.	Abhandlungen
Abt.	Abteilung
AC	Augsburger Konfession (1530)
ALR	Allgemeines Preußisches Landrecht (1794)
AöR	Archiv für öffentliches Recht (Zeitschrift)
AR	Augsburger Religionsfrieden (1555)
Art.	Artikel
Ausn.	Ausnahme
bes.	besonders
BGBl.	Bundesgesetzblatt
BK	Bekennende Kirche
BVerfG	Bundesverfassungsgericht
BVerwG	Bundesverwaltungsgericht
can.	canon
CIC	Codex Iuris Canonici
DC	„Deutsche Christen"
DDP	Deutsche Demokratische Partei
DDR	Deutsche Demokratische Republik
DEK	Deutsche Evangelische Kirche
Dok.	Dokumentation
DP	Deutsche Partei
dt.	deutsch(e)
DVO	Durchführungsverordnung
DVP	Deutsche Volkspartei
ebda.	ebenda
EKD	Evangelische Kirche in Deutschland
EKU	Evangelische Kirche der Union
EUG	Bayerisches Gesetz über das Erziehungs- und Unterrichtswesen
ev./evang.	evangelisch(e)
evang.-luth.	evangelisch-lutherisch

EvStL	Evangelisches Staatslexikon
G	Gesetz
GBl.	Gesetzblatt
GVBl.	Gesetz- und Verordnungsblatt
GeStaPo	Geheime Staatspolizei
GG	Grundgesetz
HdbStR	Handbuch des Staatsrechts
HdbKathKR	Handbuch des katholischen Kirchenrechts
HdbStKR	Handbuch des Staatskirchenrechts
HJ	Hitlerjugend
hl.	heilig
HRG	Handwörterbuch für Rechtsgeschichte
Hzt.	Herzogtum
i.e.	im einzelnen
i.e.S.	im engeren Sinne
i.S.d.	im Sinne des/der
i.S.v.	im Sinne von
i.V.m.	in Verbindung mit
i.w.	im wesentlichen
ibid.	ibidem
IPM	Instrumentum Pacis Monasteriense (1648)
IPO	Instrumentum Pacis Osnabrugense (1648)
j.L.	jüngere Linie
Jahrb.	Jahrbuch
Jh.	Jahrhundert
JöR	Jahrbuch des öffentlichen Rechts (Zeitschrift)
jur.	juristisch
JuS	Juristische Schulung (Zeitschrift)
Kap.	Kapitel
Kard.	Kardinal
KBG	Gesetz über die Erhebung von Kirchenbeiträgen (Österreich)
kgl.	königlich
Kgr.	Königreich
KO	Kirchenordnung
Konk.	Konkordat
KRA	Kirchenrechtliche Abhandlungen
KV	Kirchenvertrag
LThK	Lexikon für Theologie und Kirche
m.w.N.	mit weiteren Nachweisen

MSPD	Sozialdemokratische (Mehrheits-) Partei Deutschlands (1914-1922)
nds./niedersächs.	niedersächsisch
NJW	Neue Juristische Wochenschrift (Zeitschrift)
NS	Nationalsozialismus
NSDAP	Nationalsozialistische Deutsche Arbeiterpartei
NSV	Nationalsozialistische Volkswohlfahrt
pfälz.	pfälzisch
PRE	Realenzyklopädie für protestantische Theologie und Kirche
PStG	Personenstandsgesetz
r.d.Rh.	rechts des Rheins
RDH	Reichsdeputationshauptschluß (1803)
RGBl.	Reichsgesetzblatt
RGG	Die Religion in Geschichte und Gegenwart
RK	Reichskonkordat
ROAK	Russisch-orthodoxe Auslandskirche
röm.	römisch
s.	siehe
SBZ	Sowjetische Besatzungszone
SED	Sozialistische Einheitspartei Deutschlands
sog.	sogenannte(r)
Sp.	Spalte(n)
StGB	Strafgesetzbuch
StKR	Staatskirchenrecht
StLexGG	Staatslexikon der Görres-Gesellschaft
St. Rspr.	ständige Rechtsprechung
Tit.	Titel
USPD	Unabhängige Sozialdemokratische Partei Deutschlands
VELKD	Vereinigte Evangelisch-Lutherische Kirche Deutschlands
VELKDDR	Vereinigte Evangelisch-Lutherische Kirche der DDR
Verf.	Verfassung
VerwArch.	Verwaltungsarchiv (Zeitschrift)
VfZ	Vierteljahresheft für Zeitgeschichte (Zeitschrift)
VO	Verordnung
VVDStRL	Veröffentlichungen der Vereinigung der Deutschen Staatsrechtslehrer
Wahlkap.	Wahlkapitulation
WRV	Weimarer Reichsverfassung
ZevKR	Zeitschrift für evangelisches Kirchenrecht

ZRG Kan. Abt.   Zeitschrift der Savigny-Stiftung für Rechtsgeschichte, Kanonistische Abteilung

Namensregister

Abel, Carl 71
Anschütz, Gerhard 56
Anton Ulrich, Herzog von Braun-
schweig-Lüneburg 24
Arnold, Carl Johann Friedrich 71
Arnoldi, Bischof von Trier 67[80]
August I. (der Starke) 27, 78

Barth, Karl 120
Becker, Johann 127
Bellarmin, Robert 18
Bethmann Hollweg, Theodor v. 82
Bismarck, Otto von 34-36, 74, 84, 122
Böckenförde, Ernst-Wolfgang 141
Bodelschwingh, Friedrich von 40,
139 f.
Boehmer, Justus Henning 25
Bonhoeffer, Dietrich 149
Bormann, Martin 137, 143, 146, 150,
153
Braun, Otto 125
Brüning, Heinrich 131
Brunstäd, Friedrich 165
Bucer, Martin 16
Bugenhagen, Johannes 16

Calvin, Johannes 12
Clemens XI. 19

Dahm, Georg 144[27]
Dalwigk, Reinhard Frh. v. 75
Delbrück, Richard 131
Delp, Alfred 149
Dibelius, Otto 119

Dollfuß, Engelbert 39
Döllinger, Ignaz v. 36, 90
Dombois, Hans 165
Droste zu Vischering, Franz-Otto 56[26]
Droste zu Vischering, Klemens Au-
gust (Erzbischof) 33, 51, 67
Dulon, Rudolph 81

Eberhard Ludwig, Herzog v. Würt-
temberg 26
Ebers, Godehard Josef 108, 165
Elisabeth I. von England 18
Erler, Adalbert 41, 146
Erzberger, Matthias 110, 122

Falk, Adalbert 85, 88[190]
Faulhaber, Michael (Kardinal) 149
Febronius, Justus 29
Ferdinand II. 20
Ferdinand III. 19
Franz Joseph I. 36
Friedberg, Emil 11
Friedrich (Prinzregent) 74
Friedrich d. Gr. 25
Friedrich Wilhelm (der Große Kur-
fürst) 25 f.
Friedrich Wilhelm III. 37, 53
Friedrich Wilhelm IV. 33, 52, 58,
118[86]
Fritz, Karl (Erzbischof) 129

Galen, Clemens August Graf von (Bischof) 149
Gasparri, Pietro 122

Görres, Joseph 33, 52, 56[26]
Goßler, Gustav v. 88[190]
Greiser, Arthur 153
Gresser, Franz Ritter v. 70
Grimme, Adolf 127
Gröber, Conrad (Erzbischof) 129

Haenisch, Konrad 102
Hahn, Wilhelm 163[42]
Harleß, Adolf v. 71
Heckel, Johannes 12, 34, 84, 107,
    110[51], 127, 165, 172
Heckel, Martin 13, 171
Hegel, Georg Friedrich Wilhelm 34,
    52
Held, Heinrich 123
Hermes, Ottomar 33, 61[53]
Herrmann, Emil 61
Heuß, Theodor 160
Heydrich, Reinhard 137, 150, 153
Hitler, Adolf 41, 131, 135, 137, 139-
    143, 145, 149 f., 152, 154
Hoffmann, Adolph 102-104
Hoffmann, Johannes 123
Hohenlohe, Gustav Adolph Prinz zu
    (Kardinal) 34, 86
Hohenlohe-Schillingsfürst, Chlodwig
    Fürst zu 90
Holstein, Günther 114[73], 120
Honecker, Erich 181
Hontheim, Nikolaus v. (Weihbischof)
    29 s. auch Febronius, Justus

Innozenz X. 19

Jäger, August 140
Jakob von Baden-Hachberg (Mark-
    graf) 24
Johann Sigismund 22
Jolly, Julius August Isaak 89

Joseph II. 27, 30, 32, 90
Kaas, Ludwig 125, 131, 141 f.
Kahl, Wilhelm 83
Kahr, Gustav v. 123
Kapler, Hermann 139, 140[14]
Karl V. 14
Kerrl, Hanns 40, 144[27], 146, 149
Ketteler, Wilhelm Emmanuel von
    (Erzbischof) 75, 91
Knilling, Eugen Ritter v. 123
Krementz, Philipp, Bischof von Erm-
    land 85
Kube, Wilhelm 138
Kübel, Lothar v. 90

Ladenberg, Adalbert v. 57, 66[76]
Laski, Jan 16
Leo XIII. 35, 88
Lerchenfeld auf Köfering u. Schön-
    berg, Hugo Graf von und zu 123
Ludendorff, Erich von 136
Ludwig II. 91
Luitpold (Prinzregent) 91
Luther, Martin 12
Lutz, Johannes v. 90

Majer, Johann Christian 27
Marahrens, August (Landesbischof)
    145
Maria Theresia 30
Marx, Wilhelm 125[112]
Matthias 20
Mauritz, Oscar Heinrich 82
Max Joseph IV. 27, 70
Maximilian II. 18
Melanchthon, Philipp 12, 16, 23
Mohl, Robert v. 84
Montgelas, Maximilian von 32, 70
Moser, Johann Jacob 28
Mosheim, Johann Lorenz von 24

Mühler, Heinrich von 69, 85
Müller, Ludwig (Reichsbischof) 40,
139 f., 143, 148[40]

Napoleon 32, 50
Niemöller, Martin 143, 150

Pacelli, Eugenio 122, 125, 129, 131,
142, 147[37]; s. auch Pius XII.
Papen, Franz von 131, 142
Paul IV. 18
Pfaff, Christoph Matthäus 24
Pius IX. 33 f., 35, 85, 87
Pius V. 18, 19
Pius VI. 30, 50
Pius VII. 32, 68, 72
Pius VIII. 33, 51
Pius XI. 149
Pius XII. 41, 122
Puttkamer, Robert v. 88[190]

Rade, Martin 117
Rosenberg, Alfred 136[5]
Roth, Paul v. 71
Rudolf II. 20
Ruppel, Erich 144[27]
Rust, Bernhard 139

Schauroth, Eberhard Christian Wilhelm v. 27 f.
Scheuner, Ulrich 167
Schleiermacher, Friedrich 37, 53 f.,
118[86]

Seckendorff, Carl August Frh. v. 71
Smend, Rudolf 41, 107, 165
Smidt, Johann 81
Spiegel, Ferdinand August Graf v.
(Erzbischof) 33, 51
Stahl, Friedrich Julius 37, 57, 82
Stahn, Julius 144[27]
Stein, Erwin 169
Stein, Karl Frh. vom 53
Stoltenhoff, Ernst 140[14]
Süsterhenn, Adolf 160

Thomasius, Christian 23
Thudichum, Friedrich 11
Trendelenburg, Ernst 140

Urban VIII. 19

Virchow, Rudolf von 34, 83

Weber, Werner 144[27]
Wessenberg, Ignatz Heinrich von 32
Wichern, Johann Hinrich 82
Wilhelm (Prinzregent) 59; s. auch
Wilhelm I.
Wilhelm I. 60, 87
Wilhelm II. 69
Windthorst, Ludwig 34
Wirth, Joseph 122, 131
Wolf, Erik 165
Wöllner, Johann Christoph 26

Zwingli, Huldreich 12

Sachregister

Aachen 127
Absolutismus 18, 21, 22, 24, 29 f.
Adel 22
Agende 37, 53
Alliierter Kontrollrat 157
Altkatholiken 36, 91 f.
Altpreußen 37, 65
Amortisation 30, 110
Amt, geistliches 61
Ämterhoheit 55, 56[28], 68, 121, 128
Amtsrecht, kirchliches 171
Anhalt 37, 94, 113[64]
Anhalt-Bernburg 53[14]
Anstaltsseelsorge 57[34], 114 f., 143, 159[11], 178, 179[108], 180
Antiprotestklausel 21
Arbeitsrecht 175
Arbeitsrecht, kirchliches 171 f.
Arierparagraph 40, 143
Armenfürsorge 31
Aufsichtsrecht, staatliches 58, 94, 116, 162
Augsburger Interim 13
Augsburger Konfession (AC) 13
Augsburger Religionsfrieden 14, 18, 19 f., 21
Ausschuß für Religionsrecht 151
Ausweisungsbefugnis 27 f.
Autonomie, kirchliche 24, 30, 37, 52, 55 f., 73, 78, 106 f., 171

Baden 36, 37, 39, 50, 53[14], 74 f., 76, 77, 89 f., 92, 94, 101, 111, 113[64], 117, 119, 124, 129, 159

Baden-Württemberg 159
Badische Kirchenbausteuer 175
Barmer Theologische Erklärung 40, 144, 165[53]
Bauernkriege 18
Bautzen 79
Bayerische Rheinpfalz 72
Bayern 17, 27 f., 32, 34, 36, 39, 40, 69-72, 86, 94, 101, 103, 104[24], 111, 113[64], 117[78], 118, 119, 122, 123 f., 125-127, 143, 145, 158, 159
    Bischofsdenkschrift von 1850 69
    Konkordat 1817 50
    Links des Rheins 95[229]
    Oberkonsistorien 70 f.
    Religionsedikt (1818) 32, 50, 69
Bedeutungswandel, Kirchenrechtsartikel WRV 41 f., 165
Bekennende Kirche (BK) 40, 144 f., 148[44]
Bekenntnisfreiheit 31 f., 49, 54
Bekenntnisschule 39, 102, 114, 123, 130, 131, 142, 147[37], 157 f., 160, 164; s. auch Schule
Bekenntnisstand 14, 53, 59
Bekenntnissynoden
    Barmen 144
    Dahlem 144
Beneficium emigrandi 15, 20, 21
Berlin 126, 160[24]
    Bistum 180
Beschlußstelle in Rechtsangelegenheiten der Ev. Kirche 144
Bildungsanstalten 89

Bildungswesen 113 f.; s. auch Schule
Birkenfeld 53[14], 117[78]
Bischof
  Amt 118 f.
  Eid 70, 124
  Ernennung 121, 126, 129 f., 142
  Verkehr mit Rom 30, 57, 66, 153
  Wahl 66, 69[95], 73[110], 73, 121[98], 124, 126
Bistumskumulation 28
Böhmen 18, 30
Bonn 33
Brandenburg 66, 145
Brandenburg-Ansbach-Nürnberg 16
Braune Synodalwahlen 40
Braunschweig 16, 39, 94, 113[64], 119
Bremen 53[14], 81, 94, 100, 103[20], 159, 160[24]
Bremer Klausel 82, 103[20], 160
Breslau 65, 87[181], 126, 180
Brotkorbgesetz 35, 87
Budgetrecht 93
Bullen
  De salute animarum (1821) 32, 65 f.
  In coena Domini 19
  Provida sollersque (1821) 32, 50, 72[109], 129; s. auch Zirkumskription
  Quod de fidelium 66
Bund der evang. Kirchen in der DDR 180

Caritas 148
Christlicher Ständestaat 39
Code civil 33
Codex Iuris Canonici (CIC) 36, 92 f., 121
Corpus Catholicorum 21, 28
Corpus christianum 11, 13
Corpus Evangelicorum 21

Corpus Iuris Canonici; s. Kanonisches Recht
Cuius regio eius religio 18
Cura religionis 12, 23
Custodia utriusque tabulae 12

Declaratio Ferdinandea 15, 18
Dekanat 71, 78
Demokratie in der Kirche 61, 80, 99, 117
Denkschrift der 2. Vorläufigen Kirchenleitung der DEK 149
Dessau 53[14]
Deutsche Christen (DC) 40 f., 138-140, 143 f.
Deutsche Evangelische Kirche (DEK) 40 f., 139, 143, 145
  Geistliches Ministerium 140, 143
  Verfassung 140
Deutscher Evangelischer Kirchenausschuß 83, 139
Deutscher Evangelischer Kirchenbund 109[46]
Diakonie 82, 148, 154, 163, 175, 178
Dienstherrenfähigkeit 175
Diözesanzirkumskription 30, 180
Disziplinargewalt, kirchliche 86
Domkapitel 66, 121[98], 126
Dreißigjähriger Krieg 20 f.
Dreiständelehre 16, 23
Dritter Weg 171[75]

Ehe 16, 31, 33, 35, 49, 51, 57
Eigene Angelegenheiten 111; s. auch Autonomie, kirchliche
Eigenständigkeit der Kirchen 162
Eingliederungen in die DEK 145
Einigungsbewegung, evangelische 82 f., 120
Eisenacher Konferenz 83

Elsaß-Lothringen 94
Emser Punktation 29
Enteignung 176
Entkonfessionalisierung 135, 150[53]
Enzyklika
    Mit brennender Sorge (1937) 41,
    149
    Quod nunquam (1875) 87
Episkopalismus 22 f., 29
Erfurter Programm der SPD (1891)
    112
Ermächtigungsgesetz 131, 141
Ermland 65, 126
Ernste Bibelforscher 151
Erwachsenenbildung 164
Erweckungsbewegung 32, 36 f., 53
Erzbischöfe 29
Erziehung 30, 31, 33, 49, 73, 135[3], 159
Evangelische Kirche der Union (EKU)
    180
Evangelische Kirche in Deutschland
    (EKD) 180
Evangelische Landeskirchen, territo-
    riale Gliederung 116 f.
Evangelische unter katholischer Herr-
    schaft 18, 24, 27
Evangelischer Bund 83
Evangelischer Kirchenbund 120
Evangelisches Jugendwerk 148[40]
Evangelischer Oberkirchenrat (Preu-
    ßen) 59, 61, 63
Evangelisches Oberkonsistorium
    (Preußen) 59
Exercitium religionis 21, 22
Exkommunikation 85
Exulanten 27

Feiertage 57[34]
Finanzabteilungen 145
Frankfurt 53[14], 64, 65, 72

Frankreich 13, 18, 32, 50, 105
Frauenwahlrecht 111
Freiburg 90, 129, 130
Freie Volkskirche 60
Frieden von Lunéville 30
Friedensgesetze (1886/1887) 35, 88
Friedhöfe 178
Führerprinzip 40, 119, 139 f., 143
Fulda 53[14], 72, 126, 130
Fuldaer Bischofsdenkschrift (1872)
    87[180]
Für alle geltendes Gesetz 106 f., 167,
    168, 172
Fürsorge 49

Gegenreformation 17, 22
Geheime Staatspolizei (GeStaPo) 147,
    148[43]
Geistliche 15, 25, 175
    als Offiziere der Moral 30
    Anstellung 124
    Parteimitgliedschaft 141
    Verfassungseid 68
Gemeindeleitung 17
Gemeinden 119
Gemeindeordnung 59
Gemeinsame Angelegenheiten 176-
    179
Gemeinschaftsschule 158, 164; s. auch
    Schule
Genehmigungspflichten 25
Genehmigungsvorbehalte 111
Generalsuperintendent 37 f., 61, 62,
    76[129], 119
Gerichtsbarkeit
    geistliche 30
    staatliche 144
Gewissensfreiheit 23 f., 26, 31 f.,
    80[156], 115
Glaubensbewegung, völkische 136

Glaubensfreiheit 34, 49, 52, 115
Gleichschaltung
    der Länder 140
    der Landeskirchen 138
Gnesen-Posen 65, 126[121]
Grundgesetz (GG) 41 f., 115
Grundrechte 54, 115 f., 167-169, 172
Grundrechtsvorsorge 168

Habsburgische Erblande 13, 19, 22, 24
Hamburg 53[14], 81, 94, 100
Hanau 53[14]
Hannover 32, 40, 50, 62[54], 63, 65, 119,
    143, 145
Heckelsche Formel 107, 172
Heiliger Stuhl 122, 124, 135[3]
Heimtückegesetz 41, 148
Hermesianismus 33, 51; s. auch (im
    Namensregister) Hermes, Ottomar
Herrschersouveränität 13
Hessen 16, 37, 39, 92, 94[220], 101,
    113[64], 119[87], 159
    Großherzogtum 53[14], 77
Hessen-Darmstadt 36, 72, 75, 76, 94
Hessen-Kassel 119[87]
Hessen-Nassau 64 f.
Hessen-Waldeck 37
Hildesheim 126
Hinkende Trennung 38 f., 115; s. auch
    Staat und Kirche: Trennung
Hofkirche 37, 54
Humanistische Union 167

Immunität 30
Imparität 130
In evangelicis beauftragte Staatsmini-
    ster 78
Innere Angelegenheiten 76, 93, 106,
    107[38]
Innere Mission 82, 148

Instrumentum Pacis Osnabrugense
    (IPO) 19
Intakte Kirchen 40, 145
Israelitische Kultusgemeinden 151,
    153[70]
Italien 36, 141
Itio in partes 21
Iura circa sacra 23, 59, 60, 79
Iura in sacra 23-25, 37 f., 59, 60, 79,
    106
Ius charitatis 13
Ius divinum 16, 20, 24, 30
Ius exclusivae 28
Ius humanum ecclesiasticum 24
Ius primarium precum 28 f.
Ius reformandi 17, 20-22, 24, 109

Jedermann-Formel des BVerfG 172
Jesuiten 17, 34 f., 36, 68, 86
Josephinismus 49, 50, 73
Judenverfolgung 150, 151
Jugendbewegung 138
Jugendweihe 180
Jurisdiktion, bischöfliche 20, 29; s.
    auch Gerichtsbarkeit, kirchliche
Juristische Methode 166 f.

Kaiser 15
Kanonisches Recht 16, 20, 27, 30, 73,
    93, 111
Kanzelparagraph 34, 86, 148
Karfreitag 154
Kärnten 17
Karolinenstreit 35, 88
Kastenordnung 17
Katholikentag 87
    im Jahre 1848 34, 52
Katholische Abteilung im preuß. Kul-
    tusministerium 69, 85

Katholische Kirche, territoriale Glie-
derung 65 f., 126 f., 130, 180
Ketzerrecht 15
Kindererziehung 68, 75[122], 159[11]
Kirche
als Korporation 25
als Polizei-und Erziehungsanstalt
30
im Sozialismus 181
und Republik 101-104
Verbandsnatur 167 f.
Kirchen- und Schuldeputationen 78
Kirchenadvokatie des Kaisers 28 f.
Kirchenangelegenheiten, äußere 65
Kirchenausschuß 120
Kirchenausschüsse 40, 146
Kirchenaustritt 35, 86 f., 104, 119,
152, 153, 154, 159[11], 172, 175
Kirchenbeamte 175
Kirchenbegriff 24
Kirchenbeiträge 152
Kirchenbundesrat 120
Kirchenfreiheit 31, 33-38, 51, 69, 73,
106 f., 121, 135, 143, 165, 166,
172 f., 175, 178, 181
Kirchengemeinde 25, 38
Kirchengemeinderat 77
Kirchengesellschaften 25
Kirchengut 14 f., 20 f., 30 f., 35, 38,
55, 56[28], 92, 110, 151, 153 f.,
175 f.
Kirchenhoheit 24 f., 30, 60, 63, 70 f.,
76
Kircheninspektion 79
Kirchenkampf 40 f., 143-145
Kirchenleitung 117 f.
bischöfliche (ev.) 58, 62
Kirchenordnung 15, 16 f.
Rheinisch-westfälische (1835) 17,
37, 54, 58, 93

Kirchenpragmatik 72
Kirchenpräsident 119
Kirchenrat
Hamburg 81
Württemberg 27
Kirchenrecht
Eigenständigkeit 165 f.
Grundlagendiskussion 165 f.
Kirchenrechtswissenschaft 164-169
Kirchenregiment
landesherrliches 22, 23, 25 f., 27,
37-39, 53, 58, 60, 64[62], 80 f., 99-
101, 105
als "Annex" der Staatsgewalt
59
Überleitung auf Kirchenbehör-
de 99 f.
Überleitung auf Staatsregierung
99 f.
s. auch Summepiskopat
senatorisches 81, 99, 100
Kirchenstaat 36, 92
Kirchensteuer 17, 38, 93-95, 103, 110,
128, 145, 153[70], 159[11], 170, 174 f.,
176, 179[108]
Ehegattenbesteuerung 175
Juristische Personen 110[47]
Kirchenstrafe 86[177]
Kirchentag (Dt. Evang. Kirchenbund)
120
Kirchenverfassung 39, 117, 165
Baden von 1861 77
evangelische nach 1919 116-120
Großherzogtum Hessen 1874 78
Hamburg 1870 und 1883 81
Oldenburg 1849 80
österreichische evangelische
(1861) 37, 54[15]
presbyterial-synodale 37 f., 40, 54,
58, 59 f., 71 f., 81, 93

Kirchenvermögen 71, 74, 144, 152, 154
Kirchenvermögensrecht 176
Kirchenvertrag 39, 113[64], 135[3], 161-163, 164, 166, 176
Baden 129 f.
Bayern 123 f.
Berlin 163
Fortgeltung älterer 161[28]
Hessen 162
Niedersachsen 162
Nordrhein-Westfalen 162
Preußen 125-129, 162
Rechtsnatur 124
Rheinland-Pfalz 162
Saarland 162 f.
Schleswig-Holstein 162
Weimarer Zeit (1924-1933) 121-131
Kirchenvorstand 63, 76, 77, 79, 81, 88
katholisch 111
Kirchenwahlen 117
Altpreußen (1932) 138
Reich (1933) 140
Kirchenzucht 25
Kirchliche Vereinigungen 142
Kirchlicher Konstitutionalismus 60
Klerikerausbildung 30, 35, 41, 73, 86, 90
Klöster 21, 30, 36, 152, 154
Klosteraufhebung 30
Kniebeugungsstreit 71
Koblenzer Artikel 29
Kollegialismus 23-25, 106
Köln 17, 28, 33, 65 f., 67, 87[181], 126
Kölner Wirren 51, 68
Konfessionelles Zeitalter 11-19
Konfessionszugehörigkeit 57[34]
Konfirmandenunterricht 153
Konfutation 14

Konkordat 32 f., 34, 36, 39, 50 f., 72-76, 85[170], 91, 113[64], 115, 121-131, 135[3], 151, 164, 176, 181
Baden 32
Bayern 32, 69
Fürstenkonkordate 29
Niedersachsen 161, 162, 164
Österreich 32, 39 f.
Preußen 125-127
Württemberg 32
Konsistorialverfassung 17, 27, 53, 58, 71, 76, 78, 117
Konsistorium 16, 26, 37 f., 62-65, 70-72, 78 f., 81, 117, 118, 120
Konstitutionalismus 37
Konzessionssystem 54[16]
Konzil 14, 15, 29
Körperschaft des öffentlichen Rechts 38, 106 f., 108 f., 110, 116, 153, 165, 173-175, 179[108], 180
Korporationsrechte 55, 92
Korrelatentheorie 38, 108
Köthen 53[14]
Krain 17
Krankenhausorganisation 171
Kulm 65, 126[121]
Kulturexamen 35, 86 f., 89
Kulturhoheit der Länder 158
Kulturkampf 34-36, 56, 83-92, 93 f., 101, 111, 122, 180
Baden 85, 89 f.
Bayern 85[170], 90 f.
Hessen-Darmstadt 91
Österreich 85[170]
Reich und Preußen 83-89
Kulturkompromiß 109, 157
Kulturprotestantismus 120
Kulturstaat 84, 95, 116, 168, 172, 177
Kurhessen 65, 72
Kurpfalz 24, 28

Landesbischof 64
Landeshoheit 21
Landeskirchen 26
    Preußen 65
Landeskirchensteuer 95
Landeskirchentum 25
Landesverfassungen 159 f.
    der SBZ 159[11], 179
Landfrieden 14
Lateranverträge 141
Lauenburg 65, 119[87]
Lehrerbildung 123, 158
Lehrzucht 61[53]
Leitungsstrukturen, presbyterial-
    synodale 37 f., 40, 54, 58 f., 71 f.,
    79, 81
Libera collatio 67, 121[98], 124
Liberalismus 33 f., 37, 52, 54, 81, 84,
    138
Liga 20
Limburg 72, 87[181], 127, 130
Lippe-Detmold 93[218]
Lübeck 81, 94, 100, 117[78], 119[87]

Maigesetze
    Österreich (1874) 36, 85[170]
    Preußen (1873) 35, 86
Mainz 28, 31, 72, 130
Marxismus-Leninismus 179, 181
Mecklenburg 81, 94, 113[64], 119,146
Militärkirchenwesen 63[59], 115
Militärseelsorge 57[34], 114 f., 131, 143,
    178
Militärseelsorgevertrag 163
Mischehe 33, 34, 66, 68, 73, 80, 89
Moderamen 72[107]
Münster 65, 87[181], 126

Nassau 53[14], 65, 72, 76, 118[86], 119
Nationalkirche 29, 32, 49

Nationalsozialismus 39-41, 111, 130,
    135-154, 161 f.
Nationalsynode 40, 140
Naturrecht 22 f., 24, 25, 30, 141
Neuen Medien 179
Neutralität 15, 20, 95, 116, 168, 170,
    174, 177, 178
Niedersachsen 158[9]
Nominationsrecht 51, 66, 69[95], 108
Nordrhein-Westfalen 158[9], 159
Normaljahr 21
Notverwaltungsrecht 40
NSDAP 136 f.
    Parteiprogramm 135
Nuntiatur 29, 122, 125[113]

Oberkirchenrat
    Mecklenburg 81
    Oldenburg 80
    Preußen 37 f., 59, 61, 63, 140
    staatl (Baden) 74 f., 77
Oberkonsistorium
    Bayern 70 f.
    Hessen 78
    Sachsen 27, 78 f.
Oberlausitz 79[148]
Oberrheinische Bischofsdenkschrift 73
Oberrheinische Kirchenprovinz 50, 51,
    72-76, 126, 130
Obrigkeit 12, 139
Öffentlichkeitsanspruch, kirchlicher
Öffentlichkeitsauftrag 162, 165, 173 f.
Oldenburg 80, 93[218], 94, 101, 113[64],
    117[78], 158[9], 164
Orden 30, 80, 85[173], 87, 89, 90
Ordensleute, Parteimitgliedschaft 141
Organisationen, katholische 152
Organische Artikel 32, 50
Organisches Edikt von 1808 70
Ortskirchensteuer 94

Osnabrück 21, 127
Österreich 18, 22, 27, 30, 32, 34, 36, 38, 50, 85[170], 137, 143, 147, 151-153
Ostpreußen 145

Paderborn 65, 87[181], 126
Papsttum 19, 92, 101, 122
Papstwahl 28
Papstwahl-Exklusive 19
Parität 15 f., 21 f., 25, 26, 28, 31 f., 34, 38, 39, 49, 52, 55, 70, 106, 109, 123-125, 129
Parlamentarischer Rat 160
Parlamentarismus 34
Parochie 25
Passauer Vertrag (1552) 13 f.
"Pastor aeternus" (Konstitution) 90
Patronat 63, 152
    fiskalischer 67
    landesherrlicher 69[95], 73, 79[151]
Paulskirche 34, 52
Personenstandsgesetz 87
Pfalz 53[14], 113[64], 119
Pfarregulierung 30
Pfarrernotbund 40, 143
Pfründe, kirchliche 28
Pietismus 36 f., 53
Plazet 29, 33, 50, 57, 66, 69[95], 73, 91
Plenitudo potestatis 18
Pluralismus 168
Polen 153 f.
Politische Klausel 124, 126, 127 f., 130, 142, 162
Politischer Katholizismus 142
Pommern 66
Posen-Gnesen 87[181]
Potestas directa 19
Potestas in temporalibus 29 f.
Potestas indirecta 18 f.

Praecipuum membrum ecclesiae 12
Praelatura nullius Schneidemühl 126[121]
Predigerseminare 147
Presbyterien 59 f.
Preußen 16, 22, 26 f., 33, 34-36, 39, 50-69, 92, 94[220], 94, 100, 102, 103, 104[24], 111, 113[64], 115, 122, 124, 126[121], 127, 128, 131, 146
Preußisches Allgemeines Landrecht (ALR) 17, 25 f., 33, 34, 51, 56
Priesterseminare 147[37]
Privatschulaufsicht 91
Privatschule 147[37], 158, 178; s. auch Schule
Privilegien 168, 173
Protestantenedikt von 1818 71
Protestantismus 17

Rationalismus 138
Raumersche Erlasse 68
Rechtsstaat 84
Recursus ab abusu 32, 50, 69[95], 73
Reformation 11, 13, 15, 18, 21, 26, 37
Reformierte 64[62], 72[107], 81
Reich 13
    Deutsches (1871-1918) 34-36
    Heiliges Römisches 19-22
Reichsabschied
    von Regensburg 1541 14
    von Speyer
        1526 13
        1544 14
Reichsbischof 40, 139 f.
Reichsdeputationshauptschluß (RDH) 30-32, 93
Reichsgerichtsbarkeit 15, 21, 27 f.
Reichskirche 30, 139, 145
    evangelische 120
    katholische 28 f.

Reichskonkordat 39 f., 112[63], 125, 129, 131, 140-143, 146 f., 152, 158, 161
Reichsministerium für kirchliche Angelegenheiten 145
Reichspublizistik 19
Reichsstädte 15, 21
Reichsstände, geistliche 28
Reichstag 21, 28
Reichsverfassung
    Heiliges Röm. Reich 19 f.
    von 1848 34, 52
    Weimarer 104-116, 157, 160 f.
Reichsvolksschulgesetz 114
Religionsausübung 26
Religionsbann 15, 27
Religionsedikt (Bayern) 71, 91
Religionsexercitium 27, 31, 54[17]
Religionsfonds 152 f.
Religionsfreiheit 55, 84, 85, 115, 160, 167, 169 f., 175, 178, 179[108]
    kollektive 169
    negative 169
    positive 169
    Schranken der 170
Religionsgesellschaft, privatrechtliche 107 f.
Religionsmündigkeit 159[11]
Religionspartei(en) 11, 13, 14-16, 21
Religionsunterricht 39, 57[34], 66[78], 73, 102 f., 113, 123, 130, 142 f., 147[37], 147, 153, 159[11], 160, 170, 177, 179[108]
    Bremen 82
Religiöse Vereinigungsfreiheit 115
Res sacrae 110, 176
Reservatum ecclesiasticum 15, 21
Restauration 32, 36
Restitutionsedikt 20
Reuss ä.L. 94

Reuss j.L. 94
Revolution von 1848 37, 54
Rheinhessen 53[14]
Rheinland 145
Rheinland-Pfalz 159
Rheinpfalz 37
Rijswijker Frieden 28
Romantik 32, 36 f., 49, 53
Rottenburg 72, 130
Rundfunk 164, 178
Russisch-orthodoxe Exilkirchen 150

Saarbistum 122[100]
Saarland 159
Sachsen 16, 26, 36, 78-80, 93[218], 94, 100, 103, 119
Sachsen-Altenburg 93[218], 94
Sachsen-Coburg-Gotha 94
Sachsen-Meiningen 94
Sachsen-Weimar 72, 94
Säkularisation 14 f., 17, 28, 31, 30, 38
Säkularisationsverbot 176
Säkularisierung 15, 49, 167
Säkularität 168, 174
    des Staatszwecks 23
Salzburg 17, 27 f.
Sammlungsgesetz 41
Schaumburg-Lippe 94, 113[64]
Schlesien 22, 26
Schleswig-Holstein 65, 119
Schmalkaldischer Bund 14
Schulaufsicht 35, 66, 75, 87
    geistliche 34 f., 57, 70, 85, 102 f., 113, 122
Schule 57, 90, 99, 102-104, 121 f., 125 f., 129, 131, 135[3], 141, 147, 152, 157, 159, 163, 164, 168, 177
    bekenntnisfreie 113[67]
Schulfeier 103
Schulgebet 103

Schulhoheit 85
Schulkampf 89
Schulkompromiß (Weimar) 114
Schwäbisch-Hall 16
Schwarzburg-Rudolstadt 94
Schwarzburg-Sondershausen 94
Schweiz 34, 36
SED 180
  Religionspolitik 179
Selbstbestimmungsrecht, kirchliches
  121, 128, 170, 171-173, 176,
  179[108]
Selbstverständnis, kirchliches 169
Seminare, bischöfliche 142
Simultaneum 92
Simultanschule 64[64], 75, 89, 91, 102,
  113 f., 129, 147, 158, 164; s. auch
  Schule
Societas perfecta 32 f., 84
Souveränität, staatliche 23, 29, 166,
  167, 170
Sozialstaat 22
Sozialversicherung 172, 175
Spanien 19
Spitzengespräch DDR 1978 181
Sportpalastskandal 40 f., 138 f., 143
Staat
  christlicher 57, 139
  moderner 11
Staat und Kirche
  Kooperation 162, 165 f.
  Koordination 56, 163, 166, 168
  Trennung 33 f., 38 f., 52, 57, 59,
    80, 99, 102, 105, 112-115, 154,
    162, 167, 168, 173
  Verbindung 169, 173
  Zusammenarbeit 115
Staatsaufsicht 38, 55[24], 56, 64[62], 69,
  99, 106, 107 f., 110[48], 110 f., 152

Staatsgerichtshof für kirchliche An-
  gelegenheiten 35, 86
Staatsgesetze, Bindung an 55 f., 63
Staatskirche 36, 37, 53, 105 f., 154
  Verbot der 109, 170
Staatskirchenhoheit 36, 59, 72 f., 85,
  108, 116, 121, 162, 170
Staatskirchentum 18, 29, 33 f., 49, 52,
  146, 153 f.
  republikanisches 100
Staatskommissar für die preußischen
  Landeskirchen 140
Staatsleistungen 31, 41, 61[52], 73, 80,
  93, 104, 112, 121, 124, 128, 131,
  143[23], 153 f., 176, 179[108], 180
Staatsraison 30
Staatsrechtslehre
  evangelische 19 f.
  katholische 20
Staatsvertrag 23
Staatszweck 23, 30
Ständestaat 13, 22
Steiermark 17
Steinsche Reformen 37
Stellenbesetzung 25, 33, 35, 56[28],
  61 f., 66-68, 73-75, 86, 121[98], 128,
  142
Steuer- und Gebührenbefreiungen 174
Stiftungen 89
Stiftungsrat 77
Stuttgarter Schuldbekenntnis 157
Südwestdeutschland 33, 72-78
Summepiskopat 24, 54, 77, 78, 117 f.
  landesherrliches 58, 61
Superintendent 16 f., 60, 62
Syllabus errorum 33 f., 85
Synode 17, 38, 58, 60-62, 72[105], 76,
  117, 143
  als Kirchenparlament 118

Tegernseer Erklärung 32
Temporaliensperre 74, 85, 87
Territorialismus 23, 25, 26 f., 29, 106
Territorien
  evangelische 16 f., 22-28
  katholische 17-19, 27, 29 f.
Testamentsgesetz 41, 149
Teutscher Fürstenstaat 22
Theologie
  dialektische 120
  völkische 127, 138
Theologische Fakultäten 57[34], 61, 73,
  89[198], 114, 118, 123, 127, 128,
  129 f., 142, 147[37], 147, 159, 170,
  177, 180
Thüringen 39, 109[46], 113[64], 116,
  119[87],146
Toleranz 21 f., 23, 26, 27, 31
Treuhänderregime 40
Tridentinum 17 f.
Triennium 27, 89, 124
Trier 17, 65, 127

Une roi, une loi, une foi 29
Unfehlbarkeitsdogma 32, 34, 50, 85,
  90 f.
Union 20, 37, 53, 64, 72, 118
Vatikangesandtschaft
  Bayern 122
  Preußen 86, 88[192], 122
  Reich 122
Vatikanum I 34, 36, 85, 90 f., 121
VELKD 180
VELKDDR 180
Venedig 19
Verbot von Sammlungen 148
Verdrängung der Kirchen aus der Öf-
  fentlichkeit 180
Vereinigungen, kirchliche 169
Vereinigungsfreiheit, religiöse 54

Vereinsrecht 107[37], 108, 109, 137, 153
Vereinswesen
  katholisches 73, 87
  kirchliches 148
Verfassung
  Belgien (1831) 33, 52
  DDR 1968/1974 180
  der DEK 140
  Österreich (1849 und 1867) 34, 52
  Preußen
    1848 und 1850 34, 52, 54-57
    1850
      Kirchenfreiheit 66
      Revision 56, 86, 88
Verfassungsbewegung 37 f., 54
Vermögensaufsicht 63
Vermögensrechte 143
Vermögensverwaltung 77, 87, 111,
  128, 145
Verneuerte Landesordnung 1627
  (Böhmen) 18
Verordnung zum Schutz von Volk und
  Staat 148
Vertragskirchenrecht 159
Visitationskommissionen 16
Volkskirche 117, 119 f., 138, 167
Vorbehalt der allgemeinen Staatsge-
  setze 170
Vorbehalt, geistlicher 20
Vorläufige Kirchenleitung der DEK
  145
Vormärz 33 f., 52, 58

Waldeck 53[14]
Waldeck-Pyrmont 94
Warthegau 41, 137, 140[13], 143, 153 f.
Wechselwirkung von Kirchenfreiheit
  und Schrankenzweck 172 f.
Weimarer Reichsverfassung 38 f.,
  41 f., 99-131, 170, 177, 179

Weltanschauungsprofessuren 123, 130
Weltanschauungsstaat 181
Weltanschauungsvereinigungen 109[46]
Westfalen 145
Westfälischer Frieden 21 f.
Widerstandsrecht 13
Wiedervereinigung, kirchliche 21
Wiener Kongreß 31 f., 50
Wiener Konkordat (1447/48) 29
Wissenschaftsfreiheit 85, 114
Wittenberg 16
Wittenberger Kirchentag 82
Wormser Edikt 13
Württemberg 16, 27, 40, 50, 72, 74,
    76, 94, 100, 111, 117, 119, 143,
    145, 147

Württemberg-Baden 159
Württemberg-Hohenzollern 159
Württembergischer Synodus 76[129]
Württembergisches Konsistorium 76
Würzburg 17
Würzburger Bischofsdenkschrift 34,
    52, 66

Zehntrecht 17
Zentrum 34, 65, 69, 84, 86, 101, 141
Zirkumskription 50, 65, 72[109]
Zivilehe 75[122], 87, 89, 131, 142, 172
Zwei-Regimente-Lehre 12
Zwei-Reiche-Lehre 12

Schriften zum Staatskirchenrecht

Herausgegeben von Axel Frhr. von Campenhausen und Christoph Link

Band 1   Christoph Link: Staat und Kirche in der neueren deutschen Geschichte. Fünf Abhandlungen. 2000.